L'ARGENT DES AUTRES

II

LA PÊCHE EN EAU TROUBLE

NSV
Cotmiou

L'ARGENT DES AUTRES

II
LA PÊCHE EN EAU TROUBLE

EN VENTE A LA LIBRAIRIE DE E. DENTU

OUVRAGES DU MÊME AUTEUR

La Dégringolade. — 3e édition, 2 vol, grand in-18   7 fr.   »
La Vie infernale. — 4e édition, 2 vol. grand in-18   7   »
L'Affaire Lerouge. — 12e édition, 1 vol. gr. in-18   3   50
Le Dossier n° 113. — 9e édition, 1 vol. gr. in-18   3   50
Le Crime d'Orcival. — 7e édition, 1 vol. gr. in-18   3   50
Les Esclaves de Paris. — 4e édit., 2 vol. gr. in-18   7   »
Le 13e Hussards. — 19e édition, 1 vol. grand in-18   3   50
Monsieur Lecoq. — 6e édition, 2 vol. grand in-18   7   »
Les Cotillons célèbres. — 6e édition, ornée de
portraits, 2 vol. grand in-18   7   »
Les Comédiennes adorées.— Nouvelle édit., 1 vol.   3   50
Les Gens de Bureau. — 3e édit., 1 vol. gr. in-18   3   50
La Clique dorée. — 4e édition, 1 vol. grand in.18   3   50
Mariages d'aventure. — Nouvelle édition, 1 vol.   3   50
La Corde au cou. — 4e édition, 1 vol. grand in-18   3   50

Paris-Imp. PAUL DUPONT, 41, rue Jean-Jacques-Rousseau.

L'ARGENT

DES AUTRES

PAR

ÉMILE GABORIAU

II

LA PÊCHE EN EAU TROUBLE

SEPTIÈME ÉDITION

PARIS

E. DENTU, ÉDITEUR,

LIBRAIRE DE LA SOCIÉTÉ DES GENS DE LETTRES

PALAIS-ROYAL, 17 ET 19, GALERIE D'ORLÉANS.

1875

L'ARGENT DES AUTRES

LA PÊCHE EN EAU TROUBLE

I

L'aube du 1er novembre 1871 se levait pâle et glacée, blanchissant le faîte des toits. Une lueur livide et furtive glissait, comme au fond d'un puits, le long des murs humides de l'étroite cour de l'*Hôtel des Folies*.

Déjà montaient ces rumeurs confuses qui annoncent e réveil de Paris, dominées par le roulement sonore des voitures de laitiers, par le fracas des portes brutalement refermées, par le claquement clair des pas hâtifs sur le bitume des trottoirs.

Maxence avait ouvert sa fenêtre et s'y était accoudé mais bientôt il fut pris d'un frisson. Il referma la fenêtre, jeta du bois dans la cheminée, et s'allongea sur; son fauteuil, présentant les pieds à la flamme.

C'était un événement énorme qui venait de tomber dans son existence, et autant qu'il était en lui, il s'efforçait d'en mesurer la portée et d'en calculer les conséquences dans l'avenir.

ne pouvait revenir du récit de cette fille étrange,
sa franchise hautaine à dérouler certaines phases
sa vie, de son effrayante impassibilité, de l'implacable mépris de l'humanité que trahissait chacune de
ses paroles.

Où avait-elle appris cette dignité si simple et si noble,
ce langage mesuré, cet admirable respect de soi qui
lui avait permis de traverser les cloaques sans y recevoir une éclaboussure?

Et encore sous l'impression de son attitude, de son
accent et de son regard :

— Quelle femme ! murmurait-il.

Avant de la connaître, il l'aimait.

Maintenant, il était bouleversé par une de ses passions exclusives qui s'emparent de l'être entier.

Même, il se sentait déjà à ce point sous le charme,
subjugué, dominé, fasciné, il comprenait si bien qu'il
allait cesser de s'appartenir, que son libre arbitre lui
échappait, que sa volonté serait entre les mains de
Mlle Lucienne comme le bloc de cire entre les doigts
du modeleur, il se voyait si bien à la discrétion d'une
énergie supérieure à la sienne, que la peur le prenait
presque.

— C'est mon avenir que je risque ! pensait-il.

Et il n'était pas de moyen terme.

Il lui fallait, ou fuir sur-le-champ, sans attendre le
réveil de Mlle Lucienne, fuir sans détourner la tête..
ou rester, et alors accepter tous les hasards d'une in-
curable passion pour une femme qui ne l'aimerait peut-
être jamais...

Et il restait pantelant entre ces deux partis, comme un voyageur qui, tout à coup, verrait se bifurquer la route inconnue où il marche, et qui ne saurait laquelle prendre des deux voies ouvertes devant lui, sachant que l'une conduit au but et l'autre à un abîme.

Seulement, le voyageur, s'il se trompe et s'il le reconnaît, est toujours libre de rebrousser chemin.

L'homme, dans la vie, ne peut plus revenir à son point de départ. Chaque pas qu'il fait est définitif. S'il s'est trompé, s'il s'est engagé sur la route fatale, tant pis !...

— Ah ! n'importe ! s'écria Maxence. Il ne sera pas dit que, par lâcheté, j'aurai laissé s'envoler le bonheur qui passe à ma portée. Je reste...

Et aussitôt, il se mit à examiner ce que raisonnablement il était en droit d'attendre.

Car il ne se méprenait pas aux intentions de Mlle Lucienne.

En lui disant : « — Voulez-vous être amis ? » C'est bien cela qu'elle avait prétendu et voulu dire : uniquement amis.

— Et cependant, songeait Maxence, si je ne lui avais pas inspiré un intérêt réel, se serait-elle si entièrement confiée à moi ? Elle n'ignore pas que je l'aime, et elle sait trop la vie pour supposer que je cesserai de l'aimer lorsqu'elle m'aura permis une certaine intimité.

A cette idée, des bouffées d'espérance lui montaient au cerveau.

— Ma maîtresse, jamais, évidemment, se disait-il. Mais ma femme... pourquoi pas ?...

Mais presque aussitôt, le plus amer découragement s'emparait de lui. Il réfléchissait que Mlle Lucienne avait peut-être, à le choisir ainsi pour confident, quelque intérêt décisif qu'il ne soupçonnait pas. Et pourquoi non ?

Elle lui avait dit la vérité, il en était sûr, il l'eût juré.

Lui avait-elle dit toute la vérité ?

Assurément non, puisqu'elle lui avait tu les explications de l'officier de paix. Quelles étaient-elles ?

A se résigner au rôle que lui avait imposé Van-Klopen, qu'avait-elle gagné ? Était-elle plus avancée ? Avait-elle réussi à soulever un coin du voile qui recouvrait sa naissance ? Était-elle sur les traces de ses ennemis et avait-elle découvert le mobile de leur haine ?

— Ne serais-je, pensait Maxence, qu'un des pions de la partie qu'elle joue ? Qui me dit que si elle la gagne, elle ne me plantera pas là ?...

Peu à peu, malgré tout, le sommeil le gagnait, et lorsqu'il croyait calculer, déjà il dormait, en murmurant le nom de Lucienne.

Le grincement de sa porte qui s'ouvrait l'éveilla en sursaut.

Il se dressa sur ses jambes.

Mlle Lucienne entra.

— Comment ! lui dit-elle, vous ne vous êtes pas couché ?...

— Vous m'aviez recommandé de réfléchir, répondit-il, j'ai réfléchi...

Il consulta sa montre, elle marquait midi.

— Ce qui n'empêche, ajouta-t-il, que je me suis en dormi sur mon fauteuil...

Tous les doutes qui l'assiégeaient au moment où le sommeil s'était emparé de lui, se représentaient à son esprit avec une douloureuse vivacité.

— Et non-seulement j'ai dormi, reprit-il, mais j'ai rêvé.

La jeune fille arrêta sur lui ses grands yeux noirs, et gravement :

— Pouvez-vous me dire votre rêve ? interrogea-t-elle.

Il hésita. S'il eût eu une minute seulement de réflexion, peut-être n'eût-il pas parlé.

Mais il était pris à l'improviste.

— J'ai rêvé, répondit-il, que nous étions amis, dans l'acception la plus pure et la plus noble de ce mot. Intelligence, cœur, volonté, ce que je suis et ce que je puis, je mettais tout à vos pieds. Vous acceptiez le dévouement le plus entier qui fût jamais, le plus respectueux et le plus tendre. Oui, nous étions bien amis, et sur une espérance à peine entrevue, et jamais exprimée, je bâtissais tout un avenir de bonheur...

Il s'arrêta.

— Eh bien ? interrogea-t-elle.

— Eh bien ! au moment où je croyais toucher à la réalisation de mes espérances, il arrivait que tout à coup le mystère de votre naissance vous était révélé...
Vous retrouviez une famille, noble, puissante, riche...
Vous qui n'avez pas de nom, vous repreniez le nom

illustre qu'on vous avait volé... Vos ennemis étaient
écrasés, et tous vos droits vous étaient rendus... Ce
n'était plus le huit ressorts de chez Brion qui s'arrêtait
devant la porte de l'*Hôtel des Folies*, mais une voiture largement armoriée... Cette voiture, timbrée à
vos armes, était la vôtre, et elle vous attendait pour
vous conduire à votre hôtel du faubourg Saint-Ger-
main ou à votre château patrimonial... Vous y preniez
place...

Il s'interrompit encore.

— Et vous? demanda la jeune fille.

Maxence maîtrisa un de ces spasmes nerveux qui
se résolvent en larmes, et d'un air sombre :

— Moi, répondit-il, debout sur le bord du trottoir,
j'attendais de vous un souvenir, un mot, un regard...
Vous aviez oublié jusqu'à mon existence... Votre cocher enleva ses chevaux qui partirent au galop, et
bientôt je vous perdis de vue... Et une voix alors, la
voix inexorable de la réalité, me cria : « Tu ne la re-
verras jamais!... »

D'un mouvement superbe Mlle Lucienne s'était re-
dressée.

— Ce n'est pas avec votre cœur, je l'espère, que
vous me jugez, monsieur Maxence Favoral, prononça-t-elle.

Il trembla de l'avoir offensée, et vivement :

— Je vous en conjure... commença-t-il.

Mais elle poursuivait, d'une voix où vibrait toute
son âme :

— Je ne suis pas de ceux qui lâchement renient leur

passé. Le jour où l'officier de paix m'a tirée des prisons de Versailles, je lui ai dit que j'allais y rentrer,
s'il ne me donnait pas sa parole de faire pour mon
amie tout ce qu'il eût fait pour moi. Votre rêve ne se
réalisera jamais, on ne voit de ces choses-là que dans
les drames du boulevard. S'il se réalisait pourtant, si
la voiture armoriée s'arrêtait à la porte, le compagnon
des mauvais jours, l'ami qui pour payer ma dette m'a
offert l'argent de son mois, y aurait une place à mes
côtés...

C'était plus de bonheur que n'osait en rêver Maxence. Il eût voulu parler, inventer, pour traduire sa
reconnaissance, des expressions nouvelles, de ces
mots qui semblent manquer aux situations excessives.
Mais il suffoquait, et, accumulées par tant d'émotions
successives, les larmes montaient à ses yeux...

D'un mouvement passionné, il saisit la main de
Mᵗˡᵉ Lucienne, et, la portant à ses lèvres, il la couvrit
de baisers...

Doucement, mais résolûment elle se dégagea, et
arrêtant sur lui son beau regard clair :

— Amis ! prononça-t-elle.

Il eût suffi de son accent pour dissiper, s'il en eût
eu, les illusions présomptueuses de Maxence. Mais il
n'avait pas d'illusions.

— Uniquement amis, répondit-il, jusqu'au jour où
vous serez ma femme. Vous ne pouvez me défendre
d'espérer. Vous n'aimez personne ?...

— Personne.

— Eh bien ! puisque nous allons marcher dans la

vie, du même pas et la main dans la main, laissez-mci croire que nous trouverons l'amour à un détour de la route...

Elle ne répondit pas.

Et ainsi se trouva scellé entre eux un traité d'amitié auquel ils devaient rester si exactement fidèles, que jamais le mot d'amour ne monta jusqu'à leurs lèvres.

En apparence leur existence n'en fut pas modifiée.

Chaque matin, comme par le passé, dès sept heures, Mlle Lucienne se rendait chez M. Van-Klopen, et une heure plus tard, Maxence partait pour son bureau.

Le soir, ils se retrouvaient, et comme l'hiver était venu, ils passaient leur soirée sous la même lampe, au coin du feu.

Mais ce qu'il était aisé de prévoir arriva.

Nature indécise et faible, Maxence ne tarda pas à subir l'influence du caractère énergique et obstiné de la jeune fille. Elle lui infusa, en quelque sorte dans les veines, un sang plus généreux et plus chaud. Petit à petit, elle le pénétra de ses idées, et de sa volonté lui en fit une.

Il lui avait dit, en toute sincérité, son histoire, les misères de la maison paternelle, les rigueurs exagérées et la parcimonie de M. Favoral, la timidité soumise de sa mère, le caractère déterminé de Mlle Gilberte.

Il ne lui avait rien dissimulé de son passé, de ses erreurs ni de ses folies, s'accusant même de celles de

ses actions dont le souvenir lui était le plus pénible,
comme d'avoir, par exemple, abusé de l'affection de
sa mère et de sa sœur, pour leur extorquer tout l'argent qu'elles gagnaient.

Il lui avait avoué, enfin, qu'il ne travaillait qu'à son
corps défendant, contraint et forcé par la nécessité,
qu'il n'était rien moins que riche, que, bien qu'il prît
son repas du soir chez ses parents, ses appointements lui suffisaient à peine, et que même il avait des
dettes.

Mais il espérait bien, ajoutait-il, qu'il n'en serait
pas toujours ainsi, qu'il verrait le terme de tant de
misères et de privations.

— Mon père a, pour le moins, cinquante mille livres
de rentes, disait-il, tôt ou tard je serai riche..

Loin de sourire à Mˡˡᵉ Lucienne, cette perspective
lui fit froncer le sourcil.

— Ah! votre père est millionnaire! interrompit-elle.
Eh bien! je m'explique comment, à vingt-cinq ans,
après avoir refusé toutes les positions qui vous ont
été offertes, vous n'avez pas de position. Vous comptiez
sur votre père et non sur vous. Jugeant qu'il travaillait assez pour deux, vous vous êtes bravement croisé
les bras, attendant que vous échoie la fortune qu'il
amasse, que vous considérez comme vôtre, et dont
il ne vous paraît que l'administrateur...

Cette morale devait sembler un peu roide à Maxence.

— Je pense, commença-t-il, que du moment où l'on
est le fils d'une famille riche...

T II.   1.

— On a le droit d'être inutile, n'est-ce pas? acheva la jeune fille.

— Certainement non, mais....

— Il n'y a pas de mais qui tienne. Et la preuve que votre calcul a été mauvais, c'est qu'il vous a conduit là où vous êtes, et qu'il vous a enlevé votre libre arbitre et le droit de faire votre volonté. Se mettre à la discrétion d'un autre, cet autre fût-il un père, est toujours niais, et on est à la discrétion de celui dont on attend de l'argent qu'on n'a pas gagné. Croyez bien que votre père n'eût pas été si dur s'il eût été bien convaincu que vous ne sauriez pas vous passer de lui...

Il voulait discuter, elle l'arrêta.

— Vous faut-il la preuve que vous êtes à la merci de M. Favoral? reprit-elle. Soit! Vous avez parlé de m'épouser...

— Ah! si vous vouliez!...

— Eh bien, allez donc en parler à votre père!...

— Je suppose....

— Vous ne supposez pas, vous êtes parfaitement sûr qu'il vous refuserait tout net et sans réplique son consentement...

— Je saurais m'en passer...

— Vous lui feriez des sommations respectueuses, voulez-vous dire, et vous passeriez outre. Je l'admets. Mais lui, savez-vous ce qu'il ferait? il s'arrangerait de telle sorte que jamais vous n'auriez un centime de sa fortune...

Maxence n'avait jamais songé à cela.

— Donc, reprit gaiement la jeune fille, bien qu'il ne
soit encore aucunement question de mariage, sachez
vous assurer l'indépendance, c'est-à-dire de quoi vivre,
et pour ce..., travaillons !...

C'est de ce moment que Mme Favoral put remarquer
en son fils ce changement qui l'avait si fort étonnée.

Sous l'inspiration, sous l'impulsion de Mlle Lucienne,
Maxence avait été soudainement pris d'une ardeur de
travail et d'un désir de gagner dont jamais on ne l'eût
cru capable.

Il n'arrivait plus trop tard à son bureau maintenant
et n,avait plus à la fin de chaque mois des dix et
quinze francs d'amende à payer.

Sitôt levée, tous les matins, Mlle Lucienne venait
frapper à sa porte.

— Allons, debout ! lui criait-elle.

Et vite il sautait à bas de son lit, et il s'habillait
pour pouvoir la saluer avant qu'elle ne partît.

Le soir, sitôt la dernière bouchée de son dîner
avalée, il accourait se mettre à copier les rôles qu'il
se procurait chez le successeur de Me Chapelain.

Et souvent il travaillait fort avant dans la nuit,
pendant que, près de lui, Mlle Lucienne s'appliquait à
quelque ouvrage de broderie où elle excellait, ouvrage
bien rétribué, d'ailleurs, car la mode commençait à
venir, pour les femmes, de ces vêtements brodés à
la main, si élégants et si coûteux.

La jeune fille était le caissier de l'association, et
elle apportait à l'administration du capital social une

si habile et une si sévère économie, que Maxence eut bientôt achevé de désintéresser ses créanciers.

— Savez-vous, lui disait-elle, à la fin de décembre, qu'à nous deux, ce mois-ci, nous avons gagné plus de six cents francs !

Le dimanche, seulement, après une semaine dont pas une minute n'avait été perdue, ils se permettaient quelques distractions.

Si le temps n'était pas trop mauvais, ils sortaient ensemble, dînaient dans quelque modeste restaurant, et terminaient leur journée au théâtre, à l'Opéra-Comique, le plus souvent, car Mlle Lucienne avait gardé une véritable passion pour la musique, de ce temps où, aux Batignolles, elle avait pour voisin un vieux compositeur.

Ayant ainsi une existence commune, jeunes tous deux, libres, n'ayant leurs chambres séparées que par la largeur du palier, il était difficile que l'on crût à l'innocence de leurs relations.

Les propriétaires de l'*Hôtel des Folies* y croyaient moins que personne.

Mais comme le jour où la Fortin s'était avisée de dire son avis à ce sujet, Maxence furieux l'avait menacée de donner congé, elle n'en soufflait plus mot devant lui, et se contentait de rire aux larmes avec ses autres locataires, de ce qui leur paraissait la plus inutile et la plus ridicule des hypocrisies.

Ils n'étaient pas seuls de leur avis.

Mlle Lucienne ayant continué de se montrer au bois les jours où l'après-midi était belle, le nombre n'a-

vait fait que croître des imbéciles qui l'obsédaient,
qui la suivaient ou qui la faisaient suivre.

Parmi les plus obstinés se distinguait M. Costeclar,
lequel se plaisait à déclarer, sur sa parole d'honneur,
avoir perdu le sommeil et le goût des affaires depuis
le jour où, en compagnie de M. Saint-Pavin, il avait
aperçu Mlle Lucienne.

Les démarches de son valet de chambre et les
lettres qu'il avait écrites étant demeurées stériles,
M. Costeclar avait fini par prendre le parti d'agir de
sa personne, et galamment il était venu se poster de
faction devant l'*Hôtel des Folies*.

Sa stupeur fut grande lorsqu'il en vit sortir
Mlle Lucienne donnant le bras à Maxence, et son dépit fut plus grand encore.

— Cette fille est stupide, pensa-t-il, de me pré-
férer un garçon qui n'a pas dix louis par mois à dépenser. Mais rira bien qui rira le dernier...

Et comme il était homme d'expédients, il s'en alla,
dès le lendemain, flâner aux environs du *Comptoir du
crédit mutuel*, et ayant rencontré, par hasard, M. Favoral, il lui raconta que son fils, Maxence, se ruinait
pour une demoiselle dont les toilettes faisaient scandale, lui insinuant délicatement qu'il était de son
devoir, à lui, père de famille, de mettre ordre à
cela.

C'était l'époque, précisément, où Maxence songeait
à se faire admettre dans les bureaux du *Comptoir
de crédit mutuel*.

Il est vrai que l'idée n'était pas de lui, et que

même, il l'avait très-vivement repoussée, quand, pour la première fois, Mlle Lucienne la lui avait offerte.

— Être employé dans la même administration que mon père ! s'était-il écrié. Retrouver à mon bureau le despotisme intolérable de la maison paternelle ! J'aimerais mieux casser des pierres sur les chemins.

Mais la jeune flille n'était pas d'une trempe à renoncer aisément à un projet conçu par elle, et longuement médité.

Elle revint à la charge, avec cet art infini des femmes, qui s'entendent si merveilleusement à tourner la volonté qui, de front, leur réssite.

De quelque côté que se rejetât Maxence, il se trouva comme cerné par cette idée, qui sembla, dès lors, se dégager spontanément, et plus pressante chaque fois, des moindres incidents de l'existence quotidienne.

Qu'il lui échappât une plainte de la situation actuelle, ou qu'il s'oubliât à bâtir dans l'avenir quelque château en Espagne, la réponse de Mlle Lucienne était la même :

— Nous aurions tort de nous plaindre, car malgré l'exiguïté de nos ressources, notre position s'est améliorée... mais nous aurions tort également de nous bercer d'espérances riantes, car nos gains sont si modestes, qu'il nous faudra des années avant d'amasser le capital indispensable à la plus humble entreprise.

Conclusion : il faudrait chercher autre chose que cet emploi de chemin de fer qui ne rapporte que deux cents francs par mois...

Si dominé que fût Maxence, les continuelles attaques de la jeune fille ne pouvaient lui échapper.

— Ah ça ! pensait-il, pourquoi, diable ! tient-elle si fort à me voir, avec mon père, dans les bureaux de M. de Thaller ?

Ce qui n'empêche, que peu à peu, il finit par se persuader que ce parti était le seul raisonnable, le seul pratique, le seul qui lui offrît quelques chances de fortune. Et un soir, surmontant ses dernières répugnances :

— Je vais en parler à mon père, dit-il à Mlle Lucienne.

Mais soit que véritablement il eût été influencé par la courageuse révélation de M. Costeclar, soit pour tout autre motif, M. Favoral rejeta bien loin la requête de son fils, disant qu'il était impossible de confier un emploi à un garçon qui était en train de gâter son avenir pour une créature perdue.

Maxence était devenu cramoisi de colère, en entendant traiter ainsi une femme qu'il aimait éperdûment, et qui bien loin de le perdre, le sauvait. Il avait essayé de la défendre, mais bien inutilement, et il était revenu à l'*Hôtel des Folies* dans un état d'exaspération indescriptible.

— Voilà où a abouti la démarche que vous m'avez conseillée, dit-il à Mlle Lucienne, après lui avoir avoir raconté ce qui venait de se passer.

Elle n'en parut ni surprise ni irritée.

— C'est bien ! répondit-elle simplement.

Mais Maxence ne pouvait prendre si placidem

son parti d'une si cruelle déception, et, à mille lieues
de soupçonner M. Costeclar :

— Voilà pourtant, ajouta-t-il, le résultat des can-
cans de tous ces boutiquiers stupides, qui, dès que
vous sortez en voiture, accourent sur le seuil de
leur porte...

Dédaigneusement la jeune fille haussa les épaules.

— Je l'avais prévu, fit-elle, le jour où j'ai accepté les offres de M. Van-Klopen.

— Tout le monde vous croit ma maîtresse.

— Que m'importe, puisque ce n'est pas !

Ce que Maxence n'osait avouer, c'est que c'était
là précisément ce qui redoublait sa colère ; c'est que
songeant à ce terrible « qu'en dira-t-on », qui est la
boussole des imbéciles et des faibles, il se demandait ce qu'on penserait de lui, si la vérité venait à
être connue, et s'il ne serait pas couvert de ridicule.

— Nous devrions déménager, reprit-il.

— A quoi bon ! Partout où nous irions, ce serait
la même chose. Nos relations offrent trop de prise
à la calomnie pour qu'elle nous épargne. Je tiens à
ce quartier, d'ailleurs...

— Et moi je suis trop votre ami pour ne pas
vous avouer que vous y êtes absolument perdue de
réputation...

— Je n'ai de comptes à rendre à personne..

— Sauf à votre ami le commissaire de police,
cependant.

Un pâle sourire effleura les lèvres de la jeune fille.

— Oh! lui, prononça-t-elle, il sait la vérité.

— Vous l'avez donc revu?

— Plusieurs fois.

— Depuis que nous nous connaissons?

— Oui.

— Et vous ne me l'avez pas dit!

— Je n'ai pas cru que ce fût nécessaire.

Maxence n'insista pas, mais à la douleur aiguë qui le mordit au cœur, il comprit combien Mlle Lucienne lui était chère.

— Elle a des secrets pour moi, se disait-il, pour moi qui me serais fait un crime d'en avoir pour elle!

Quels secrets? Lui avait-elle dissimulé qu'elle poursuivait un but qui était, en quelque sorte, devenu celui de sa vie? Lui avait-elle caché que soutenue, stimulée et servie par son ami l'officier de paix, devenu le commissaire de police du quartier, elle espérait pénétrer le mystère de sa naissance et se venger des misérables qui par trois fois avait essayé de se défaire d'elle?

Jamais elle n'avait reparlé de ses projets, mais il était évident qu'elle ne les avait pas abandonnés, car elle eût du même coup renoncé à ses exhibitions au bois de Boulogne, qui lui étaient un abominable supplice.

Mais la passion ne raisonne ni ne discute:

— Elle se défie de moi, qui donnerais ma vie pour elle! répétait Maxence.

Et cette idée lui était si pénible, qu'il résolut de s'en éclaircir coûte que coûte, préférant le pire malheur à angoisse qui le déchirait.

Et dès qu'il se retrouva seul avec Mlle Lucienne, s'armant de tout ce qu'il avait de courage, et la regardant bien dans les yeux :

— Vous ne me parlez plus de vos ennemis? lui dit-il d'un ton brusque.

Elle dut deviner ce qui se passait en lui, et doucement :

— C'est que je n'en entends plus parler moi-même, répondit-elle, c'est qu'ils ne donnent plus signe de vie...

— Alors vous avez renoncé à vos desseins ?

— Aucunement.

— Quelles sont donc vos espérances, et où en sont-elles ?

— Si extraordinaire que cela doive vous paraître, je vous avouerai que je n'en sais rien. Mon ami le commissaire de police a son plan, j'en suis sûre, et il le poursuit avec une obstination que rien ne lasse, mais il ne me l'a pas confié. Je ne suis entre ses mains qu'un instrument docile. Jamais je ne prends une détermination sans le consulter, et ce qu'il me dit de faire, je le fais.

Maxence tressauta sur sa chaise.

— Est-ce donc lui, fit-il d'un accent d'amère ironie, qui vous a suggéré l'idée de notre association... fraternelle ?

Les sourcils de la jeune fille se froncèrent. Le ton de cette espèce d'interrogatoire la blessait visiblement.

— Il ne l'a pas désapprouvée du moins, fit-elle.

Mais cette réponse était juste assez évasive pour irriter l'inquiétude de Maxence.

— Est-ce de lui aussi, poursuivit-il, que vous est venue cette belle inspiration de me faire entrer au *Comptoir de crédit mutuel?*

— Oui, c'est lui.

— Dans quel but?

— Il ne me l'a pas expliqué.

— Pourquoi ne m'avoir pas prévenu?

— Parce qu'il m'avait priée de ne pas vous prévenir.

De rouge qu'il était au début, Maxence devint fort pâle.

— Ainsi, reprit-il, c'est cet homme de police qui décidément est l'arbitre de ma destinée, et si demain il vous commandait de rompre avec moi...

Mlle Lucienne se dressa.

— Assez! interrompit-elle, d'une voix brève, assez! Il n'est pas dans ma vie un acte qui donne à mon plus cruel ennemi le droit de suspecter ma loyauté, et voici que vous m'accusez d'une lâche trahison! Qu'avez-vous à me reprocher? N'ai-je pas été toujours fidèle au pacte d'alliance juré entre nous? N'ai-je pas été toujours pour vous le meilleur des camarades et le plus dévoué des amis? Je me suis tue quand l'homme en qui j'avais toute confiance me priait de me taire, mais il savait que si vous m'interrogiez, je parlerais, il était prévenu. M'avez-vous interrogée?... Et maintenant que vous faut-il de plus? Que je me justifie d'une accusation absurde, que je m'abaisse jusqu'à calmer les soupçons de votre esprit malade? C'est ce que je ne ferai pas...

Elle n'avait peut-être pas absolument raison. Mais Maxence avait tort, il le reconnut, il pleura, il implora un pardon qui lui fut accordé, et cette explication ne fit que resserrer les liens déjà si forts qui l'attachaient.

Il est vrai qu'à dater de ce jour, usant de la permission qui lui avait été donnée, il s'informa sans cesse des démarches et des espérances de Mᐥᵉ Lucienne.

Elle lui apprit que son ami le commissaire s'était livré, à Louveciennes, aux plus minutieuses investigations.

Elle lui apprit que désormais le valet de pied qui l'accompagnait au bois n'était pas un valet de pied de chez Brion, mais bien un agent de la sûreté.

Et enfin un jour :

— Mon ami le commissaire, dit-elle, prétend qu'il tient enfin la bonne piste.

II

Telle était exactement la situation de Maxence et de
Mlle Lucienne, ce samedi soir du mois d'avril 1872,
où la police se présenta rue Saint-Gilles pour arrêter
M. Vincent Favoral, accusé de détournements et de
faux:

Si terrible fut le coup, si soudain et si imprévu, que
Maxence, tout d'abord, en perdit jusqu'à la faculté de
réfléchir.

Mais losrqu'il eut assuré l'évasion de son père, après
que le commissaire de police eut achevé ses perqui-
sitions, dès que se furent retirés les anciens amis du
caissier du *Crédit mutuel*, M. Chapelain, M. et Mme
Desclavettes et le papa Desormeaux, c'est vers Mlle
Lucienne que s'élancèrent toutes les pensées de
Maxence.

Elle avait pris sur lui un si complet empire, il s'était
si invinciblement accoutumé à se reposer sur elle, à
la consulter en tout, à n'agir que d'après ses inspirations, que séparé d'elle, au moment d'une crise affreuse,
il était comme un corps sans âme.

Il brûlait de courir jusqu'à l'*Hôtel des Folies*, raconter à Mlle Lucienne ce qui se passait, en lui demandant des consolations, du courage et des conseils.

Sur les instances de Mme Favoral et de Mlle Gilberte, il resta rue Saint-Gilles.

Et c'était un cruel sacrifice, car il songeait que Mlle Lucienne l'attendait. Ils devaient, ce soir-là, aller ensemble au théâtre, et ils avaient projeté de passer à la campagne la journée du lendemain. Et il se disait :

— Que va-t-elle imaginer, en ne me voyant pas rentrer ?...

Aussi, le lendemain, lorsqu'il vit sa mère s'apprêter pour sortir et se rendre, avec M. Chapelain, chez le Directeur du *Comptoir de Crédit mutuel*, il n'y tint plus.

Et, sans se préoccuper des inconvénients qu'il pouvait y avoir à laisser sa sœur seule à la maison, il partit comme un fou.

Il était désespéré, déchiré d'angoisses, mais au-dessus de tout, se dressait le souvenir de Mlle Lucienne.

C'est à elle qu'il pensait, lorsque arrivaient jusqu'à lui, comme des éclaboussures, les réflexions injurieuses des gens qui le regardaient passer.

C'est d'elle qu'il s'inquiétait, en lisant dans un journal qu'il venait d'acheter au coin de la rue Charlot, les détails scandaleux du crime de son père...

Et lorsqu'il fut arrivé à l'*Hôtel des Folies*, c'est avec d'atroces palpitations de cœur qu'il montait l'escalier, lorsqu'il reconnut la voix de la jeune fille.

— Elle chante ! murmura-t-il. Elle ne sait rien, la Fortin ne lui a rien dit.

Elle était, en tout cas, fort irritée, il le reconnut à son accent, quand, ayant frappé à la porte de sa chambre, elle lui cria qu'elle achevait de s'habiller, qu'il n'avait qu'à rentrer chez lui, qu'elle ne tarderait pas à l'y rejoindre.

Il gagna donc sa chambre, et c'est en proie au plus sombre découragement qu'il se laissa tomber dans son fauteuil, meuble ami, où tant de fois il s'était oublié en ces vagues rêveries d'avenir qui consolent des misères présentes...

M¹¹ᵉ Lucienne avait repris sa chanson, dont les paroles lui arrivaient comme une amère raillerie :

Elle disait de sa voix claire :

> Espoir, mot doux et trompeur,
>   Trop fausse monnaie,
>   Bien fou qui de toi se paie,
>   Et fait crédit au bonheur....
> Au-dessus de sa boutique,
> Chacun t'accroche et fait bien,
> O vieille enseigne ironique :
> « On rase demain pour rien !... »
>   C'est joli de courir,
> Mais mieux vaut encor tenir !..

— Que va-t-elle dire, songeait Maxence, quand elle apprendra l'horrible désastre !

Et il sentait comme une sueur glacée lui perler aux tempes, en se rappelant l'orgueil de M¹¹ᵉ Lucienne, et que l'honneur était sa seule croyance et la planche de salut où désespérément elle s'était cramponnée, au plus fort des orages de sa vie. Si elle allait s'éloigner de

lui, maintenant que le nom qu'il portait était désho-
noré !

Mais un pas rapide et léger, sur le palier, le tira de
ses sombres réflexions.

Sa porte s'ouvrit presque aussitôt, et Mlle Lucienne
entra...

Elle avait dû se hâter, car elle achevait d'agrafer sa
robe, dont la simplicité semblait une coquetterie, tant
merveilleusement elle accusait la souplesse de sa taille;
les splendeurs de son corsage et les rares perfections
de ses épaules et de son col...

Un vif mécontentement se lisait sur son beau visage ;
mais dès qu'elle eut aperçu Maxence, sa physionomie
changea.

Et il ne fallait, en effet, que voir le morne affaissement de l'infortuné, le désordre de ses vêtements, sa pâleur livide et l'éclat sinistre de ses yeux
pour comprendre qu'un grand malheur le frappait.

D'une voix dont le trouble trahissait quelque chose
de plus que l'inquiétude et la compassion d'une amie:

— Qu'avez-vous ? Que vous arrive-t-il ? interrogea
la jeune fille.

— Ah ! je suis bien malheureux !... répondit-il.

Mais il hésitait. Il eut voulu pouvoir dire tout
d'un coup. Et il ne savait comment commencer.

— Je vous ai dit, reprit-il, que ma famille était très
riche...

— Oui...

— Eh bien : nous ne possédons plus rien... plus
rien exactement.

Elle parut respirer plus librement, et d'un accent où perçait une amicale ironie :

— Et c'est la perte de votre fortune, fit-elle, qui vous désespère ainsi?...

Péniblement il se dressa sur ses jambes, et tout bas, d'une voix sourde :

— C'est que l'honneur aussi est perdu! prononça-t-il.

— L'honneur?

— Oui. Mon père a volé, mon père a fait des faux !...

Elle était devenue plus blanche que sa collerette.

— Votre père !... balbutia-t-elle.

— Depuis des années, il puisait à la caisse qui lui était confiée, à pleines mains, sans mesure, follement, tel qu'un homme pris de vertige... Il y a puisé douze millions...

— Mon Dieu !

— Et malgré l'énormité de cette somme, il était en ces derniers mois réduit aux plus misérables expédients, il s'en allait, de porte en porte, dans notre quartier, demander qu'on lui confiât des fonds à faire valoir, il en était venu à escroquer bassement cinq cents francs à une pauvre marchande de journaux...

— Mais c'est insensé !...

— Oui, c'est à douter si on veille ou si on rêve...

— Et comment avez-vous su?...

— Hier soir, on est venu pour l'arrêter. . Par bonheur, nous étions prévenus, et j'ai pu le faire fuir

par une fenêtre de la chambre de ma sœur, qui
donne sur la cour d'une maison voisine...

— Et où est-il, maintenant ?

— Qui le sait !

— Avait-il de l'argent ?

— Tout le monde est persuadé qu'il emporte des
millions... je ne le crois pas. Il n'a même pas voulu
prendre les quelques mille francs que M. de Thaller
lui avait apportés pour faciliter sa fuite.

La jeune fille tressaillit.

— Vous avez vu M. de Thaller ? interrogea-t-elle.

— Il est venu à la maison quelques moments avant
l'arrivée du commissaire de police, et il y a eu, entre
mon père et lui, une scène terrible.

— Que disait-il ?

— Que mon père le ruinait.

— Et votre père ?

— Il balbutiait des phrases incohérentes. Il était
comme un homme qui vient de recevoir un coup de
massue...

La contraction des traits de Mlle Lucienne trahissait
l'effort de sa pensée.

— Et ces sommes énormes, reprit-elle, où ont-
elles passé ?

Maxence hocha la tête.

— Nous ne pouvons que le soupçonner, répondit-il.
Mais nous avons découvert des choses inouïes. Mon
père, si sévère à la maison, et si parcimonieux,
menait ailleurs joyeuse vie, et dépensait sans compter.
C'est pour une femme, qu'il pillait sa caisse...

— Et... cette femme, savez-vous qui elle est ?

— Non, mais je le saurai... Dans ce journal, que voici, et qui rend compte de notre désastre, un rédacteur dit qu'il la connaît... Lisez plutôt...

Mlle Lucienne prit le journal que lui tendait Maxence, mais c'est à peine si elle daigna y jeter un coup d'œil.

— En fin de compte, reprit-elle, et pour nous résumer, avez-vous une idée ?

— Oui.

— Laquelle ?...

— Je ne crois pas que mon père soit innocent, mais je crois qu'il est des gens plus coupables que lui, des gredins habiles et prudents dont il n'a été que l'homme de paille, des misérables qui digèreront tranquillement leur part des millions, la plus grosse, nécessairement, tandis qu'il ira au bagne...

Une fugitive rougeur colora les joues de Mlle Lucienne.

— Cela étant, interrompit-elle, que comptez-vous faire ?...

— Venger mon père, s'il se peut, et livrer ses complices s'il en a...

La jeune fille lui tendit la main.

— Bien, cela ! fit-elle. Mais comment vous y prendrez-vous ?...

— C'est ce que je ne sais pas encore. Je vais toujours courir aux bureaux de ce journal demander l'adresse de la femme.

Mais Mlle Lucienne l'arrêta.

— Non, prononça-t-elle, ce n'est pas là qu'il faut aller.

— Cependant...

— Il faut venir avec moi, chez mon ami le commissaire de police.

C'est par un mouvement de stupeur, presque d'effroi, que Maxence accueillit la proposition de la jeune fille.

— Songez-vous bien à ce que vous me dites? s'écria-t-il.

— Parfaitement!

— Quoi! mon père s'est soustrait au mandat d'amener lancé contre lui, il est poursuivi, recherché, traqué, si on le prend, c'est le bagne, peut-être, et vous voulez que j'aille, moi, choisir pour confident de mes démarches et de mes espérances, un commissaire de police, un homme dont le devoir serait de courir l'arrêter s'il apprenait où il se cache!...

Mais il s'interrompit et demeura un moment la bouche béante et les yeux écarquillés, comme si tout à coup la vérité lui fût apparue, éblouissante d'évidence.

— Car mon père n'a pas gagné l'étranger, reprit-il, c'est à Paris qu'il se cache, je le parierais, j'en suis sûr, vous l'avez vu!...

Positivement Mlle Lucienne crut que Maxence devenait fou.

— J'ai vu votre père, moi? fit-elle.

— Oui, hier soir... Mon Dieu! où donc avais-je tête d'oublier cela... Pendant que vous m'attendi

en bas, dans la loge des Fortin, entre onze heures
et onze heures et demie, un homme d'un certain âge,
grand, maigre, vêtu d'une longue redingote, est venu
me demander, et a paru très-contrarié quand on lui a
répondu que je n'étais pas rentré...

— Je me rappelle, en effet...

— Vous avez quitté la loge, cet homme est sorti
presque sur vos talons, et dans la cour, il vous a
parlé.

— C'est vrai.

— Que vous a-t-il dit?

Elle hésita, faisant un appel à sa mémoire:
puis:

— Rien, répondit-elle, rien qu'il n'eût déjà dit
devant les Fortin: qu'il était très-malheureux pour lui
de ne vous pas trouver, parce qu'il s'agissait d'une affaire assez grave. Ce qui m'étonnait un peu, c'est
qu'il semblait me connaître et savoir qu'il s'adressait
à une amie à vous. J'ai pensé, ensuite, que c'était
quelqu'un de vos collègues du chemin de fer, à qui
vous aviez parlé de moi...

Mais à mesure qu'elle racontait, quantité de petites
circonstances qui ne l'avaient pas éclairée sur le moment, se représentaient à son esprit.

Se frappant le front.:

— Peut-être avez-vous raison! poursuivit-elle. Peut-
être cet homme était-il votre père... Attendez donc!...
Oui, assurément, il était fort troublé, et, à chaque
moment, il tournait la tête du côté de l'entrée... Il m'a
dit qu'il lui serait impossible de revenir, mais que

vous sauriez pourquoi, qu'il vous écrirait, qu'il aurait sans doute besoin de vous et qu'il comptait sur votre dévouement....

Maxence trépignait sur place.

— Vous voyez-bien! s'écria-t-il.

— Quoi ?

— Que c'était mon père, qu'il m'écrira sûrement, qu'il reviendra peut-être, et que dans de telles conditions, m'adresser au commissaire de police, appeler sur moi son attention serait une insigne folie, presque une trahison...

Elle secouait la tête.

— Je crois, prononça-t-elle, que c'est une raison de plus de suivre mon conseil.

— Oh !

— Vous êtes-vous jamais repenti de m'avoir écoutée ?

— Non. Mais vous pouvez vous tromper.

— Je ne me trompe pas.

Elle s'exprimait d'un tel accent d'absolue certitude, que Maxence, dans le désordre de son esprit, ne savait plus qu'imaginer ni que croire.

— Pour me presser ainsi, reprit-il, vous avez des raisons ?...

— J'en ai.

— Pourquoi ne pas me les dire ?

— Parce que je n'aurais pas de preuves à vous ournir de mes assertions. Parce qu'il me faudrait entrer dans des détails que vous ne comprendriez pas. Parce qu'enfin, j'obéis à un de ces pressentiments inexplicables qui ne sauraient mentir...

Elle ne voulait pas, c'était clair, découvrir toute sa pensée, et cependant Maxence se sentait terriblement ébranlé.

— Songez à mon désespoir, fit-il, si j'allais livrer non père...

— Le mien serait-il donc moindre ? Un malheur peut-l vous atteindre qui ne m'atteigne moi-même.

Et comme il ne répondait pas, déchiré qu'il était par les plus affreuses perplexités :

— Raisonnons un peu, poursuivit la jeune fille. Que me disiez-vous, il n'y a qu'un instant ? Que certainement votre père n'est pas si coupable qu'on croit, qu'il ne l'est pas seul, en tous cas, qu'il n'a été que l'instrument de coquins plus habiles et plus puissants que lui, et qu'il n'a eu qu'une bien faible part des douze millions volés au *Comptoir de crédit mutuel*.

— C'est ma conviction.

— Et vous voudriez livrer à la justice les misérables qui ont profité du crime de votre père, et qui se croient assurés de l'impunité ?...

— Je ne sais ce que je donnerais pour y parvenir.

— Eh bien ! comment y parviendrez-vous, isolé comme vous l'êtes, suspect fatalement, sans moyens d'action, sans appui, sans relations, sans argent...

Une larme de rage jaillit des yeux de Maxence.

— Voulez-vous donc m'enlever mon courage ! murmura-t-il.

— Non, mais vous démontrer la nécessité de la démarche que je vous conseille. Qui veut la fin veut les moyens, et nous n'avons pas le choix. Venez, c'est à un honnête homme que je veux vous conduire, à un ami éprouvé. Ne craignez rien. S'il se souvient qu'il est commissaire de police, ce sera pour nous être utile et non pas pour vous nuire. Vous hésitez!... Peut-être à cette heure, en sait-il déjà plus que nous n'er vons nous-mêmes...

La résolution de Maxence était prise.

— Soit, dit-il, partons...

En moins de cinq minutes ils furent prêts et ils partirent; et même, pour sortir, il leur fallut déranger la Fortin, qui devant la porte de son hôtel, était en grande conférence avec deux ou trois boutiquiers du voisinage.

Dès que Maxence et Mlle Lucienne se furent éloignés, remontant le boulevard du Temple :

— Vous voyez ce jeune homme, dit à ses interlocuteurs l'honorable propriétaire de l'*Hôtel des Folies*, eh bien ! c'est le fils de ce fameux caissier qui vient de décamper en emportant douze millions et en mettant mille familles sur la paille. Vous croyez peut-être que ça le gêne? Ah ! bien oui!... Le voilà qui va passer une bonne journée avec sa maîtresse, et lu payer un bon dîner avec l'argent du papa!...

Maxence et Mlle Lucienne, cependant, arrivaient à la maison du commissaire. Il était chez lui, ils entrèrent. Et dès qu'ils parurent :

— Je vous attendais ! s'écria-t-il.

C'était un homme d'un certain âge, déjà, mais alerte encore et vigoureux. Il avait l'air d'un notaire, avec sa cravate blanche, sa redingote noire et ses guêtres.

Bénigne était l'expression de sa physionomie, mais il eût été naïf de s'y fier, on le devinait à l'éclat de ses petits yeux gris et à la mobilité de ses narines.

— Oui, je vous attendais, poursuivit-il, s'adressant autant à Maxence, pour le moins, qu'à Mlle Lucienne. C'est l'affaire du *Crédit mutuel* qui vous amène ?..

Maxence s'avança.

— Je suis le fils de Vincent Favoral, monsieur, répondit-il. J'ai encore ma mère, et une sœur... notre situation est affreuse. Mlle Lucienne m'a fait espérer que vous consentiriez à me donner un conseil, et nous voici...

Le commissaire sonna, et un garçon de bureau s'étant présenté :

— Je n'y suis pour personne, dit-il.

Après quoi, revenant à Maxence :

— Mlle Lucienne a bien fait de vous amener, lui dit-il, car il se pourrait bien que tout en lui rendant un grand service, à elle, que j'estime et que j'aime... je vous en rende un, à vous aussi, qui êtes un brave garçon... Mais, je n'ai pas de temps à perdre, asseyez-vous et contez-moi votre affaire...

C'est avec la plus scrupuleuse exactitude, qu'après avoir dit l'histoire de sa famille, Maxence exposa les scènes, dont depuis vingt-quatre heures, la maison de la rue Saint-Gilles avait été le théâtre.

Pas une seule fois le commissaire ne l'interrompit, mais lorsqu'il eut achevé :

— Redites-moi, demanda-t-il, l'entrevue de votre père et de M. de Thaller, et surtout, n'omettez rien de ce que vous avez entendu et vu, ni un mot ni un geste, ni un mouvement de physionomie.

Et Maxence ayant obéi :

— Maintenant, reprit le commissaire, répétez-moi tout ce qu'a dit votre père, au moment de fuir.

Ce fut fait. Le commissaire de police prit quelques notes, puis :

— Quelles étaient, demanda-t-il, les relations de votre famille et de la famille de Thaller ?

— Nous n'avions pas de relations.

— Quoi ! jamais Mme ni Mlle de Thaller ne venaient chez vous ?

— Jamais.

— Connaissez-vous le marquis de Trégars.

Maxence ouvrit de grands yeux.

— Trégars !... répéta-t-il. C'est la première fois que j'entends prononcer ce nom.

Les justiciables ordinaires du commissaire de police eussent hésité à le reconnaître, tant, peu à peu, s'était détendue sa roideur professionnelle, tant sa réserve glaciale avait fait place à la plus encourageante bonhomie.

— Cela étant, reprit-il, laissons là le marquis de Trégars, et occupons-nous de la femme qui, selon vous, aurait causé la perte de M. Favoral...

Sur la table, devant lui, Maxence apercevait, tout ouvert, le journal qu'il avait acheté le matin, et où il avait lu, avec des convulsions de rage, le terrible article intitulé : *Encore un désastre financier*

— Je ne sais rien de cette femme, répondit-il, mais

apprendre qui elle est ne doit pas être difficile, puis‑
qu'un rédacteur du journal que voilà prétend la con‑
naître...

Au léger sourire qui passa sur les lèvres du com‑
missaire, il fut aisé de voir que sa foi à la chose
imprimée n'était pas précisément absolue

— Oui, j'ai lu, fit-il.

— On pourrait envoyer au bureau de ce journal,
proposa Mlle Lucienne.

— J'y ai envoyé, mon enfant.

Et sans paraître remarquer la stupeur de Maxence
et de la jeune fille, il sonna et demanda si son secré‑
taire était rentré.

Il l'était, et parut aussitôt.

— Eh bien? interrogea le commissaire.

— La commission est faite, monsieur, répondit-il.
J'ai vu le reporter qui a rédigé l'article en question
et après avoir bien tergiversé, il a fini par m'avouer
qu'il s'était peut-être un peu avancé, qu'il n'avait pas
d'autres renseignements que ceux qu'il avait donnés,
et qu'il les tenait de deux amis intimes du caissier du
Comptoir de crédit mutuel, M. Costeclar et M. Saint-
Pavin.

— Il fallait courir chez ces messieurs.

— J'y ai couru.

— A la bonne heure !

— Malheureusement M. Costeclar venait de sortir.

— Et l'autre ?

— J'ai trouvé l'autre, M. Saint-Pavin, au bureau de
son journal, le *Pilote financier*. C'est un grossier

personnage, qui m'a reçu comme un chien dans un
jeu de quilles, et même, si je m'étais écouté...

— Passons...

— Alors donc, il était en grande conférence avec
un autre monsieur, un banquier nommé Jottras, de la
maison Jottras et son frère, et ils étaient dans une
colère épouvantable, jurant à faire crouler le plafond,
disant que l'affaire de M. Favoral les ruinait, qu'ils
étaient joués comme des imbéciles, mais que cela ne
se passerait pas ainsi, et qu'ils allaient rédiger un article foudroyant...

Mais il s'arrêta, clignant de l'œil et montrant
Maxence et Mlle Lucienne qui écoutaient de toutes
leurs forces.

— Parlez, parlez! lui dit le commissaire, ne craignez rien...

— Eh bien! reprit-il, M. Saint-Pavin et M. Jottras
disaient comme cela, que ce ne serait pas à M. Favoral qu'ils s'en prendraient, que M. Favoral n'était
qu'un pauvre niais, mais qu'ils sauraient bien trouver
les autres...

— Quels autres?...

— Ah! dame! ils ne les ont pas nommés.

Le commissaire haussa les épaules.

— Quoi! s'écria-t-il, vous vous trouvez en présence
de deux hommes furieux d'avoir été pris pour dupes,
qui tempêtent, qui jurent, qui menacent, et vous ne
savez pas leur arracher un nom dont vous avez
besoin!... Décidément, vous n'êtes pas adroit, mon
cher!...

Et comme le pauvre secrétaire, tout déconcentré de l'algarade, baissait le nez et gardait le silence :

— Leur avez-vous au moins demandé, reprit-il, qui est cette femme sur laquelle l'article promet des détails et dont l'existence a été révélée par eux au rédacteur?

— Assurément, monsieur...

— Que vous ont-ils répondu?

— Que n'étant pas des mouchards, ils n'avaient rien à me répondre.

— Peste !...

— M. Saint-Pavin, toutefois, a ajouté qu'il avait dit cela en l'air, uniquement parce qu'un jour il avait vu M. Favoral acheter un bracelet de mille écus, et aussi parce qu'il lui paraissait impossible qu'un homme dévorât des millions sans y être aidé par une femme...

Le commissaire ne cachait pas sa mauvaise humeur.

— Naturellement ! gronda-t-il. Depuis que Salomon a dit : « Cherchez la femme, » car c'est le roi Salomon qui a dit cela le premier, tous les matins il se trouve quelque gaillard pour découvrir qu'une femme toujours se trouve au fond de toutes les actions d'un homme, et quantité de gens se sont fait une réputation de profondeur, pour avoir émis, d'un air fin, cette vérité, digne de M. de La Palisse... Et après?

— M. Saint-Pavin m'a prié grossièrement de lui... .aisser la paix.

— Ah ! il faudrait tout faire soi-même, grommela le commissaire de police.

Sur quoi il griffonna rapidement quelques lignes et

les glissa dans une enveloppe qu'il scella de son tim-
bre et qu'il remit à son secrétaire en disant :

— Il suffit... Portez ceci vous-même à la Préfecture.

Et le secrétaire sorti :

— Eh bien ! monsieur Maxence, reprit-il, vous avez
entendu ?

Oui, assurément. Seulement Maxence était bien
moins préoccupé de ce qu'il venait d'entendre, que de
l'étrange intérêt que ce commissaire, même avant de
l'avoir vu, avait pris à sa situation.

— Je pense, balbutia-t-il, qu'il est bien malheureux
que cette femme ne puisse être retrouvée...

Plein de confiance fut le geste du commissaire.

— Soyez tranquille, dit-il, on la retrouvera. Si
grand appétit qu'ait une femme, elle n'avale pas
comme cela des millions toute seule ; elle ne les avale
pas surtout, sans qu'on entende le bruit de ses mâ-
choires. Paris est grand, mais avec cinquante mille
francs de luxe par an, une femme attire l'attention, et
avec cent mille, elle fait esclandre. Voyez plutôt ce qui arrive à notre pauvre Lucienne, pour dix
louis par semaine de luxe d'occasion que lui offre le
sieur Van-Klopen, son patron... Croyez-moi, nous
retrouverons notre mangeuse de millions... à moins
que...

Il fit une pause, et lentement, en soulignant chacun
de ses mots :

— A moins, ajouta-t-il, qu'elle n'ait derrière elle
un homme très-fort, très-habile et très-prudent...

Ou à moins encore qu'elle ne soit dans une situation
telle que son luxe n'ait point fait scandale...

Mlle Lucienne tressauta sur sa chaise. Il lui sembla
comprendre toute la pensée de son ami le commissaire de police, et entrevoir quelque chose de la vérité.

— Mon Dieu ! murmura-t-elle...

Mais Maxence, lui, ne remarqua rien, appliqué qu'il
était à suivre la déduction du commissaire.

— Ou à moins, reprit-il, que mon père n'ait presque rien eu, pour sa part, des sommes énormes enle-
vées au *Crédit mutuel*, à moins, par conséquent, qu'il
n'ait donné que peu de chose relativement à cette
femme... M. Saint-Pavin lui-même ne reconnaît-il
pas que mon père a été audacieusement joué ?...

— Par qui ?

Maxence hésita.

— Je pense, dit-il enfin, et plusieurs amis de ma
famille, parmi lesquels M. Chapelain, un ancien avoué,
pensent comme moi qu'il est bien difficile que mon
père ait pu puiser des millions à la caisse du *Crédit
mutuel*, sans que le directeur en ait eu connaissance...

— Alors, selon vous, M. de Thaller serait complice ?

Maxence ne répondit pas.

— Soit, insista le commissaire, j'admets la complicité de M. de Thaller, mais alors il faut supposer qu'il
avait sur votre père quelque tout-puissant moyen
d'action...

— Un directeur a toujours sur ses employés une
grande influence...

— Une influence qui irait jusqu'à les déterminer à

risquer le bagne à son profit? ce n'est guère vraisem-
blable. Il faudrait imaginer autre chose encore...

— Je cherche... mais je ne vois pas...

— Ce n'est cependant pas tout. Comment expliquez-
vous le silence de votre père lorsque M. de Thaller
l'accablait des injures les plus atroces...

— Mon père était comme foudroyé.

— Et, au moment de fuir, s'il avait des complices,
comment ne vous les a-t-il pas nommés, à vous, à
votre mère, à votre sœur?

— C'est que sans doute il n'avait pas de preuves à
fournir de leur complicité...

— Lui en auriez-vous donc demandé?

— Oh! monsieur...

— Donc, tel n'est pas évidemment le motif de son
silence, et il faudrait l'attribuer plutôt à quelque secret
espoir qui lui serait resté...

Le commissaire, cependant, avait désormais tous
les renseignements que, volontairement ou non, pouvait lui fournir Maxence.

Il se leva, et du ton le plus bienveillant :

— Vous êtes venu, lui dit-il, me demander un conseil ; le voici : Taisez-vous et sachez attendre. Laissez la justice et la police poursuivre leur œuvre. On
n'arrête pas comme un simple filou le puissant gredin
qui a volé des millions.

Quels que soient vos soupçons, cachez-les. Je ferai
pour vous ce que je ferais pour Lucienne que j'aime
comme si elle était ma fille, car il se trouve qu'en vous
servant c'est elle que je vais servir...

Il ne put s'empêcher de rire de l'étonnement qui, à ces mots, se peignit sur le visage de Maxence, et gaiement :

— Vous ne comprenez pas ? ajouta-t-il... Peu importe. Il n'est pas nécessaire que vous compreniez. •

III

Deux heures sonnaient, lorsque Mlle Lucienne et Maxence sortirent du bureau du commissaire de police, elle, pensive et toute émue des perspectives qu'elle venait d'entrevoir, lui, sombre et irrité...

Le temps, qui avait menacé toute la matinée, s'était mis décidément au beau, une brise tiède chassait à l'horizon les derniers nuages, et comme il arrive, dès que par hasard survient un dimanche sans pluie, tout Paris se précipitait dehors, altéré de grand air et de soleil.

Sur toute la ligne des boulevards, les boutiques fermaient à grand bruit, les omnibus passaient complets, les cochers de fiacre pressaient l'allure de leurs chevaux, et tout le long des trottoirs, les promeneurs endimanchés s'en allaient par bandes, se hâtant pour arriver à la gare du chemin de fer de Vincennes avant le départ du train.

— N'est-il donc que nous de malheureux ! grondait Maxence, dont toute cette joie irritait la douleur.

— Ne faudrait-il pas, murmurait Mlle Lucienne,

que Paris entier prît le deuil, parce que nous souffrons !

C'est sans échanger une parole de plus qu'ils arrivèrent à l'*Hôtel des Folies*.

La Fortin était encore sur sa porte, pérorant au milieu d'un groupe avec une volubilité que rien ne lassait.

C'était véritablement un coup de fortune, pour elle, que de loger le fils de ce caissier qui avait volé douze millions, qui était en ce moment le sujet de toutes les conversations, et dont le nom était dans toutes les bouches.

Elle devait à cette circonstance d'être tout à coup devenue un personnage. Les boutiquiers du quartier qui, vu sa réputation suspecte, ne l'avaient jamais saluée jusqu'alors, l'accablaient de prévenances depuis le matin, et la courtisaient bassement pour qu'elle leur donnât des détails.

Et sa cupidité ne s'épanouissait guère moins que son amour-propre. Elle calculait que lors du procès on prononcerait infailliblement le nom de l'*Hôtel des Folies*, et que ce lui serait une réclame excellente et une source de bénéfices certains.

Déjà même, en prévision d'un surcroît de clientèle, elle avait tenu conseil avec le sieur Fortin, et agité la question de faire repeindre l'escalier et d'augmenter tous les loyers de 25 pour cent.

Voyant arriver Maxence et Mlle Lucienne, elle abandonna le groupe dont elle était le centre, et les saluant de son plus obséquieux sourire

— Déjà finie, cette petite promenade ? leur dit-elle.

Mais ils ne répondirent pas, et s'étant engo uffré dans l'étroit corridor, ils se hâtèrent de regagner leur quatrième étage.

C'est avec un mouvement de rage, qu'en entrant dans sa chambre, Maxence jeta son chapeau sur le lit; et, après s'être un moment promené de long en large, revenant se planter devant Mlle Lucienne :

— Eh bien! lui dit-il, vous êtes contente, maintenant !

C'est d'un air de commisération profonde qu'elle le considérait, sachant trop sa faiblesse pour s'irriter de son injustice.

— De quoi dois-je être si satisfaite ? demanda-t-elle doucement.

— J'ai fait ce que vous avez voulu.

— Ce que vous dictait la raison, mon ami.

— Soit ! je ne chicanerai pas sur les termes. J'ai vu votre ami, le commissaire de police. En suis-je plus avancé ?

Imperceptiblement elle haussa les épaules.

— Qu'espériez-vous donc de lui ? fit-elle. Pensiez-vous qu'il fût en son pouvoir de faire que ce qui est ne soit pas? Supposiez-vous que par le seul acte de sa volonté, il allait combler le déficit de la caisse du *Crédit mutuel* et réhabiliter votre père?...

— Non, je ne suis pas fou encore.

— Eh bien! alors..., pouvait-il faire mieux que de vous promettre son concours le plus ardent et le plus dévoué?...

Mais il ne la laissa pas poursuivre.

— Et qui me prouve, s'écria-t-il, qu'il ne s'est pas moqué de moi! S'il était sincère, pourquoi ses réticences et ses énigmes? Il prétend que je peux compter sur lui, parce que me servir, moi, c'est vous servir, vous. Qu'est-ce que cela signifie? Quel rapport existe entre votre situation et la mienne, entre vos ennemis et ceux de mon père?... Et moi, j'ai répondu à toutes ses questions, je me suis livré!... Pauvre niais!... Mais l'homme qui se noie se raccroche à un brin d'herbe, et je me noie, moi, j'enfonce, je sombre...

Il s'affaissa sur une chaise, et cachant son visage entre ses mains :

— Ah! je souffre horriblement! gémit-il.

La jeune fille s'était rapprochée, et d'un accent sévère en dépit de son émotion :

— Seriez-vous donc un lâche! prononça-t-elle. Quoi! au premier malheur qui vous frappe, car c'est le premier malheur réel de votre vie, Maxence, vous désespérez!... Un obstacle se dresse, et au lieu de rassembler toute votre énergie pour le surmonter, vous vous asseyez et vous pleurez comme une femme! Qui donc donnera du courage à votre mère et à votre sœur, si vous vous abandonnez ainsi?...

A de telles paroles, prononcées par cette voix qui avait tout pouvoir sur son âme, Maxence s'était redressé :

— Je vous remercie, mon amie, dit-il. C'est bien à vous de me rappeler ce que je dois à ma mère et à

ma sœur. Pauvres femmes Elles se demandent sans
doute ce que je suis devenu...   •

— Il faut aller les retrouver, interrompit la jeune
fille.

Résolûment il se leva.

— J'y vais! répondit-il. Je serais indigne de vous
si je ne savais pas hausser mon énergie au niveau de
la vôtre...

Et ayant serré la main de Mlle Lucienne, il sortit.

Mais ce n'est pas par le chemin ordinaire qu'il regagna la rue Saint-Gilles. La rue de Turenne, où tout
le monde le connaissait, lui faisait horreur. Il prit un
grand détour, pour rentrer sans rencontrer personne...

— Enfin, vous voilà ! lui dit la servante en lui ouvrant la porte. Madame était joliment inquiète, allez !
Elle est au salon avec Mlle Gilberte et M. Chapelain...

C'était exact. Après sa démarche infructueuse pour
arriver jusqu'à M. de Thaller, l'ancien avoué avait
déjeuné rue Saint-Gilles, et il y était resté ayant,
disait-il, besoin de voir Maxence.

Aussi, dès que le jeune homme parut, s'autorisant
de son âge et d'une vieille intimité :

— Comment, lui dit-il, osez-vous laisser votre mère
et votre sœur seules dans une maison où à tout moment peut tomber quelque créancier brutal ?

— J'ai tort, fit Maxence, qui aima mieux s'avouer
coupable que d'entamer une explication.

— Alors, ne recommencez plus, reprit M. Chapelain. Je vous attendais pour vous dire que je n'ai pas
pu parler à M. de Thaller, et que je ne me soucie pas
d'affronter une seconde fois l'impudence de ses valets. A vous, donc, le soin de lui reporter les quinze
mille francs qu'il avait apportés à votre père... remet-
tez-les-lui en mains propres, et ne les lâchez pas sans
un reçu...

Après quelques recommandations encore, il s'éloi-
gna, laissant enfin seuls Mme Favoral et ses enfants.

Mme Favoral ouvrait la bouche pour demander à
Maxence les raisons de son absence, mais Mlle Gilberte
l'interrompit.

— J'ai à te parler, ma mère, dit-elle avec une précipitation singulière, et à toi aussi, mon frère...

Et tout de suite, elle se mit à leur raconter la visite étrange de M. Costeclar, son incroyable audace, et
ses offensantes déclarations...

Maxence se mordait les poings de colère.

— Et je ne me suis pas trouvé là, s'écriait-t-il, pour
le jeter dehors...

Mais un autre s'y était trouvé, et c'était là qu'en
voulait venir Mlle Gilberte... Mais l'aveu était difficile,
pénible même, et son embarras était grand, et très-
visible la contrainte qu'elle s'imposait.

— Voici longtemps, ma mère, reprit-elle enfin, que
vous m'avez soupçonnée de vous cacher quelque
chose... Interrogée, je vous ai menti... Non, que
j'eusse à rougir de rien, mais parce que je craignais
pour vous la colère de mon père...

C'est d'un œil hébété d'étonnement que la considé-
raient sa mère et son frère...

— Oui, j'avais un secret, reprit-elle. Hardiment, sans
consulter personne, me fiant aux seules inspirations
de mon cœur, j'avais engagé ma vie à un inconnu....
J'avais choisi l'homme dont je voulais être la femme...

D'un geste éperdu Mᵐᵉ Favoral levait les mains au
ciel.

— Mais c'est de la folie !... répétait-elle.

— Malheureusement, poursuivait la jeune fille, entre cet homme, mon fiancé, devant Dieu, et moi, se
dressait un obstacle terrible... Il était pauvre, il croyait
mon père très-riche, et il m'avait demandé trois ans
pour conquérir une fortune qui lui permît de demander
ma main.

Elle s'arrêta, tout le sang de son cœur affluait à
son visage.

— Ce matin, reprit-elle, au bruit de notre désastre,
il est venu...

— Ici? interrompit Maxence.

— Oui, mon frère, ici... Il est arrivé au moment
où, insultée lâchement par M. Costeclar, je lui commandais de se retirer et où, au lieu de sortir, il marchait sur moi les bras étendus...

— Il a osé pénétrer ici ! murmurait Mᵐᵉ Favoral.

— Oui, ma mère, il est entré juste à temps pour
saisir M. Costeclar au collet et le jeter à mes pieds,
blême de peur et demandant grâce... Il venait, malgré
l'horrible malheur qui nous frappe, malgré la ruine
et malgré la honte, m'offrir son nom, et me dire que

dans la journée il enverrait un ami de sa famille vous apprendre ses intentions...

Mais elle fut interrompue par la servante qui, ouvrant la porte du salon, annonça :

— Monsieur le comte de Villegré !...

S'il était venu à l'idée de Mme Favoral et de Maxence que Mlle Gilberte avait été dupe de quelque lâche intrigue et avait cédé à d'inavouables entraînements, il dut suffire, pour les désabuser, de la seule présence de l'homme qui entrait.

Il était assez terrible d'aspect, avec sa tournure militaire, ses façons brusques, sa grosse moustache blanche et la cicatrice qui lui balafrait le front.

Mais pour être rassuré et se sentir confiance, il ne fallait que voir sa large face, à la fois énergique et débonnaire, son œil clair où éclatait la loyauté de son âme et ses lèvres épaisses et rouges, qui jamais ne s'étaient ouvertes pour proférer un mensonge.

En ce moment, cependant, il ne jouissait pas de tous ses moyens.

Ce vaillant homme, ce vieux soldat était timide, et se fût senti plus à l'aise et l'esprit beaucoup plus libre sous le feu d'une batterie que dans cet humble salon de la rue Saint-Gilles, sous le regard inquiet de Maxence et de Mme Favoral.

Ayant salué, ayant adressé à Mlle Gilberte un signe d'amicale reconnaissance, il était resté court, à deux pas de la porte, son chapeau à la main.

L'éloquence n'était pas son fort. La leçon lui avait bien été faite à l'avance, mais il avait beau tousser :

hum ! broum ! Il avait beau passer le doigt autour de
son col pour lui donner du jeu, son commencement
lui restait dans la gorge.

Gardant assez de sang-froid pour comprendre
combien il était urgent de lui venir en aide :

— Je vous attendais, monsieur, lui dit Mlle Gilberte.

Sur cet encouragement, il s'avança, et s'inclinant
devant Mme Favoral :

— Je vois que ma présence vous surprend, madame,
commença-t-il, et je dois avouer que... hum ! elle ne
m'étonne pas moins que vous. Mais les circonstances
anormales commandent les démarches... broum !...
exceptionnelles. En toute autre occurrence, je ne tom-
berais pas chez vous comme une bombe... Mais nous
n'avions pas de temps à gaspiller en formalités céré-
monieuses... Je vous demanderai donc la permission
de me présenter moi-même . Je suis le général comte
de Villegré...

Maxence lui avait avancé un fauteuil.

— Je vous écoute, monsieur, lui dit Mme Favoral.

Il s'assit, et après un nouvel effort :

— Je suppose, madame, reprit-il, que mademoiselle votre fille vous a expliqué ce que notre situation
a de bizarre... ainsi que j'avais l'honneur de vous le
dire... de délicat... hum !... de peu conforme aux usa
ges reçus...

Mlle Gilberte l'interrompit.

— Lorsque vous êtes arrivé, monsieur le comte, dit-
elle, je commençais seulement à exposer les faits à ma
mère et à mon frère...

Au geste du vieux soldat et au mouvement de sa
physionomie, il fut aisé de voir combien l'épouvantait
la perspective d'une explication... broum!... assez difficile.

Prenant néanmoins son parti en brave :

— C'est bien simple, dit-il, je viens au nom de
M. de Trégars.

Maxence bondit sur sa chaise.

C'était bien ce nom qu'il venait d'entendre prononcer pour la première fois par le commissaire de police.

— Trégars! répéta-t-il d'un ton d'immense étonnement.

— Oui, fit M. de Villegré. Le connaîtriez-vous ?

— Non, monsieur, non !...

— Marius de Trégars est le fils du plus honnête
homme que j'aie connu, du meilleur ami que j'aie eu,
du marquis de Trégars, enfin, qui est mort, il y a
quelques années, mort de chagrin à la suite... hum !..
de revers de fortune tout à fait... broum!... inexplicables. Marius serait mon fils qu'il ne me serait pas plus
cher. Il n'a plus de famille, je n'ai pas de parents, j'ai
reporté sur lui tous les sentiments... affectueux qui
restaient encore au fond de mon vieux cœur

Et j'ose dire que jamais garçon ne fut plus digne
d'être aimé. Je le connais : à la plus haute fierté, à
une loyauté supérieure, à une loyauté incapable d'une
transaction, il joint un esprit souple et délié, une
rare finesse, et tout autant de savoir-faire qu'il en faut
pour battre les gredins les plus retors. Il n'a pas de

fortune par la raison qu'il a... hum !... un peu légère
ment abandonné tout ce qu'il possédait, à de soi-disant créanciers de son père. Mais quand il voudra être
riche, il le sera, et même... broum !... il est possible
qu'il le soit avant peu... je sais ses projets, ses espérances, ses ressources.

Mais comme s'il eût reconnu qu'il s'aventurait sur
un terrain dangereux, le comte de Villegré s'arrêta
court...

Et après un moment employé à reprendre haleine :

— Bref, continua-t-il, Marius n'a pu voir Mlle Gilberte et apprécier les rares qualités de son cœur et de
son esprit sans l'aimer éperdument...

Mme Favoral eut un geste de protestation.

— Permettez, monsieur... commença-t-elle.

Mais il lui coupa la parole.

— Je vous entends, madame, reprit-il. Vous vous
demandez comment M. de Trégars a pu voir mademoiselle votre fille, la connaître, la juger, sans que
vous ayez jamais rien vu ni su... Rien de si simple,
et même, si j'ose le dire... hum !... de si naturel.
Marius dissimulait, le pauvre garçon, bien contre son
gré, je vous le jure, et uniquement parce qu'il lui
était interdit, sous peine d'être soupçonné de cupidité,
d'aspirer, lui qui n'avait rien, à la main d'une jeune
fille dont le père passait pour très-riche. Quel part
prendre ? S'adresser directement à Mlle Gilberte.

C'est ce qu'il a fait. Et Mlle Gilberte ayant compris
qu'il était, qu'il est digne d'elle, ils se sont entendus.
Ce n'était pas, je le sais, parfaitement... hum !... régu-

lier, mais on est jeune, on s'aime et quand on ne peut
pas faire autrement, on ruse. Les vues de Marius
étaient d'ailleurs parfaitement honorables, et la preuve,
c'est que moi, dans ma position, à mon âge, avec ma
barbe blanche, j'ai consenti à devenir son complice,
et à lui servir... broum!... de compère, lorsque pour
la première fois, sur la *Place-Royale,* il a déclaré ses
ntentions... à Mlle Gilberte.

Si jamais le comte de Villegré avait donné à Marius une preuve d'amitié, c'était certes en cette occasion.

Il était à la torture, il suait, sous son habit noir
de cérémonie, il peinait, il soufflait. .

Mais il s'embarrassait dans ses phrases, il multi-
pliait d'une façon inquiétante ses huin ! et ses broum !
ses explications n'expliquaient rien, Mlle Gilberte eut
pitié de lui.

Prenant la parole, simplement et brièvement, elle
raconta son histoire et celle de Marius.

Elle dit le serment qu'ils avaient échangé, comment ils s'étaient vus deux fois, rue des Minimes et
boulevard Beaumarchais , comment, enfin, ils avaient
toujours eu des nouvelles l'un de l'autre, par le très-
innocent et très-inconscient signor Gismondo Pulci.

Maxence et Mme Favoral étaient abasourdis.

De toute autre bouche que de la bouche même de
Mlle Gilberte, un tel récit leur eût paru inouï, invraisemblable, absurde, et ils se fussent récriés, et de
toutes leurs forces ils eussent protesté.

Mais c'était bien elle qui parlait, toute rouge, il est

vrai, et toute confuse, et cependant, de cet accent de
placidité qui était un de ses charmes les plus grands.

— Ah! mademoiselle ma sœur, pensait Maxence,
qui jamais se fût douté de cela à vous voir toujours
si calme et si résignée!...

Et de son côté :

— Est-il possible, se disait M⁻⁰ Favoral, que j'aie
été à ce point aveugle et sourde! Quoi! l'homme
qu'aimait ma fille venait s'asseoir à deux pas de moi,
et je ne soupçonnais pas sa présence! Il lui parlait,
elle lui répondait, et je n'entendais rien!...

Quant au comte de Villegré, c'est en vain qu'il
eût cherché des mots pour traduire la reconnaissance
qu'il devait à Mˡˡᵉ Gilberte de lui avoir épargné ces
difficiles explications.

— Je né m'en serais, morbleu! pas tiré comme
elle, songeait-il, en homme qui ne s'abuse pas sur
son compte.

Mais dès qu'elle eût achevé, s'adressant à Mᵐᵉ Favoral :

— Maintenant, madame, reprit-il, vous savez tout,
et vous pouvez comprendre que l'irréparable malheur
qui vous frappe a supprimé l'obstacle qui jusqu'ici
avait retenu Marius.

Il se leva, et d'un ton solennel, sans hum! ni
broum! cette fois :

— J'ai l'honneur, madame, prononça-t-il, de vous
demander la main de Mˡˡᵉ Gilberte Favoral, votre fille,
pour mon ami, Yves-Marius de Genost, marquis de
Trégars...

Un profond silence suivit.

Mais ce silence, le comte de Villegré dut l'inter-
préter en sa faveur, car courant à la porte du salon,
il l'ouvrit et appela :

— Marius !...

Ce qui venait de se passer, Marius de Trégars
l'avait prévu, et d'avance, et de point en point, an-
noncé au comte de Villegré.

Il était de ces hommes dont le sang-froid semble
dominer les événements, tant après les avoir pré-
parés ils excellent à en tirer parti.

Étant donné le caractère de Mme Favoral, il savait
ce qu'il fallait en attendre. Il avait ses raisons de ne
rien redouter de Maxence. Et s'il se défiait des talents
diplomatiques de son ambassadeur, il comptait absolument sur l'énergie de Mlle Gilberte.

Et il avait calculé si juste qu'il avait tenu à accompagner son vieil ami rue Saint-Gilles, pour pouvoir
apparaître au moment décisif.

En arrivant, lorsque la servante était venue leur
ouvrir :

— Vous allez, lui avait-il dit, annoncer à vos maîtres, monsieur que voici, qui est le comte de Villegré
Vous ne leur parlerez pas de moi qui resterai à l'attendre dans la salle à manger...

Cet arrangement n'avait pas paru des plus naturels
à cette fille, mais la maison, depuis deux jours, était
le théâtre d'événements si extraordinaires, qu'elle en
était toute ahurie, et dans des dispositions à s'attendre à tout.

Puis, Marius lui parlait de ce ton qui n'admet pas
de réplique.

Et enfin, elle reconnaissait en lui le monsieur qui
déjà était venu dans la matinée, et qui avait eu, en
présence de Mlle Gilberte, une si violente altercation
avec M. Costeclar. Car elle connaissait vaguement la
scène. Son attention ayant été éveillée par de grands
éclats de voix, elle n'avait pas été sans aller appliquer alternativement l'œil et l'oreille à la serrure du
salon.

Ce qui n'empêche qu'en annonçant le comte de
Villegré, elle avait essayé, des yeux et du geste,
de prévenir Mlle Gilberte ou Maxence. Ils étaient trop
bouleversés pour rien voir.

— Alors, tant pis ! s'était-elle dit avec cette admirable insouciance des serviteurs parisiens...

Et comme de la journée elle n'avait eu une minute
pour « faire son ménage, » elle s'était mise a la besogne, laissant Marius de Trégars seul dans la salle
à manger.

Il s'était assis, impassible en apparence, réellement agité de cette trépidation intérieure de l'incertitude, dont ne peuvent se défendre les hommes les
plus forts, aux heures décisives de leur vie.

Jusqu'à un certain point, c'était son avenir qui se
décidait de l'autre côté de cette porte qui venait de se
refermer sur M. de Villegré.

Aux intérêts si chers de son amour, d'autres intérêts étaient liés qui exigeaient un succès immédiat.

Et il eut donné bonne chose pour entendre ce qui

se disait. Il songeait qu'un mot maladroit pouvait tout
mettre en question et lui susciter de nouveaux embarras. Comptant les secondes aux battements de son
pouls, il se disait :

— Comme ils tardent !...

Aussi, lorsque la porte s'ouvrit enfin, et que son
vieil ami l'appela, fut-il debout d'un bond.

Et rassemblant tout ce qu'il avait de sang-froid,
il entra...

Maxence s'était levé pour le recevoir, mais en
l'apercevant, il recula, et la pupille dilatée par une
immense surprise :

— Ah ! mon Dieu !... fit-il d'une voix étouffée.

Mais M. de Trégars ne sembla pas remarquer sa
stupeur...

Très-maître de soi, malgré son émotion, il examinait d'un rapide regard le comte de Villegré,
Mme Favoral et Mlle Gilberte. A leur attitude et à leur
physionomie, il devina le point précis où en étaient
les choses.

Et s'avançant vers Mme Favoral, et s'inclinant avec
un respect qui certes n'était pas joué :

— Vous avez entendu le comte de Villegré,
madame, prononça-t-il d'une voix légèrement al-
térée. J'attends mon arrêt...

De sa vie, la pauvre femme n'avait été si affreuse-
ment troublée. Tous ces événements qui se succédaient avaient brisé les faibles ressorts de son âme.
Elle était hors d'état de rassembler ses idées, de
prendre une détermination quelconque.

— En ce moment, monsieur, balbutia-t-elle, prise ainsi à l'improviste, vous répondre me serait impossible... Accordez-moi quelques jours de réflexion... Nous avons d'anciens amis que je dois consulter...

Mais Maxence, remis de sa stupeur l'interrompit.

— Des amis, ma mère, s'écria-t-il, nous en reste-t-il donc encore ? Est-ce que les malheureux ont des amis ! Quoi ! lorsque nous périssons, un homme de cœur nous tend la main et vous demandez à réfléchir ! A ma sœur qui porte un nom désormais flétri, le marquis de Trégars offre son nom et vous songez à consulter...

La malheureuse femme secouait la tête.

— Je ne suis pas la maîtresse, mon fils, murmura-t-elle, et ton père ...

— Mon père !... interrompit le jeune homme, mon père ! Quels droits peut-il avoir sur nous, désormais...

Et sans plus discuter, sans attendre une réponse, il prit la main de sa sœur, et la mettant dans la main de M. de Trégars :

— Ah ! qu'elle soit votre femme, monsieur ! prononça-t-il ; jamais, quoi qu'elle fasse, elle n'acquittera la dette d'éternelle reconnaissance que nous contractons envers vous !...

Un tressaillement qui les secoua, un long regard qu'ils échangèrent, trahirent seuls les sensations de Marius et de Mlle Gilberte. Ils avaient de la vie une trop cruelle expérience pour ne se pas défier de leur joie...

Revenant à Mme Favoral :

— Vous ne comprenez pas, madame, reprit-il, que j'aie choisi pour une démarche telle que la mienne le moment où vous frappe un irréparable malheur... Un mot vous expliquera tout... Pouvant vous servir, je voulais en avoir le droit...

Arrêtant sur lui un regard où se lisait le plus morne désespoir :

— Hélas! balbutia la pauvre femme, que pouvez-vous pour moi, monsieur?...

Ma vie désormais est finie... Je n'ai plus qu'un désir : savoir où se cache mon mari. Ce n'est pas à moi de le juger. Il ne m'a pas donné le bonheur que peut-être j'étais en droit d'espérer, mais il est mon mari, il est malheureux, mon devoir est de le rejoindre, où qu'il se soit réfugié, et de partager ses souffrances...

Elle fut interrompue par la servante qui, ouvrant la porte, du salon l'appelait :

— Madame! madame!...

— Qu'y a-t-il? demanda Maxence.

— Il faut que je parle à madame, tout de suite.

Faisant un effort pour se dresser et marcher, Mme Favoral sortit...

Elle ne fut dehors qu'une minute, et lorsqu'elle reparut, son désordre s'était encore accru.

— Peut-être est-ce un coup de la Providence! dit-elle.

Inquiets, les autres l'interrogeaient des yeux. Elle s'assit, en s'adressant plus spécialement à M. de Trégars :

— Voici ce qui arrive, reprit-elle d'une voix faible.
M. Favoral, qui était l'économie même... ici du
moins, avait l'habitude, dès qu'il rentrait, de changer
de vêtement. Comme toujours, hier soir, il en a
changé. Lorsqu'on s'est présenté pour l'arrêter, il a
oublié ce détail, et il s'est enfui avec la vieille redingote qu'il avait sur lui. Sa redingote neuve étant restée accrochée au porte-manteau de l'antichambre, la
domestique l'a prise tout à l'heure pour la brosser
et la serrer... et il en est tombé ce portefeuille qui
ne quittait jamais mon mari...

C'était un vieux portefeuille de cuir de Russie, qui
avait été rouge jadis, mais noirci par l'usage, crasseux et tout éraillé. Il était gonflé de paperasses...

— Peut-être, en effet, s'écria Maxence, y trouve-
rons-nous une indication...

Il l'ouvrit, et il l'avait déjà plus d'aux trois-quarts
vidé, sans y rien rencontrer que des papiers et des
notes sans signification pour lui, lorsque tout à coup,
il poussa un cri.

Il venait de déplier un billet sans signature, d'une
écriture visiblement déguisée, et, d'un coup d'œil, il
avait lu :

« Je ne conçois rien à votre négligence. Il fau-
« drait en finir avec cette affaire Van-Klopen. Là est
« le danger... »

— Qu'est-ce que ce billet ? demanda M. de Trégars.

Maxence le lui tendit :

— Voyez, dit-il ; vous ne comprendrez pas l'intérêt
immense qu'il a pour moi...

Mais l'ayant parcouru :

— Vous vous trompez, fit Marius, je comprends, et je vous le prouverai...

L'instant d'après, d'une autre poche du portefeuille, Maxence retirait et lisait à haute voix la facture d'un magasin d'articles de voyage, datée de l'avant-veille, et ainsi conçue :

« Vendu à...,

« Deux malles, cuir, serrure de sûreté, à 220 francs l'une, ci... 440... »

M. de Trégars avait tressailli.

— Enfin ! s'écria-t-il, voilà sans doute le bout de fil qui, à travers ce dédale d'iniquités, nous conduira à la vérité.

Et frappant sur l'épaule de Maxence :

— Nous avons à causer, lui dit-il, et longuement... Demain, avant de reporter à M. de Thaller ses 15,000 francs, passez chez moi, je vous attendrai... Nous voici attelés à une œuvre commune, et quelque chose me dit qu'avant qu'il soit longtemps, nous saurons ce qu'est devenu l'argent qui a été pris dans la caisse du *Comptoir du crédit mutuel.*

IV

« Quand je pense, disait Coldrige, que tous les
« matins, à Paris seulement, trente mille gaillards
« s'éveillent et se lèvent avec l'idée fixe et bien arrê-
« tée de s'emparer de l'argent d'autrui, c'est avec
« une nouvelle surprise que, chaque soir, en rentrant,
« je retrouve mon porte-monnaie dans ma poche. »

Ce n'est cependant pas ceux qui s'attaquent directement au porte-monnaie qui sont les plus malhonnêtes
ni les plus redoutables.

S'embusquer au coin d'une rue sombre, et se ruer
sur le premier passant venu en lui demandant :

— La bourse ou la vie...

est un pauvre métier, un métier de dupe, dépouillé de
prestige, et depuis longtemps abandonné aux natures
chevaleresques.

Il faut être un peu plus que simple pour travailler
encore sur les grands chemins, exposé aux avanies
de la gendarmerie, quand l'industrie et la finance offrent un champ si magnifiquement fertile à l'activité
des gens d'imagination.

Et pour se rendre bien compte de la façon dont on y

opère, il suffit d'ouvrir de temps à autre la *Gazette des Tribunaux* et d'y lire, par exemple, un procès comme celui du sieur Lefurteux, l'ex-directeur de la *Société pour le desséchement et la mise en valeur des marais de l'Orne.*

Ceci se passait, il n'y a pas un mois, en police correctionnelle :

LE PRÉSIDENT, *au prévenu.* — Votre profession ?

LE SIEUR LEFURTEUX. — Directeur de la Société...

D. Avant, que faisiez-vous ?

R. Je faisais des affaires à la Bourse.

D. Vous étiez sans ressources ?

R. Pardon, je gagnais de l'argent.

D. Et c'est dans ces conditions que vous avez eu l'audace de constituer une compagnie, au capital de 3 millions divisés en actions de 500 francs.

R. Ayant trouvé une idée, je ne croyais pas qu'il me fût interdit de l'exploiter.

D. Qu'appelez-vous une idée ?

R. Celle de dessécher des marais et de les rendre à l'agriculture...

D. Quels marais ? Les vôtres n'ont jamais existé que dans vos prospectus. Vous n'en possédez ni dans l'Orne, ni ailleurs. Vous avez poussé l'impudence jusqu'à ce point de fonder une société pour l'exploitation d'une chose qui n'existe pas.

R. Je comptais acheter des marais dès que j'aurais réuni mon capital.

D. Et en attendant vous promettiez dix pour cent à vos souscripteurs ?

R. C'est le moins que rapportent des dessèche-
ments...

D. Vous avez fait de la publicité?

R. Nécessairement.

D. Pour quelle somme?

R. Pour environ soixante mille francs.

D. Où les avez-vous pris?

R. J'ai commencé avec dix mille francs que m'avait
prêtés un de mes amis, j'ai continué avec les fonds
qui me rentraient.

D. C'est-à-dire que vous employiez l'argent de vos
premières dupes à faire des dupes nouvelles !

R. Beaucoup de gens croyaient l'affaire bonne...

D. Lesquels? Ceux à qui vous adressiez vos prospectus où se voyait un plan de vos prétendus marais?

R. Pardon, d'autres encore...

D. Enfin, des fonds vous ont été versés, car c'est
quelque chose d'inouï que la crédulité publique. Combien avez-vous reçu?

R. L'expert vous l'a dit : environ six cent mille
francs.

D. Que vous avez dépensés !

R. Permettez!... Je n'ai jamais appliqué à mes
besoins personnels que les appointements que m'at-
tribuaient les statuts.

D. Cependant, lorsqu'on vous a arrêté, on n'a retrouvé dans votre caisse qu'une somme de 1,250
francs, qui vous avait été adressée par la poste le matin même. Qu'est devenu le reste ?

R. Le reste a été dépensé dans l'intérêt de l'affaire

D. Naturellement. Vous aviez une voiture?

R. Elle m'était allouée par l'article 27 des statuts.

D. Dans l'intérêt de l'affaire, toujours ?

R. Certainement. J'étais obligé à une certaine représentation. Le chef d'une affaire importante doit s'appliquer à inspirer la confiance.

LE PRÉSIDENT, *d'un air ironique :* Était-ce aussi pour vous attirer cette confiance que vous aviez une maîtresse pour laquelle vous dépensiez des sommes considérables?

LE PRÉVENU, *de l'accent de la plus entière bonne foi :* Oui, monsieur...

Après un moment de silence, le président reprend :

D. Vos bureaux étaient magnifiques. Leur installation a dû vous coûter très-cher...

R. Presque rien, au contraire, monsieur. Tous les meubles qui les garnissaient étaient loués. On peut interroger le tapissier...

Le tapissier est mandé, et sur les questions de M. le président :

— M. Lefurteux, répond-il, a dit vrai. Ma spécialité est de louer des agencements de bureaux pour sociétés financières et autres... Je fournis tout, depuis les pupitres des employés jusqu'aux meubles du cabinet du directeur, depuis la caisse de fer forgé jusqu'à la livrée des garçons. En vingt-quatre heures tout est en place, et l'actionnaire peut se présenter... Dès qu'une affaire se monte, dans le genre de celle de monsieur, on vient me trouver, je suis connu, et selon l'importance du capital auquel on fait appel, je fournis une installation plus ou moins luxueuse... J'ai l'habitude, n'est-ce pas, je sais ce qu'il faut...

Quand M. Lefurteux m'est arrivé, j'ai tout de suite toisé son opération... Trois millions de capital, des marais dans l'Orne, actions de cinq cents francs, petits souscripteurs inquiets et criards... « Très-bien, lui ai-je dit, c'est une affaire de six mois, ne vous mettez pas des frais inutiles sur le dos, prenez du reps pour votre cabinet, c'est assez bon !... »

LE PRÉSIDENT, *d'un ton de surprise profonde:* Vous lui avez dit cela ?

LE TAPISSIER, *de l'accent de simple franchise d'un honnête homme:* Exactement comme j'ai l'honneur de vous le dire, monsieur le président, et il a suivi mon conseil, et je lui ai fourni toute chaude encore l'installation de la Compagnie des Pêcheries Fluviales, dont le gérant venait d'être condamné à trois ans de prison.

Après de telles révélations, qui de semaine en semaine se renouvellent, avec d'instructives variantes, on serait presque en droit de se demander comment la plus sûre et la plus loyale affaire peut encore trouver un souscripteur, si on ne savait que la lignée féconde de Gogo ne s'éteindra qu'avec l'espèce humaine.

Les financiers d'imagination se plaignent amèrement de l'actionnaire, devenu, prétendent-ils, récalcitrant et défiant... C'est une injustice et une calomnie.

Si ridescu étrillé qu'il ait été depuis cinquante

ans, l'actionnaire est resté le même et sent toujours son cœur battre de convoitise à la lecture du prospectus qui lui promet gravement dix pour cent de son argent.

Il se peut qu'il recule devant une bonne opération. Devant une mauvaise, jamais !

Tout comme jadis il est prêt à se serrer le ventre pour courir porter ses économies aux *Mines de Tiffila*, aux *Terrains de Bretonêche* et aux *Forêts de Formanoir*, entreprises admirables dont les directeurs errent à l'étranger, victimes de l'ingratitude de leurs contemporains.

Comment, en de telles conditions, le *Comptoir de crédit mutuel*, eût-il manqué de souscripteurs ?

C'était une bien autre affaire que cette pauvre invention des *Marais de l'Orne*, une affaire qui avait été admirablement lancée à l'heure propice du coup d'État de décembre, à un moment où les idées de mutualité commençaient à pénétrer dans le monde de la finance.

Ni les capitaux, ni les patronages puissants ne lui avaient manqué au début, et il lui avait suffi de paraître pour être admise aux honneurs de la cote.

S'adressant à l'industrie, sous le prétexte de lui épargner l'intermédiaire ruineux des banquiers ou les rigueurs parfois mortelles de la Banque, le *Crédit mutuel* avait eu, pendant ses premières années, une spécialité parfaitement déterminée.

Mais il avait peu à peu élargi le cercle de ses opérations, remanié ses statuts, changé ses administrateurs, et vers la fin, ses souscripteurs primitifs eussent été bien embarrassés de dire son genre d'affaires et à quelles sources il puisait ses bénéfices.

Ce qu'on savait, c'est qu'il donnait toujours de res pectables dividendes.

Ce qu'on disait, c'est que son directeur, le baron de Thaller, avait une fortune personnelle considérable, et qu'il était bien trop habile pour ne savoir point passer sans accroc à travers les articles du Code, de même que les clowns du cirque à travers leurs ronds de pipes...

Ce n'étaient cependant ni les envieux ni les détracteurs qui manquaient.

Vous rencontriez fréquemment des gens qui, hochant la tête et clignant de l'œil, vous disaient d'un air capable :

— Prenez garde! Le *Crédit mutuel* donne des bénéfices magnifiques, mais on sait ce que devient à la fin le capital de toutes ces compagnies, qui distribuent des dividendes si beaux.

D'autres, plus perfides, attaquaient directement M. de Thaller.

— Ce qu'il y a d'inquiétant, remarquaient-ils, c'est qu'il est de toutes les spéculations. Il ne se tripote pas une affaire véreuse qu'il n'y ait la main. Il est possible qu'il soit très-riche, il est sûr qu'il mène un train de prince. Son hôtel est un palais. Sa femme et sa fille ont les plus luxueux équipages et les plus coûteuses toilettes de Paris. Sa maîtresse lui dépense des sommes folles. Enfin, pour brocher sur le tout, il joue et il a la passion des bibelots, et on ne voit que lui à l'Hôtel des Ventes, poussant avec fureur des porcelaines et des tableaux...

Mais baste ! les meilleures et les plus sûres affaires ne sont-elles pas, quand même, amèrement décriées !...

N'est-il pas archi-connu que les financiers de haut vol sont l'éternel sujet des clabaudages et des calomnies de toute cette tourbe d'impudents et avides tripoteurs qui rôdent autour des grandes entreprises comme les chacals autour du banquet des lions ?

Quelle est la Société dont on n'a pas un peu écrit : C'est une filouterie ! Quel est le gérant dont on n'a pas dit au moins une fois : C'est un filou !

Le positif, c'est que les actions du *Comptoir du crédit mutuel* étaient fort au-dessus du pair, et faisaient 580 francs, le samedi où, à l'issue de la Bourse, le bruit se répandit que le caissier, Vincent Favoral, venait de s'enfuir en emportant douze millions.

— Quel coup de filet ! pensa, non sans un mouvement de jalousie, plus d'un boursier qui, pour le douzième seulement, eût gaîment passé la frontière...

Ce fut presque un événement dans Paris.

On y est fort accoutumé à de telles aventures, et à ce point blasé, que c'est à peine si, pour voir filer un caissier, on daignerait tourner la tête. Mais en cette occasion, l'énormité de la somme rehaussait la vulgarité du procédé.

On jugea généralement que ce Favoral devait être un homme fort, et quelques amateurs déclarèrent que prendre douze millions ce n'est presque plus voler.

Le soir, en s'abordant sur le bitume, aux environs du passage de l'Opéra, les habitués de la petite Bourse étaient étonnés et présque émus. Ils se consultaient entre eux.

— Thaller est-il de l'opération? S'entendait-il avec son caissier?

— Toute la question est là.

— Si oui, le *Crédit mutuel* est en meilleure position que jamais.

— Si non, le voilà coulé.

— Thaller était bien fin.

— Le Favoral l'était peut-être plus que lui.

Cette incertitude, pendant la première demi-heure, soutint un peu les cours.

Mais, vers neuf heures et demie, des nouvelles si désastreuses se répandirent de tous côtés, apportées on ne savait par qui, ni d'où, que ce fut une panique irrésistible.

De 435 francs, où il s'était maintenu, le *Crédit mutuel* tomba brusquement à 300, puis à 200, puis à 150 francs...

Des amis de M. de Thaller, M. Costeclar, entre autres, avaient essayé de réagir, mais ils n'avaient pas tardé à reconnaître l'inutilité de leurs efforts, et bravement ils s'étaient mis à faire comme les autres.

Trois messieurs qui étaient allés s'installer au café du Divan, au fond du passage, semblaient diriger le mouvement et manœuvraient comme il est d'usage quand on veut couler une affaire. Ils avaient des agents sur le boulevard, et de dix minutes en dix minutes, ils leur

expédiaient un émissaire, un vieux bonhomme quelque
peu boiteux et bossu, avec ordre de vendre, de vendre encore et toujours et à tout prix.

Si bien qu'à dix heures et demie on n'eût pas trouvó
cinq cents francs comptant de vingt actions du *Crédit mutuel.*

Le dimanche, ce fut une autre histoire.

Dès le matin, on donnait comme positive partout
l'arrestation du baron de Thaller et même on l'enjoli-
vait de quantité de détails.

Cependant, le soir même, le fait fut démenti, par
les gens qui étant allés aux courses, y avaient rencontré Mme de Thaller et sa fille, plus brillantes que
jamais, très-gaies et très-causeuses.

Aux personnes qui allaient la saluer :

— Mon mari n'a pu venir, disait la baronne, tout
occupé qu'il est, avec deux de ses employés, à dé-
brouiller les écritures de ce malheureux Favoral.
C'est, à ce qu'il paraît, un gâchis inconcevable. Qui
jamais eût cru cela d'un homme qui vivait de pain et
de noix. Mais il jouait à la Bourse, et il avait organisé,
grâce à un prête-nom, une sorte de banque où il a
englouti, le plus sottement du monde, des sommes
considérables...

Et toute souriante, comme après un danger définitivement conjuré :

— Heureusement, ajoutait-elle, le mal n'est pas
aussi grand qu'on s'est plu à le raconter, et cette fois
encore, nous en serons quittes pour la peur.

Mais ce n'étaient pas les discours de la baronne qui

pouvaient rassurer les gens qui se sentaient en poche les titres sans valeur du *Crédit mutuel.*

Et le lendemain, lundi, dès huit heures, ils arrivaient en bandes demander des explications à M. de Thaller...

C'est rue du Quatre-Septembre que sont installés les bureaux du *Comptoir de crédit mutuel,* dans une de ces maisons massives, qui sont comme les forteresses de la féodalité financière.

D'un seul coup d'œil, le passant y croit reconnaître un de ces puissants établissements qui remuent les millions par centaines de mille.

Rien qu'en mettant le pied dans l'immense vestibule dallé de marbre, à hautes colonnes et à statues de bronze soutenant des candélabres, l'actionnaire se sent ému.

Son émotion se complique d'un ébahissement respectueux lorsqu'il a poussé les lourdes portes de glaces, et qu'il s'est engagé dans le vaste escalier de pierre à rampe dorée, habillé d'un tapis moelleux, et meublé à chaque palier de banquettes de velours, larges et souples comme le lit de repos d'une duchesse.

La timidité le prend lorsque, arrivé au premier étage de ce palais de l'argent... des autres, il lit, en lettres d'or, sur une porte de palissandre : *Comptoir de crédit mutuel.*

Cependant, il rassemble tout son courage. Une inscription : T. L. B. S. V. P., lui dit ce qu'il doit faire.

Il tourne le bouton, et il entre...

Mais il demeure interdit de se trouver en présence
d'un huissier tout de noir habillé, la chaîne d'acier au
cou, lequel s'inclinant d'un air grave, demande :

— Que désire Monsieur ?

D'une voix un peu troublée, il explique qu'il est
venu pour souscrire, et qu'il voudrait...

— Que Monsieur prenne la peine de me suivre à la
caisse, interrompt l'huissier.

Il prend cette peine, et tout en longeant un spacieux corridor, il a le temps d'entrevoir des bureaux
peuplés d'employés, puis la salle du conseil avec sa
grande table recouverte d'un tapis, où brille la sonnette du président, et plus loin, le cabinet de M. le
directeur, avec ses tentures de drap vert, ses meubles de chêne, son bureau encombré de papier et sa
cheminée monumentale surmontée d'une pendule à
sujet sévère...

Et tout en marchant, il rougit du peu d'importance
de sa souscription. Il a honte de la modicité de la
somme qu'il apporte à des caisses qui lui semblent
renfermer, sous leurs triples serrures, les trésors des
Mille et une Nuits. Autant porter une goutte d'eau au
fleuve ou un grain de sable aux dunes de l'Océan. Il
se demande presque si on ne va pas lui rire au nez...

Mais non. C'est d'un air froid et morne que le caissier reçoit sa souscription et lui passe, en échange, par
le guichet étroit, un titre provisoire.

Il se retire alors, mais lentement.

Les six ou huit titres qu'il sent dans son portefeuille

lui donnent de l'assurance. Il lui semble que sur toutes
les splendeurs qui l'environnent il a un certain droit de
propriété. C'est d'un pied plus ferme et d'un jarret
mieux tendu qu'il foule les marches de l'escalier. Il y
a du maître dans le geste dont il repousse la porte du
vestibule...

Et c'est l'esprit tranquille et le cœur content qu'il se
retire, rêvant déjà de ces dividendes fabuleux dont on
se transmet le souvenir à la Bourse, ou de ces hausses
soudaines qui centuplent en trois ans le capital versé et
qui font qu'en 1872 on retire six mille livres de rentes
d'une action qu'on a payée cinq cents francs en 1833.

Beaucoup des actionnaires du *Comptoir de crédit
mutuel* avaient passé, autrefois, par ces émotions déli-
cieuses.

Elles ne leur rendaient que plus pénibles celles qui
les agitaient en ce moment, réunis qu'ils étaient au
nombre d'une centaine environ, dans le vestibule, le
long de l'escalier et sur le palier du premier étage de
la maison de la rue du Quatre-Septembre

Car on refusait de les admettre.

A tous ceux qui insistaient pour entrer, un grand
diable de domestique, planté devant la porte, répondait invariablement :

— Les bureaux ne sont pas ouverts... M. de Thaller
n'est pas arrivé.

Nerveux, quinteux, bizarre, le plus souvent bénin,
mais quelquefois féroce, d'une crédulité stupide ou
d'une défiance idiote, tel est l'actionnaire, cet infortuné
qui se sait traqué de toutes parts et entouré de piéges,

ce malheureux qui, possédant quelque argent, brûle
de le risquer et tremble de le perdre.

Mais celui-là ne le connaît pas, qui l'a vu seulemen
au début et à la fin de sa carrière de dupe :

Le jour où, tout illuminé d'espoir, il confie ses fonds
à quelque Société nouvelle,

Et le jour où, désespéré, il découvre que ses fonds
sont perdus.

Que d'alternatives entre ces deux termes extrêmes
et que de palpitations ! Quels accès de découragement
ou de joie, selon que le journal annonce une hausse
ou une baisse !...

Mais le moment critique de l'actionnaire est celui où
il commence à soupçoner son malheur.

C'est de l'étonnement d'abord : quelque chose
comme la stupeur du paysan qui, ayant rompu son
pacte avec le diable, voyait se changer en feuilles
sèches les louis d'or du malin.

La colère ne vient que plus tard ; la douleur d'avoir
été dépouillé d'un argent péniblement gagné, la rage
d'avoir été pris pour dupe.

C'est à ce point, précisément, qu'en étaient les actionnaires du *Comptoir de crédit mutuel*.

Et comme la fureur de chacun d'eux s'augmentait
de la fureur de tous, comme ils s'exaltaient et s'ani-
maient mutuellement, c'étaient dans le vestibule, le
long de l'escalier et sur le palier, de telles imprécations et de si terribles menaces, que le portier épou-
vanté s'était blotti tout au fond de sa loge.

Il faut avoir vu une réunion d'actionnaires au len-

demain d'un désastre, il faut avoir vu les poings cris-
pós, les faces convulsées, les yeux hors de la tête et
les lèvres frangées d'écume, pour savoir à quelles
contorsions épileptiques la rancune de l'argent réduit
des hommes assemblés.

Céux-ci en étaient à s'indigner de ce qui les avait
enchantés jadis.

Ils s'en prenaient de leur ruine à la splendeur de la
maison, aux somptuosités de l'escalier, aux candélabres du vestibule, aux tapis, aux banquettes, à tout...

— C'est pourtant notre argent, criaient-ils, qui a
payé tout ce luxe !...

Monté sur une banquette, un tout petit homme
soulevait des transports d'indignation en décrivant les
magnificences insolentes de l'hôtel de Thaller, dont il
avait été le fournisseur autrefois, avant de se retirer
du commerce.

Il avait compté jusqu'à cinq voitures sous les remises, quinze chevaux dans les écuries, et il ne savait
plus combien de domestiques.

· Il n'était jamais entré dans les appartements, mais
il avait visité les cuisines, et il déclarait avoir été
étourdi et ébloui du nombre et de l'éclat des casseroles, rangées par ordre de taille au-dessus des four-
neaux.

— C'est qu'il en faut, de ces casseroles, pour fri-
casser douze millions ! disait-il, arrivé à ce degré où
la fureur, faute d'expressions, tourne à l'ironie...

Réunis en groupe, dans le vestibule, les plus sensés
déploraient leur imprudente confiance :

— Voilà, concluait l'un, la fin de toutes ces affaires industrielles...

— C'est vrai... Il n'y a que la Rente...

— Et encore !... Parlez-moi des placements de nos pères, de bons placements sur première hypothèque, avec subrogation dans les droits de la femme... Si le débiteur ne paye pas, on vend... Voilà le bon système, on y reviendra...

Mais ce qui les exaspérait tous, c'était de ne pouvoir être admis auprès de M. de Thaller, et de voir ce domestique en faction devant la porte.

— C'est tout de même hardi, de nous laisser sur l'escalier, nous qui sommes les maîtres ! grondaient-ils.

— Qui sait où est M. de Thaller !...

— Il se cache, parbleu !

— N'importe, je le verrai, clamait un gros homme à face couleur de brique, je le verrai, quand je devrais, nom de nom ! ne pas bouger d'ici de la semaine !

— Vous ne verrez rien, ricanait son voisin. Et les escaliers de service, et les portes dérobées ! Croyez-vous qu'il en manque dans cette satanée boutique !...

Le gros homme roulait des yeux terribles.

— Ah ! si je savais cela ! disait-il d'une langue empâtée par le sang qui lui montait à la tête. Jeter bas une porte, ce n'est pas la mer à boire...

Et il montrait ses épaules d'athlète, et il affirmait qu'il entrerait et qu'il lui passerait quelqu'un par les mains...

Déjà il toisait le valet d'un regard inquiétant, quand

un bonhomme à mine discrète s'avança et lui demanda :

— Pardon !... Combien avez-vous d'actions ?

— Trois ! répondit l'homme à figure brique.

L'autre soupira.

— Moi, j'en ai deux cent cinquante, dit-il. C'est pourquoi, étant aussi intéressé que vous, pour le moins, à ne pas tout perdre, je vous conjure de ne vous porter à aucune violence...

Il n'eut pas besoin d'insister.

La porte que gardait le domestique s'ouvrit. Un employé se montra, faisant signe qu'il voulait parler.

— Messieurs, commença-t-il, M. de Thaller vient d'arriver, mais il est en ce moment avec M. le juge d'instruction...

Des huées ayant couvert sa voix, il se retira précipitamment.

— Si la justice s'en mêle, murmura le monsieur discret, adieu paniers, vendanges sont faites !...

— C'est vrai, ricana un autre, mais nous aurons le précieux avantage d'entendre condamner ce cher baron de Thaller à un an de prison et à cinquante francs d'amende. C'est le tarif pour cinq cents familles mises sur la paille. Il n'en serait pas quitte à si bon marché, s'il avait volé un pain à la porte d'un boulanger

—Vous croyez donc à cette histoire de juge, vous !... nterrompit brutalement le gros homme...

Il fallut bien y croire, quand on le vit paraître suivi d'un commissaire de police et d'un commissionnaire qui portait sur son crochet des registres et des papiers...

On s'écarta pour les laisser passer, mais nulle réflexion n'eut le temps de se produire, car un nouvel employé se présenta, qui dit :

— M. le baron de Thaller est à vos ordres, messieurs, veuillez entrer...

Ce fut, alors, une terrible poussée, pour savoir à qui arriverait premier à la salle du conseil ; qu'on apercevait, toute grande ouverte...

M. de Thaller s'y tenait, debout contre la cheminée.

Il n'était ni plus pâle ni plus troublé que d'ordinaire. On sentait l'homme maître de soi et sûr de ses moyens.

Dès que le silence se fut rétabli :

— Avant tout, messieurs, commença-t-il, je dois vous dire que le conseil va se réunir, et qu'une assemblée générale sera convoquée...

Pas un murmure. Comme à un coup de baguette, les dispositions des actionnaires semblaient changées.

— Je n'ai rien à vous apprendre, poursuivit-il. Ce qui arrive est un malheur, mais non pas un désastre. Il s'agissait, avant tout, de sauver la société, et j'avais pensé d'abord à un appel de fonds...

— Dame !... firent deux ou trois voix timides, s'il le fallait absolument...

— J'ai reconnu qu'il n'en était pas besoin...

— Ah ! ah !...

— Et que j'assurerais le fonctionnement de nos services, en ajoutant à notre fonds de réserve, ma fortune personnelle...

Ah ! pour le coup, les bravos éclatèrent...

M. de Thaller les reçut en homme qui les mérite, et plus lentement :

— C'était un devoir d'honneur, continua-t-il... Je vous l'avoue, messieurs, le misérable qui nous a si indignement trompés avait toute ma confiance... Vous comprendrez mon aveuglement, lorsque vous saurez avec quelle infernale adresse a procédé le caissier infidèle...

De tous côtés, des imprécations s'élevaient à l'adresse de Vincent Favoral... Mais déjà le directeur du *Crédit mutuel* poursuivait :

— Pour le moment, je n'ai à vous demander que du calme, et la continuation de votre confiance...

— Oui ! oui !...

— La panique d'avant-hier soir n'était qu'une manœuvre de Bourse, organisée par des établissements rivaux, qui espéraient s'emparer de notre clientèle. Leurs calculs seront déjoués, messieurs... Ce qui devait nous renverser démontre victorieusement notre solidité... Nous sortirons de cette épreuve plus puissants que par le passé.

C'était fini. M. de Thaller savait son métier. On lui votait des remercîments. Le sourire s'épanouissait sur toutes les lèvres l'instant d'avant crispées par la colère...

Seul, un actionnaire ne semblait pas partager l'enthousiasme général, et celui-là n'était autre que M. Chapelain, l'ancien avoué.

— Décidément, grommelait-il, le Thaller est capable de s'en tirer... Il faut que je prévienne Maxence...

V

On a tous les courages, en France, et à un degré supérieur ; tous, hormis, cependant, celui de braver l'opinion des sots.

Peu d'hommes eussent osé, à l'exemple de M. de Trégars, offrir leur nom à la fille d'un misérable, accusé de détournements et de faux, et cela au moment même où le scandale du crime était le plus bruyant.

Mais lorsque Marius jugeait une chose juste et bonne, il la faisait sans le moindre souci de ce que penseraient les autres.

Aussi, avait-il suffi de sa seule présence, rue Saint-Gilles, pour y ramener l'espérance.

De ses desseins, il n'avait dit qu'un mot :

« J'ai les moyens de vous servir ; je prétends, en « épousant Gilberte, en acquérir le droit. »

Mais ce mot avait suffi.

Mme Favoral et Maxence avaient compris que celui qui leur parlait ainsi était un de ces hommes de résolution et de sang-froid que rien ne décourage ni ne déconcerte, et qui savent tirer parti des situations les plus compromises.

Et lorsqu'il se fut retiré avec le comte de Villegré :

— Je ne sais ce qu'il fera, disait Mlle Gilberte à sa mère et à son frère, mais certainement il fera quelque chose, et soyez sûrs que si réussir est humainement possible, il réussira...

Et avec quelle fierté elle s'exprimait ainsi ! Le concours de Marius, c'était la justification de sa conduite. Elle tressaillait de joie en songeant que ce serait, peut-être, à l'homme que, seule, audacieusement, elle avait choisi, que sa famille devrait son salut:

Hochant la tête et faisant allusion à des événements dont il gardait le secret :

— Je crois, en effet, approuvait Maxence, que M. de Trégars a pour atteindre les ennemis de notre père des moyens puissants... Et quels ils sont, nous ne tarderons pas à le savoir, puisque j'ai, demain, rendez-vous avec lui...

Il vint enfin, ce lendemain, le lundi, qu'il avait attendu avec une impatience que ne pouvaient soupçonner ni sa mère ni sa sœur.

Et sur les neuf heures et demie, il était prêt à sortir, lorsqu'on lui annonça M. Chapelain:

Tout irrité encore des scènes dont il venait d'être témoin rue du Quatre-Septembre, l'ancien avoué arrivait avec un visage lugubre.

— J'apporte de mauvaises nouvelles, commença-t-il. Je viens de voir le baron de Thaller...

Il avait tant dit, la veille, qu'il ne voulait plus se

mêler de rien, que Maxence ne put retenir un mouvement de surprise.

— Oh ! ce n'est pas en tête-à-tête, que je l'ai vu, reprit M. Chapelain; mais en compagnie d'une centaine, au moins, des actionnaires du *Crédit mutuel*

— Ils se remuent donc ?

— Non. Ils ont seulement failli se remuer. Il fallait les voir, ce matin, accourir furibonds, rue du Quatre-Septembre ! Ils demandaient la tête de M. de Thaller, ils voulaient tout casser, tout briser... c'était terrible! Mais M. de Thaller leur a fait la grâce de les recevoir, et ils sont devenus plus doux que des moutons. Il a daigné parler, et ils lui ont voté des remercîments. C'est simple comme bonjour ! On tient l'homme dont on tient l'argent. Que voulez-vous que fassent des actionnaires, si exaspérés qu'on les suppose, quand un gérant vient leur dire : ·

« Eh bien! oui, c'est vrai, vous êtes volés, et vos « fonds sont diablement compromis... mais, si vous « faites du bruit, si vous portez plainte, tout est dé- « finitivement perdu!.. » Naturellement les actionnaires se taisent. Il est si connu qu'une affaire qui se liquide judiciairement est une affaire coulée, que les actionnaires volés craignent la justice autant que le gérant voleur. Il n'est pas de financier infime qui ne sache cela et qui n'en profite pour emplir ses poches de l'argent des autres... D'un mot, je vous résumerai la situation : Il n'y a pas une heure de cela, devant moi, les actionnaires de M. de Thaller lui ont offert des fonds pour combler le déficit...

Après un moment de silence :

— Mais ce n'est pas tout, reprit l'ancien avoué. La justice est saisie de l'affaire de votre père, et M. de Thaller a passé la matinée avec le juge d'instruction...

— Eh bien?

— Eh bien! j'ai assez d'expérience pour vous affirmer que vous n'avez pas à compter sur la justice plus que sur les actionnaires. A moins de preuves trop évidentes pour qu'il en existe, M. de Thaller ne sera pas inquiété...

— Oh !

— Pourquoi? Parce que, mon cher, dans toutes ces grosses affaires de finance, la justice, le plus qu'elle peut, se bouche les yeux. Non par corruption, grand Dieu! ni par une connivence coupable, mais par des considérations d'ordre public et d'intérêt général. Elle a peur d'épouvanter les capitaux et d'ébranler le crédit. Si elle poursuivait, le gérant serait condamné à quelques années de prison, mais les actionnaires seraient du même coup condamnés à perdre ce qu'on ne leur a pas pris, de sorte que les volés seraient plus durement punis que le voleur. Désolée de son impuissance, la justice laisse faire... Et cela vous explique l'impudence et l'impunité de cette quantité de gredins de haut vol que vous voyez se promener le front haut, la poche pleine de l'argent d'autrui et la boutonnière chamarrée de décorations.

Maxence était abasourdi.

— Et alors? fit-il.

— Alors, il est évident que votre père est perdu.

Qu'il ait ou non des complices, il sera sacrifié seul.
Il faut un bouc émissaire, n'est-ce pas, à égorger sur
l'autel du crédit? Eh bien! on donnera cette satisfaction aux actionnaires dépouillés. Les douze millions seront perdus, mais les actions du *Crédit mutuel* remonteront et la morale sera sauve...

Un peu ému de l'accent de l'ancien avoué :

— Que me conseillez-vous donc, monsieur? interrogea Maxence.

— Le contraire précisément de ce que, sur le premier moment, je vous ai conseillé... C'est pour cela
que je suis venu. Je vous disais hier : Faites du
tapage, agissez, criez... Il est impossible que votre
père soit seul coupable, attaquez M. de Thaller... Aujourd'hui, après mûre délibération, je vous dis :
Taisez-vous, cachez-vous, laisser tomber le scandale...

Un sourire amer crispa la lèvre de Maxence.

— Ce n'est pas un conseil de brave que vous me
donnez, dit-il.

— C'est le conseil d'un ami...

— Cependant...

— C'est le conseil d'un homme qui mieux que vous
connaît la vie. Pauvre jeune homme!... Vous
ignorez le péril de certaines luttes. Tous les gredins
se tiennent et se soutiennent. En attaquer un, c'est
les attaquer tous. Vous ne pouvez soupçonner les
influences occultes dont disposent les hommes qui
manient des millions, et qui, en échange d'une com-
plaisance, ont toujours un pot-de-vin à offrir ou une

bonne opération à proposer. Si du moins je vous
voyais une chance de succès ! Mais vous n'en avez
pas une. Jamais vous n'arriverez jusqu'à M. de
Thaller, désormais soutenu par ses actionnaires. Vous
ne réussirez qu'à vous faire un ennemi puissant, dont
la rancune pèsera sur votre vie entière...

— Que m'importe !...

M. Chapelain haussa les épaules.

— Si vous étiez seul, reprit-il, je dirais comme
vous : qu'importe ! Mais vous n'êtes plus seul, vous
allez avoir à votre charge votre mère et votre sœur.
Il faut songer à manger, avant de penser à se
venger. Combien gagnez-vous par mois ? Deux cents
francs. C'est peu, pour trois personnes. Certes, je ne
vous engagerai jamais à solliciter la protection de
M. de Thaller, mais il ne serait, peut-être, pas inutile
de lui faire savoir qu'il n'a rien à craindre de vous.

Pourquoi ne le lui donneriez-vous pas à entendre,
en lui reportant les quinze mille francs que vous avez
à lui. Si, comme il y a tout lieu de le croire, il est le
complice de votre père, il sera certainement ému de
la détresse de votre famille, et s'il lui reste un peu
de cœur, il s'arrangera de façon à vous faire obtenir,
sans paraître s'en mêler, une situation plus en rapport
avec vos besoins. Je ne me dissimule pas ce que
cette démarche peut avoir de pénible, mais je vous le
répète, mon cher enfant, vous n'avez plus à penser
qu'à vous seul, et ce qu'à aucun prix on ne ferait pour
soi, on le fait pour une mère et pour une sœur...

Maxence se taisait.

Non qu'il fût, en aucune façon, touché des considérations que lui soumettait l'ancien avoué, mais parce qu'il se demandait s'il devait lui confier les événements qui s'étaient succédé depuis vingt-quatre heures et qui avaient si brusquement modifié la situation.

Il ne s'y crut pas autorisé.

Marius de Trégars n'avait pas demandé le secret, mais une indiscrétion pouvait avoir de funestes conséquences.

Et après un moment de réflexion :

— Je vous remercie, monsieur; répondit-il évasivement, de l'intérêt que vous nous témoignez; et vos avis nous seront toujours précieux..... Mais pour le moment, je vous demanderai la permission de vous laisser avec ma mère et ma sœur. J'ai un rendez-vous avec... un ami.

Et sans attendre une réponse, glissant dans sa poche les quinze mille francs de M. de Thaller, il se hâta de sortir.

Mais ce n'est pas chez M. de Trégars; c'est à l'*Hôtel des Folies* qu'il courut tout d'abord.

— Mademoiselle Lucienne vient de rentrer; avec un gros paquet, dit, de son air le plus gracieux, la Fortin à Maxence, lorsqu'elle le vit sortir de l'ombre du corridor.

Depuis vingt - quatre heures, l'honorable hôtesse guettait son locataire avec l'espoir d'en obtenir quelques renseignements à communiquer aux voisins.

Il ne daigna même pas lui répondre : merci ! im-

politesse dont elle fut violemment froissée. Il traversa d'un bond l'étroite cour de l'hôtel et s'élança
dans l'escalier...

La chambre de Mlle Lucienne était ouverte ; il
entra.

Et tout essoufflé de sa course :

— Heureusement je vous trouve! s'écria-t-il.

La jeune fille achevait de disposer sur son lit une
robe de soie très-claire, garnie de ruches et de pas-
sementeries, un pardessus pareil, de coupe bizarre,
et un chapeau de forme risquée, surchargé de plumes et de fleurs éclatantes.

— Vous voyez pourquoi je suis ici, répondit-elle.
Je rentre m'habiller. A deux heures, la voiture de
Brion viendra me prendre, pour me conduire au
bois, où je dois exhiber cette toilette, une des plus
ridicules assurément dont m'ait affublée M. Van-Klopen...

Un sourire effleura les lèvres de Maxence.

— Qui sait, dit-il, si ce n'est pas la dernière fois
que vous avez à subir cette corvée odieuse. Ah!
mon amie, depuis que je ne vous ai vue, que d'é-
vénements!...

— Heureux!

— Vous allez en juger.

Il ferma soigneusement la porte, et revenant se
placer devant Mlle Lucienne.

— Connaissez-vous le marquis de Trégars? interrogea-t-il.

— Pas plus que vous, C'est hier, chez le commissaire de police, que, pour la première fois, j'ai entendu prononcer son nom.

— Eh bien! avant un mois, M. de Trégars sera le mari de Mlle Gilberte Favoral!

La plus vive surprise se peignit sur les traits charmants de la jeune fille.

— Est-ce possible? fit-elle.

Mais au lieu de lui répondre :

— Vous m'avez raconté, reprit Maxence, qu'autrefois, en un jour de détresse suprême, vous trouvant sans asile et sans pain, vous vous êtes présentée à l'hôtel de Thaller, sollicitant un secours, alors que légitimement une indemnité vous était due, puisque la voiture de la baronne vous avait renversée et blessée grièvement...

— C'est la vérité.

— Pendant que vous attendiez dans le vestibule la réponse à votre lettre qu'un domestique était allé porter, le baron de Thaller est entré, et en vous apercevant, il n'a pu maîtriser un mouvement de stupeur, presque d'effroi...

— C'est encore vrai.

— Ce trouble de M. de Thaller est toujours resté pour vous une énigme...

— Inexplicable.

— Eh bien! je crois que moi, aujourd'hui, je puis vous l'expliquer.

— Vous?...

Baissant la voix, car il savait qu'à l'*Hôtel des Folies* il y avait toujours à redouter quelque oreille indiscrète:

— Oui, moi, répondit-il, et par cette raison qu'hier, quand M. de Trégars est entré dans le salon de ma mère, je n'ai pu retenir un cri d'étonnement... Par cette raison, Lucienne, qu'entre Marius de Trégars et vous, une ressemblance existe, dont il est impossible de n'être pas frappé...

La jeune fille était devenue fort pâle.

— Que supposez-vous donc? demanda-t-elle.

— Je crois, mon amie, que nous sommes bien près de pénétrer, du même coup, le mystère de votre naissance et le secret de cette haine obstinée qui vous poursuit depuis le jour où vous avez mis le pied à l'hôtel de Thaller...

Si admirablement maîtresse de soi que fût, ordinairement, Mlle Lucienne, le tremblement de ses lèvres trahissait, en ce moment, l'intensité de son émotion.

Après plus d'une minute de méditation profonde :

— Jamais, reprit-elle, le commissaire de police ne m'a dit que très-vaguement ses espérances... Il m'en a dit assez, toutefois, pour que j'aie lieu de penser qu'il a déjà eu quelques-uns de vos soupçons.

— Parbleu ! M'eût-il, sans cela, questionné au sujet de M. de Trégars ?...

La jeune fille hocha la tête.

— Et cependant, fit-elle, même après vos explications, c'est vainement que je cherche en quoi et comment je puis troubler la sécurité de M. de Thaller jusqu'à ce point qu'il ait cherché à se défaire de moi...

Maxence eut un geste d'insouciance superbe.

— J'avoue que je ne le vois pas non plus, dit-il, mais qu'importe ! Sans pouvoir en expliquer le pourquoi, je sens que le baron de Thaller est l'ennemi commun, le vôtre, le mien ; celui de mon père et de M. de Trégars. Et quelque chose me dit, qu'avec l'aide de M. de Trégars, nous triompherons. Vous partageriez ma confiance, Lucienne, si vous le connaissiez. Celui-là est un homme, et ma sœur n'a pas fait un choix vulgaire. S'il a dit à ma mère qu'il a les moyens de la servir, c'est qu'il les a certainement...

Il s'arrêta, et après un instant de silence :

— Peut-être, reprit-il, le commissaire de police serait-il à même de comprendre ce que je ne fais que soupçonner vaguement, mais jusqu'à nouvel ordre, il nous est interdit de recourir à lui. Ce n'est pas mon secret que je viens de vous dire, et si je suis accouru vous le confier, c'est qu'il me semble que c'est un grand bonheur qui nous arrive, et qu'il n'est pas de joie pour moi, si vous ne la partagez...

M\ue Lucienne eût eu bien des détails encore à demander. Mais, tirant sa montre :

— Dix heures et demie ! s'écria-t-il. Et M. de Trégars qui m'attend...

Et répétant une fois encore à la jeune fille :

— Allons, à ce soir, bon espoir et bon courage ! Il s'élança dehors...

Dans la cour, deux hommes de mauvaise mine causaient avec les époux Fortin. Mais les époux Fortin causaient souvent avec des hommes de mauvaise

mine. Il n'y prit garde et gagna le boulevard. Un
fiacre vide passait, il s'y élança en criant au cocher :

— Rue Laffitte, 70, et bon train, je paye la course
trois francs.

C'est rue Laffitte, en effet, qu'était allé s'installer
Marius de Trégars, le jour où sa détermination avait
été bien arrêtée de faire rendre gorge aux audacieux
gredins qui avaient dépouillé son père.

Il y occupait à l'entre-sol un petit appartement,
simplement meublé, — le pied-à-terre de l'homme
d'action, la tente où on s'abrite la veille de la bataille,
— et il avait, pour le servir, un vieux valet de sa famille, qu'il avait retrouvé sur le pavé, et qui lui était
dévoué de ce dévouement obtus et têtu des serviteurs bretons.

C'est ce brave homme qui, au premier coup de
sonnette de Maxence, vint ouvrir. Et dès que Maxence
lui eût dit son nom :

— Ah ! monsieur, s'écria-t-il, monsieur vous
attend avec une fière impatience !...

C'était si vrai, que M. de Trégars parut au même
moment et que ce fut lui qui introduisit Maxence dans
la petite pièce qui lui servait de cabinet de travail.
Et tout en lui serrant la main :

— Sans reproche, lui dit-il, vous êtes en retard
de près d'une heure...

Maxence avait, entre autres, ce détestable défaut,
indice certain d'un caractère faible, de ne jamais vouloir avoir tort et de tenir toujours une excuse toute
prête. L'excuse ici était trop tentante pour qu'il la

laissât échapper, et bien vite . il se mit à raconter
comment il avait été retenu par M. Chapelain, et comment il avait appris de l'ancien avoué, ce qui venait
de se passer rue du Quatre-Septembre, au *Crédit*
mutuel.

— Je savais la scène, dit M. de Trégars...

Et fixant Maxence, d'un air d'amicale raillerie :

— Seulement, ajouta-t-il, j'attribuais votre inexacti-
tude à une autre raison, brune, celle-là, et très-jolie...

Un nuage de pourpre s'étendit sur les joues de
Maxence.

— Quoi ? balbutia-t-il, vous savez ?...

— Je pensais que vous aviez eu hâte d'aller raconter à une... personne de vos connaissances, pourquoi, en m'apercevant hier, vous avez laissé échapper un cri.

Pour le coup, Maxence perdit contenance.

— Comment, fit-il, vous savez aussi ?...

M. de Trégars souriait.

— Je sais beaucoup de choses, mon cher monsieur
Maxence, répondit-il, et cependant, comme je ne veux
pas que vous me soupçonniez de sorcellerie, je vais
vous dire d'où me vient ma science. Au temps où
votre maison m'était fermée, après avoir longtemps
cherché un moyen de me procurer des nouvelles de
votre sœur, je finis par découvrir qu'elle avait pour
maître de musique un vieil Italien, le signor Gismondo Pulci. J'allai demander des leçons à ce brave
homme, et je devins son élève. Mais dans les commencements, il me regardait avec une persistance

singulière. Je lui en demandai la cause, et il me répondit que cela tenait à ce qu'autrefois il avait eu
pour voisine une jeune ouvrière qui me ressemblait
prodigieusement...

— Aux Batignolles, n'est-ce pas?

— Oui, aux Batignolles. Je ne fis point attention
à cette circonstance, et je l'avais même totalement
oubliée, lorsque tout dernièrement Gismondo me dit
qu'il venait de voir son ancienne voisine, de la voir
à votre bras, qui plus est, et que vous étiez entrés
tous deux à l'*Hôtel des Folies*. Comme il me reparla
encore, et avec plus d'insistance que jamais, de cette
fameuse ressemblance, je voulus en avoir le cœur
net : j'épiai, et je constatai *de visu*, que mon vieil
Italien n'avait pas tout à fait tort, et que je venais,
peut-être, de trouver enfin l'arme que je cherchais...

La bouche béante et les yeux démesurément écarquillés, Maxence semblait un homme qui tombe des
nues.

— Ah! vous avez épié!... fit-il.

D'un geste insouciant, M. de Trégars fit claquer ses
doigts.

— Il est certain, répondit-il, que je fais, depuis un
mois, un singulier métier. Mais ce n'est pas en res-
tant dans mon fauteuil à déclamer contre la corruption du siècle, que j'atteindrai mon but. Qui veut la
fin veut les moyens. C'est une duperie des honnêtes
gens, que de laisser triompher effrontément les gredins, sous le prétexte sentimental de ne pas daigner
employer leurs armes...

Mais un honorable scrupule tourmentait Maxence.

— Et vous vous croyez bien renseigné, monsieur ? nterrogea-t-il. Vous connaissez Lucienne ?...

— Assez pour savoir qu'elle n'est pas ce qu'elle paraît être, ce que toute autre probablement serait, à sa place. Assez pour être sûr que si deux ou trois fois par semaine elle se montre en voiture, autour du lac, ce n'est pas pour son plaisir.

Assez encore pour être persuadé, qu'en dépit des apparences, elle n'est pas votre maîtresse, et que, bien loin d'avoir troublé votre vie et compromis votre avenir, elle vous a remis dans le droit chemin au moment où, peut-être, vous alliez vous jeter dans la traverse..,

Décidément, dans l'esprit de Maxence, Marius de Trégars prenait des proportions fantastiques.

— Comment avez-vous fait, balbutia-t-il, pour arriver ainsi à la vérité?

— A qui a du temps et de l'argent, tout est possible...

— Pour vous préoccuper ainsi de Lucienne, il vous fallait de bien graves raisons...

— Très-graves, en effet.

— Vous savez qu'elle a été lâchement abandonnée lorsqu'elle était toute enfant...

— Parfaitement.

— Et qu'elle a été élevée par charité...

— Par de braves maraîchers de Louveciennes, oui, je sais tout cela,...

Maxence tressaillait de joie, il lui semblait que ses

plus éblouissantes espérances allaient se réaliser, là,
à l'instant.

Saisissant les mains de Marius de Trégars

— Ah! vous connaissez la famille de Lucienne! s'é-
cria-t-il.

Mais M. de Trégars secoua la tête.

— J'ai des soupçons, répondit-il, mais jusqu'ici, je
vous l'affirme, je n'ai que des soupçons...

— Cette famille existe, cependant; c'est elle évidemment qui, à trois reprises déjà, a essayé de se défaire
de la pauvre fille...

— Je le pense comme vous, seulement il faut des
preuves... Oh! soyez tranquille, nous en trouverons.
La recherche de la maternité n'est pas interdite en
France.

Il eut la parole coupée par le bruit de la porte qui
s'ouvrait.

Son vieux domestique entra, et s'avançant jusqu'au
milieu de la pièce, d'un air mystérieux et à voix basse

— Madame la baronne de Thaller... dit-il.

Marius de Trégars tressauta.

— Là? interrogea-t-il.

— Elle est en bas, dans sa voiture, répondit le domestique, c'est son valet de pied qui est là, et qui demande
si Monsieur est chez lui et si elle peut monter...

Les sourcils de M. de Trégars se fronçaient.

— Aurait-elle eu vent de quelque chose? murmura-
t-il.

Et après une seconde de réflexion :

— Raison de plus pour la voir, ajouta-t-il vivement.

Qu'elle monte, qu'on la prie de me faire l'honneur de monter...

Ce dernier incident bouleversait de fond en comble toutes les idées de Maxence. Il ne savait plus qu'imaginer.

— Vite, lui dit M. de Trégars, vite, disparaissez, et quoi que vous entendiez, pas un mot.

Et il le poussa dans sa chambre à coucher, séparée du cabinet de travail par une simple portière de tapisserie.

Il était temps, on entendait déjà dans l'antichambre un grand froissement de soie et de jupons empesés.

Mme de Thaller parut.

C'était toujours la même femme, d'une beauté provocante et brutale, que seize ans plus tôt, Mme Favoral avait vue à sa table. Le temps avait passé, sans presque l'effleurer de son aile. Ses chairs avaient gardé leur blancheur éblouissante, ses cheveux d'un noir bleu leur merveilleuse opulence, ses lèvres leur carmin, et ses yeux leur éclat.

Sa taille seulement s'était épaissie, ses traits s'étaient empâtés, et sa nuque et son col avaient perdu leurs ondulations et la pureté de leurs contours.

Mais ni les années, ni les millions, ni l'intimité des femmes les plus à la mode, n'avaient pu la parer de ces dons qui ne s'acquièrent pas : la grâce, la distinction et le goût.

S'il était une femme accoutumée à la toilette, c'était elle. On eût monté un magasin de nouveautés splendide rien qu'avec ce qui lui était passé sur les épaules

de soie et de velours, de satin et de cachemire, de
dentelles, et enfin de tous les tissus connus. Elle était
d'une élégance citée et copiée. Et cependant, quand
même, et toujours, il se dégageait d'elle comme un
parfum de parvenue. Son geste restait trivial, sa voix
commune et vulgaire...

Se laissant, dès son entrée, tomber dans un fauteuil, et éclatant de rire :

— Avouez, mon cher marquis, dit-elle, que vous
êtes furieusement étonné de me voir comme cela;
tomber chez vous, sans crier gare, à onze heures du
matin...

Le sourire aux lèvres, M. de Trégars s'inclinait.

— Je suis surtout furieusement flatté, répondit-il.

D'un rapide regard, elle examinait le cabinet de
travail, les meubles modestes, les papiers entassés
sur le bureau, comme si elle eût espéré que le logis
allait lui révéler quelque chose des idées et des projets du maître.

— Je sors de chez Van-Klopen, reprit-elle. Passant devant chez vous, fantaisie m'a pris de monter
vous relancer... et me voilà.

Homme du monde, et du meilleur, le marquis de
Trégars avait trop l'habitude de garder le secret de
ses impressions pour qu'on en pût rien lire sur son
visage. Et cependant, à quelqu'un qui l'eût bien
connu, une certaine contraction de ses paupières eût
révélé une vive contrariété et une grande préoccupation.

— Comment se porte le baron ? interrogea-t-il.

— Comme un chêne, répondit Mme de Thaller, malgré les soucis et les fatigues que vous pouvez imaginer... Vous savez ce qui nous arrive ?

— J'ai lu que le caissier du *Crédit mutuel* a disparu...

— Et ce n'est que trop vrai ! Ce misérable Vincent Favoral nous emporte une somme énorme.

— Douze millions, m'a-t-on dit ?

— Quelque chose comme cela... Un homme à qui on
eût donné le bon Dieu sans confession, un puritain,
un austère... Fiez-vous donc après cela à la mine
des gens ! il ne m'était jamais revenu, je l'avoue,
mais M. de Thaller ne jurait que par lui. Quand il
avait parlé de son Favoral, il n'y avait plus qu'à tirer l'échelle. Enfin, il a décampé, laissant sa famille
sans ressources, une famille très-intéressante, à ce
qu'il paraît, une femme qui est la bonté même, et
une fille délicieuse, à ce que prétend Costeclar qui en
est très-amoureux.

Le visage de M. de Trégars demeurait immobile;
tel que celui d'un homme à qui on parle de gens qui
lui sont inconnus et dont il n'a nul souci.

Ce que voyant :

— Mais ce n'est pas pour vous conter tout cela
que je suis montée, reprit-elle. C'est un motif intéressé qui m'amène... Nous avons, quelques-unes de
mes amies et moi, organisé une loterie, une œuvre de
bienfaisance, mon cher marquis, et tout à fait patrio-
tique, au profit des Alsaciens, j'ai des masses de billets
à placer, et... j'ai jeté mon dévolu sur votre bourse...

Plus que jamais souriant :

— Je suis à vos ordres, madame, répondit Marius, mais de grâce, ménagez-moi...

Elle tirait des billets d'un petit portefeuille d'é-caille.

— Vingt, à dix francs, dit-elle, ce n'est pas trop, n'est-ce pas ?

— C'est beaucoup pour mes modestes ressources...

Elle empocha les dix louis qu'il lui tendait, et d'un ton d'ironique compassion...

— Vous êtes donc bien pauvre, fit-elle, bien pauvre ?...

— Dame ! je ne suis ni boursier, ni banquier...

Elle s'était levée, et de la main déplissait sa robe.

— Eh bien ! mon cher marquis, reprit-elle, ce n'est certes pas moi qui vous plaindrai. Quand un homme de votre âge et de votre nom reste pauvre, c'est qu'il le veut bien... Manque-t-il donc d'héri-tières ?...

— J'avoue que je n'en ai pas cherché encore.

Elle le regarda bien dans les yeux, puis tout à coup, éclatant de rire :

— Cherchez autour de vous, dit-elle, et je gage que vous ne tarderez pas à découvrir une belle jeune fille, très-blonde, qui serait ravie d'être marquise de Trégars, et qui apporterait dans son tablier douze ou quinze cent mille francs de dot, en bonnes valeurs, en valeurs que les Favoral n'emportent pas... Réflé-chissez et venez nous voir, vous savez que M. de

Thaller vous aime beaucoup, et après le désagrément que nous venons d'éprouver, vous nous devez une visite...

Ayant dit, elle sortit, et M. de Trégars descendit la reconduire jusqu'à sa voiture.

Mais en remontant :

— Alerte ! cria-t-il à Maxence, car il est clair que les Thaller se doutent de quelque chose...

VI

C'était une révélation, que cette visite de la baronne de Thaller, et point n'était besoin d'une grande perspicacité pour deviner son angoisse sous ses éclats de rire, pour comprendre que c'était un marché qu'elle était venue proposer.

Il était donc évident que Marius de Trégars tenait entre les mains les fils principaux de cette intrigue embrouillée qui venait d'aboutir à ce vol de douze millions...

Mais saurait-il en tirer parti? Quels étaient ses desseins et ses moyens d'action?

C'est ce que Maxence n'eût su pressentir, alors même qu'il eût eu plus de liberté d'esprit que ne lui en laissait le choc incessant des événements.

Il n'eut pas le temps d'interroger.

— A table! lui dit M. de Trégars, dont l'agitation était manifeste, à table et déjeunons, nous n'avons pas une minute à perdre...

Et pendant que son domestique apportait le modeste repas :

— J'attends M. d'Escajoul , lui dit-il ; fais-le entrer dès qu'il se présentera.

Si à l'écart du monde où se tripote l'argent des autres qu'il eût été tenu par son père, Maxence n'était pas sans connaître Octave d'Escajoul.

Qui ne le connaît, d'ailleurs !

Qui ne l'a vu souriant et florissant, l'œil vif et la lèvre vermeille, malgré ses cinquante ans, promener sur le boulevard, du côté du soleil, sa jaquette bleu de roi et l'éternel gilet blanc qui sangle son ventre prospère.

Il aime de passion la bonne chère, les belles et le jeu, toutes ses aises et tout ce qui fait la vie plus facile et plus douce, — et comme il est millionnaire, comme il a son coin chez Bignon et au café Anglais , comme il est bien vu des dames et que jamais le baccarat ne lui a tenu rigueur , comme son appartement est un chef-d'œuvre de comfort et son coupé le plus moelleux qui soit à Paris, il est et se plaît à se déclarer le plus heureux des hommes.

Avec tant d'avantages on ne le jalouse pas , ou du moins il a su imposer silence à l'envie.

Aller de la Chaussée-d'Antin à la rue Vivienne sans récolter cinquante saluts et autant de poignées de main, lui serait impossible.

Il est si bon enfant et si disposé toujours à rendre service, il a le rire si communicatif et la poche si facile, il se laisse si volontiers tutoyer et appeler Octave tout court !...

Et quand on demande :

— Que fait-il ?

Invariablement on répond :

— Lui ! Il fait des affaires.

Expliquer quelles affaires, serait peut-être assez malaisé...

Il est dans le monde des coquins, certains coquins plus redoutables que les autres et bien autrement habiles, qui échappent toujours à l'action de la justice. Ceux-là ne sont pas si naïfs que d'opérer eux-mêmes. Ce n'est pas eux qui jamais s'aventureraient à pénétrer de nuit, avec escalade et effraction, dans une maison habitée, à forcer une caisse, ou à dévaliser la boutique d'un bijoutier...

Vivant en bourgeois corrects, estimés dans leur quartier, ils se contentent de surveiller et d'épier les camarades.

Un bon coup s'est-il fait ? On les voit apparaître au moment du partage, réclamant impérieusement leur part. Et comme c'est sous peine de dénonciation qu'ils réclament, il faut bien en passer par où ils veulent, et leur laisser empocher le plus clair du profit.

Eh bien ! dans une sphère plus élevée, dans le monde de la spéculation, sans comparaison, c'est précisément cette honorable et lucrative industrie qu'exerce M. d'Escajoul.

Maître de son terrain, doué d'un flair supérieur et d'une patience imperturbable, toujours en éveil et continuellement à l'affût, c'est à coup sûr qu'il opère.

Bien avant qu'une affaire ne soit présentée au pu-

blic, il la connaît, il l'a étudiée et analysée, il en a
calculé le fort et le faible, il sait où elle ira et ce qu'elle
fera, ce qu'elle peut durer de temps et si elle finira en
police correctionnelle...

Et il veille, et il attend...

Et le jour où le gérant d'une société quelconque
s'est mis en contravention, a donné une entorse à la
loi ou un croc-en-jambe à ses statuts, il peut être assuré de voir M. d'Escajoul arriver, lui demander quelques petits... avantages, et lui promettre en échange
une discrétion à toute épreuve, et même ses bons
offices.

Deux ou trois de ses amis lui ont entendu dire :

— Qui oserait me blâmer ? C'est très-moral ce que
je fais !

Ce qui est positif, c'est que sur toutes les affaires
véreuses, sur toutes les opérations suspectes, il pré-
lève une dîme ; c'est qu'il vit de ceux qui vivent de
l'argent des autres ; c'est qu'il ne se commet pas une
escroquerie de quelque importance dont il ne tire rançon.

Aussi est-il l'homme de Paris qui connaît le mieux
son code financier et les lois spéciales et fort compli-
quées qui régissent les sociétés. Et dès qu'il se présente un cas difficile ou douteux, et sur lequel les
jurisconsultes ne sont pas d'accord, c'est lui que l'on
va trouver en dernier ressort.

Il n'est pas médiocrement fier de son savoir, et, à
ses moments perdus, il aime à lester de ses conseils
les débutants qui ont des dispositions, tous ces jeunes
financiers qui brûlent de prendre leur vol.

Il leur explique comment il faut bien se garder de tomber sous le coup de tel article funeste qui conduit droit en cour d'assises, tandis que tel autre ne mène qu'en police correctionnelle.

Il leur apprend à distinguer le détournement de bonne compagnie du vol grossier, l'escroquerie brutale du doux abus de confiance, la bénigne altération d'écriture du redoutable faux...

Tel est l'homme qui, au moment où Maxence et Marius de Trégars venaient de se mettre à table, entra souriant et ramenant vers les tempes, d'une main potelée, ses cheveux devenus rares.

M. de Trégars s'était levé pour le recevoir.

— Vous déjeunez avec nous? lui dit-il.

— Merci, répondit M. d'Escajoul, j'ai déjeuné à onze heures précises, comme toujours. L'exactitude est une politesse qu'un honnête homme doit à son estomac... Mais je prendrai volontiers une larme de cette vieille eau-de-vie dont vous m'avez offert l'autre soir.

On lui en servit un verre, sur le coin de la nappe, et lorsqu'il se fût assis :

— Je viens de voir notre homme, dit-il.

C'était, Maxence le comprit, de M. de Thaller qu'il parlait.

— Eh bien ? interrogea M. de Trégars.

— Impossible de le boucler. J'ai eu beau le tourner et le retourner dans tous les sens... rien.

— En vérité !

— C'est comme cela... Et vous savez si je m'y entends !... Mais que voulez-vous dire à un homme

qui vous répond tout le temps : La justice est saisie,
des experts sont nommés, je n'ai rien à redouter des
investigations les plus minutieuses.

Au regard que Marius de Trégars enait rivé sur
M. d'Escajoul, il était aisé de voir que sa confiance en
lui n'était pas sans bornes.

Il le comprit, car faisant une grimace :

— Me soupçonneriez-vous, dit-il, de m'être laissé
bander les yeux par de Thaller?

Et comme M. de Trégars se taisait, — ce qui était
la plus éloquente des réponses :

— Parole d'honneur! insista-t-il, vous auriez tort
de douter de moi. Est-ce vous qui êtes venu me chercher? Non. C'est moi qui, sachant par Marcolet l'histoire de votre fortune, suis venu vous dire : Voulez-
vous un moyen de couler de Thaller? Et les raison sque
j'avais de souhaiter que de Thaller fût coulé, je les ai
toujours. Il s'est moqué de moi, il m'a joué, il faut
qu'il lui en cuise, car si on venait à se persuader qu'on
peut me rouler impunément, c'en serait fait de mon
crédit sur la place.

Après un instant de réflexion :

— Croyez-vous donc, interrogea M. de Trégars, que
M. de Thaller est innocent?

— Peut-être.

— Ce serait curieux...

— Ou que ses mesures sont si bien prises qu'il n'a
rien à craindre absolument. Si Favoral endosse tout,
que voulez-vous qu'on dise à l'autre? S'ils se sont
entendus, le coup était préparé depuis longtemps, et

vous devez penser que leurs mesures sont bien prises.
et qu'avant de se mettre à pêcher, ils ont si bien troublé l'eau que la justice n'y verra rien.

— Et vous ne voyez personne qui puisse nous fixer?.

— Favoral...

A la. grande surprise de Maxence, M. de Trégarc
haussa les épaules.

— Celui-là est loin, fit-il. Et l'eût-on sous la main
il est clair que s'il s'est entendu avec M. de Thaller,
il ne parlerait pas...

— Juste.

— Cela étant, que faire?...

— Attendre...

M. de Trégars eut un geste de découragement.

— Autant renoncer à la lutte, fit-il, et essayer de
transiger...

— Pourquoi donc? on ne sait pas ce qui peut arri
ver... Ne bougez pas, patientez, je suis là, moi, e
je veille au grain...

Il s'était levé, et s'apprêtait à se retirer :

— Vous avez plus d'expérience que moi, fit M. d
Trégars, et du moment que c'est votre avis...

M. d'Escajoul avait repris toute sa bonne humeur

— Eh bien! voilà qui est entendu, dit-il en serrai
la main de M. de Trégars, je veille pour nous deu:.
et dès que j'aperçois une occasion, j'accours et vot
agissez...

Mais la porte extérieure n'était pas refermée, qu
soudainement la physionomie de Marius de Trégar
changea.

Secouant celle de ses mains que venait de toucher
M. d'Escajoul :

— Pouah !... fit-il d'un air d'insurmontable dégoût,
pouah !...

Et ne pouvant s'empêcher de sourire de l'ébahissement de Maxence :

— Ne comprenez-vous donc pas, lui dit-il, que ce
vieux misérable m'a été dépêché par M. de Thaller
pour sonder mes intentions et m'égarer par de faux
renseignements. C'est le compère chargé d'indiquer
les cartes du joueur qu'on est en train de dépouiller.
Je l'avais flairé, par bonheur; si l'un de nous est dupe
de l'autre, j'ai tout lieu d'espérer que ce n'est pas
moi...

Ils achevaient de déjeuner ; M. de Trégars appela
son domestique.

— Es-tu allé me chercher une voiture ? lui demanda-t-il.

— Elle est à la porte, monsieur...

— Alors, en route !...

Maxence avait du moins ce bon esprit, le plus rare
de tous, peut-être, de ne point s'en faire accroire.
Persuadé qu'à lui seul il n'arriverait à rien, il était
absolument résolu à s'en remettre aveuglément à
Marius de Trégars.

Il le suivit donc, et c'est seulement lorsqu'ils furent
en voiture, et que le cocher eût fouetté son cheval,
qu'il se hasarda à demander :

— Où allons-nous?

— Ne m'avez-vous donc pas entendu, répondit M. de

Trégars, commander au cocher de nous conduire au Palais-de-Justice...

— Pardonnez-moi, et c'est ce que nous allons y faire que je voudrais savoir...

— Vous y allez, mon cher ami, demander une au-dience au juge d'instruction chargé de l'affaire de votre père, et déposer entre ses mains les quinze mille francs que vous avez en poche...

— Quoi! vous voulez?...

— Je pense que mieux vaut remettre cet argent à la justice, qui appréciera votre démarche, qu'à M. de Thaller qui n'en soufflerait mot. Nous sommes dans une situation à ne rien négliger, et cet argent peut devenir un indice...

Mais ils arrivaient. M. de Trégars guida Maxence à travers le dédale des corridors du Palais, jusqu'à ce qu'enfin, avisant un huissier assis à l'entrée d'une longue galerie, un journal à la main, il lui demanda :

— M. Barban d'Avranchel?

— Il est à son cabinet, répondit l'huissier.

— Veuillez savoir s'il consentirait à recevoir une déposition importante au sujet de l'affaire Favoral...

Abandonnant son journal, l'huissier se leva d'un air de mauvaise grâce, et pendant qu'il s'éloignait :

— Vous allez entrer seul, dit à Maxence M. de Tré-gars. Je ne dois pas paraître, et il est important que mon nom ne soit même pas prononcé. Mais surtout retenez bien jusqu'aux moindres paroles du juge d'ins-truction, car c'est sur ce qu'il vous aura dit que je réglerai ma conduite.

L'huissier reparaissait.

— M. D'Avranchel, fit-il, consent à vous recevoir.

Et conduisant Maxence à l'extrémité de la galerie, il lui ouvrit une petite porte et le poussa en disant :

— Entrez, c'est là !

C'était une petite pièce, basse de plafond et pauvrement meublée. La tenture flétrie et le tapis qui montrait la corde, disaient que bien des juges s'y étaient succédé, et que des légions de prévenus y avaient traîné leurs pieds.

Devant une table, deux hommes, l'un vieux, le juge d'instruction, l'autre jeune, le greffier, classaient et paraphaient des papiers.

Et ces papiers étaient relatifs à l'affaire Favoral, car sur tous on lisait, en grosses lettres : *Comptoir de crédit mutuel.*

Dès que parut Maxence, le juge se leva, et après l'avoir toisé d'un regard froid et clair :

— Qui êtes-vous ? interrogea-t-il.

D'une voix légèrement troublée, Maxence déclina ses noms.

— Ah ! vous êtes le fils de Vincent Favoral, interrompit le juge, et c'est vous qui l'avez aidé à s'évader par une fenêtre... J'allais aujourd'hui même vous adresser une assignation... Puisque vous voici, tant mieux. Vous avez, m'a-t-on dit, une communication importante à me faire ?

Très-peu de gens, même parmi les plus strictement honnêtes, peuvent se défendre d'un sentiment pénible orsque, passant le seuil du Palais-de-Justice, ils se trouvent en présence d'un juge. Plus que tout autre, Maxence devait être accessible à ce sentiment de vague et inexplicable contrainte. Cependant faisant un effort :

— Samedi soir, répondit-il, quelques moments avant le commissaire de police, M. le baron de Thaller est venu à la maison. Après avoir accablé mon père de reproches, il l'a engagé à passer à l'étranger, et pour faciliter sa fuite, il lui a remis une somme assez importante, quinze mille francs...

Il avait tiré les billets de banque de sa poche, il les posa sur la table.

— Voici ces quinze mille francs, poursuivit-il. Mon père les a repoussés avec horreur, et avant de s'enfuir, il m'a bien recommandé de les restituer à M. de Thaller. J'ai pensé que mieux valait vous les rapporter, monsieur.

— Pourquoi?

— Parce que je tenais à ce que la justice sût que M. de Thaller avait offert cet argent, et que mon père l'avait refusé.

D'un geste qui lui était familier, M. Barban d'Avranchel caressait ses favoris d'un roux ardent, autrefois, maintenant presque blancs.

— Est-ce une insinuation à l'adresse du directeur du *Crédit mutuel?* fit-il.

Maxence ne baissa pas les yeux.

— Je n'accuse personne, répondit-il, d'un ton qui affirmait précisément le contraire.

— C'est que je dois vous prévenir, reprit le juge, que

M. de Thaller lui-même m'a révélé cette circonstance.
Lorsqu'il s'est présenté chez vous, il ignorait l'importance des détournements et il espérait encore pouvoir étouffer l'affaire. Voilà pourquoi il eût voulu que
son caissier passât en Belgique. Ce système de soustraire des coupables au châtiment de leur faute est
amèrement déplorable, mais il est tout à fait dans les
habitudes des gens de finance, qui aiment mieux envoyer se faire pendre à l'étranger un employé infidèle
que de risquer d'ébranler leur crédit en disant qu'ils
ont été volés...

Maxence eût eu beaucoup à dire, mais M. de Trégars
lui avait recommandé la plus extrême réserve; il garda
le silence.

— D'un autre côté, reprit M. d'Avranchel, ce refus
d'accepter le subside qui lui était si généreusement
offert, n'est pas à l'avantage de Vincent Favoral...

— Cependant...

— Peut-on l'attribuer à un sentiment d'honorable
délicatesse? Évidemment non. Qu'un honnête homme
repousse une aumône, alors même qu'elle lui serait le
plus nécessaire, on le conçoit. Mais un caissier qui a
puisé des millions à la caisse qui lui était confiée ne
saurait avoir de ces scrupules...

— Mais, monsieur...

— Donc, si votre père a dédaigné ces quinze mille
francs, c'est que ses précautions étaient prises. Il n'ignorait pas, quand il s'est enfui, que pour gagner la frontière, pour se dérober aux recherches, pour se cacher à
l'étranger, il lui faudrait de l'argent, beaucoup d'argent...

Des larmes de colère et de honte roulaient dans les yeux de Maxence.

— Je suis sûr, monsieur, s'écria-t-il, que mon père s'est enfui sans un sou !...

— Oh !

— Et j'en ai presque la preuve. Depuis longtemps, il en était réduit aux plus misérables expédients. Depuis des mois, déjà, dans notre voisinage, parmi nos amis et chez nos fournisseurs, il empruntait des sommes insignifiantes. Il en était descendu jusqu'à cette extrémité de se faire remettre par une pauvre vieille marchande de journaux cinq cents francs, toute sa fortune.

M. d'Avranchel demeurait impassible.

— Que sont donc devenus les millions volés ? demanda-t-il froidement.

Maxence hésita. Pourquoi ne pas dire ses soupçons ? Il n'osa.

— Mon père jouait à la Bourse, balbutia-t-il...

— Et il menait une conduite scandaleuse...

— Monsieur...

— Il entretenait, hors de son ménage, des liaisons qui ont dû absorber des sommes immenses...

— Jamais nous n'en avons rien su, monsieur, et le premier soupçon qui nous en est venu nous a été inspiré par le commissaire de police...

Mais le juge n'insista pas. Et d'un ton qui trahissait une de ces questions qu'on fait pour l'acquit de sa conscience, et sans attacher la moindre importance à la réponse :

— Vous êtes sans nouvelles de votre père ? demanda-t-il.

— Sans nouvelles.

— Vous n'avez pas idée de la retraite qu'il a choisie ?

— Pas la moindre.

Déjà M. d'Avranchel s'était réinstallé à son bureau et recommençait à classer ses papiers.

— Vous pouvez vous retirer, dit-il, vous serez averti lorsque j'aurai besoin de vous...

Le découragement de Maxence était grand lorsqu'il rejoignit M. de Trégars qui l'attendait à l'entrée de la galerie.

— Ce juge est convaincu de la parfaite innocence de M. de Thaller, lui dit-il...

Mais dès qu'il eût raconté, et avec une exactitude qui faisait honneur à sa mémoire, ce qui venait de se passer :

— Rien n'est désespéré, déclara M. de Trégars.

Et tirant de sa poche l'adresse du magasin où avaient été achetées les deux malles dont la facture s'était trouvée dans le portefeuille de M. Favoral :

— C'est là, dit-il, que nous connaîtrons notre sort.

M. de Trégars et Maxence jouaient de bonheur. Ils avaient un cocher habile et un bon cheval. Ils ne mirent pas vingt minutes à franchir la distance qui sépare le Palais-de-Justice du boulevard des Capucines.

Dès que le fiacre s'arrêta :

— Allons, il faut en passer par là! dit M. de Trégars.

Et de l'air d'un homme qui a pris son parti d'une besogne qui lui répugne étrangement, il sauta à terre, et suivi de Maxence il entra dans le magasin d'articles de voyage.

C'était un établissement modeste. Et les gens qui le tenaient, le mari et la femme, voyant deux clients leur arriver, se précipitèrent à leur rencontre avec ce sourire accueillant qui fleurit sur la lèvre de tous les boutiquiers parisiens.

— Que faut-il à ces messieurs?...

Et avec une surprenante volubilité, ils énuméraient à l'envi tout ce qu'ils avaient à vendre dans leur boutique, depuis le « nécessaire-indispensable » qui renferme soixante-dix-sept pièces en argent et qui coûte deux cents louis, jusqu'à l'humble sac de nuit de trente-neuf sous.

Mais Marius de Trégars se hâta de les interrompre, et leur montrant leur facture :

— C'est bien chez vous, leur demanda-t-il, qu'ont été achetées les deux malles que je vois portées là?...

— Oui, monsieur, répondirent ensemble le mari et la femme.

— Quand ont-elles été livrées?...

— Notre garçon est allé les livrer moins de deux heures après qu'elles ont été achetées...

— Où?...

Déjà les boutiquiers échangeaient un regard inquiet.

— Pourquoi nous demandez-vous cela ? fit la femme, d'un accent qui annonçait l'intention bien arrêtée de ne répondre qu'à bon escient.

Obtenir le renseignement le plus simple n'est pas toujours aussi aisé qu'on le pourrait supposer. La défiance du négociant parisien s'éveille vite. Et comme il a la cervelle farcie d'histoires de mouchards et de voleurs, dès qu'on le questionne, la peur le prend et il devient aussi muet qu'une tanche.

Mais M. de Trégars n'avait pas été sans prévoir des difficultés.

— Je vous prie de croire, madame, reprit-il, que mes questions ne me sont pas dictées par une vaine curiosité. Voici les faits : un de nos parents, un homme d'un certain âge, que nous aimons beaucoup, et qui a la tête un peu faible, a depuis quarante-huit heures abandonné sa famille ; nous le cherchons, et nous espérons, si nous retrouvons ses malles, le retrouver du même coup.

Du coin de l'œil, le mari et la femme se consultaient.

— C'est que, dirent-ils, nous ne voudrions à aucun prix commettre une indiscrétion qui pourrait être préjudiciable à un client...

M. de Trégars eut un joli geste d'insouciance.

— Soyez sans crainte, fit-il. Si nous n'avons pas eu recours à la police, c'est que, vous savez, on n'aime pas à fourrer la police dans ses affaires. Si, cependant, vous trouviez trop d'inconvénients à me satisfaire, j'aurais recours au commissaire...

L'argument fut décisif.

— Si c'est ainsi, répondit la femme, je suis prête à vous dire ce que je sais...

— Eh bien, madame, que savez-vous ?

— Ces deux malles nous ont été achetées dans l'après-midi du vendredi par un homme d'un certain âge, assez grand, très-maigre, à visage sévère, et qui était vêtu d'une longue redingote...

— Plus de doute ! murmura Maxence, c'était bien. lui !...

— Maintenant que vous venez de me dire que votre parent a la tête faible, reprit la marchande, je me rappelle que ce monsieur avair l'air tout extraordinaire, et qu'il allait et qu'il venait dans le magasin, comme s'il eût eu des fourmis dans les jambes. Et difficile, qu'il était, et minutieux ! Jamais il ne trouvait de cuir assez beau ni assez solide. Il tenait aussi beaucoup aux serrures de sûreté, ayant, disait-il, à serrer des objets très-précieux, des papiers, des valeurs... Si bien qu'il est resté près d'une heure avant de choisir ses deux malles, qui sont, du reste, tout ce qui se fait de beau.

— Et où vous a-t-il dit de les lui envoyer?

— Rue du Cirque, chez une dame... madame... j'ai son nom sur le bout de la langue...

— Vous devez l'avoir aussi sur vos livres, observa M. de Trégars.

Le mari n'avait pas attendu l'observation. Déjà il feuilletait son brouillard. .

— Du 26 avril 1872, di au-il, du 26... voilà !..

Deux malles, cuir, serrures de sûreté, Mme Zélie Cadelle, 49, rue du Cirque...

Sans trop d'affectation M. de Trégars s'était rapproché du boutiquier, et il lisait par-dessus son épaule.

— Qu'est-ce que je vois là, demanda-t-il, écrit au-dessous de l'adresse ?...

— Ça, monsieur, c'est une recommandation du client. Lisez plutôt : « Imprimer en grosses lettres sur chaque côté des malles : *Rio de Janeiro*... »

Maxence ne put retenir une exclamation :

— Oh !...

Mais le négociant s'y méprit, et saisissant cette occasion magnifique de faire preuve d'érudition :

— Rio de Janeiro est la capitale du Brésil, dit-il d'un ton capable, et monsieur votre parent avait évidemment l'intention de s'y rendre. Et s'il n'a pas changé d'idée, je doute que vous puissiez le rejoindre...

Il s'interrompit, et après avoir consulté une affiche placardée au fond du magasin, il ajouta :

— Oui, j'en doute, car le paquebot du Brésil a dû partir du Havre hier dimanche...

Quelles que fussent ses impressions, M. de Trégars conservait un calme inaltérable :

— Cela étant, dit-il aux boutiquiers, je pense que je ferai bien de renoncer à mes recherches... Je ne vous en suis pas moins obligé de vos renseignements...

Mais une fois dehors :

— Croyez-vous donc vraiment, demanda Maxence,
que mon père a quitté la France?

M. de Trégars hocha la tête :

— Je vous donnerai mon opinion, prononça-t-il
quand nous aurons vu rue du Cirque.

Leur voiture les y conduisit en moins de rien, et
comme ils s'étaient fait arrêter à l'entrée de la rue,
c'est à pied qu'ils passèrent devant le numéro 49.

C'était un petit hôtel, d'un étage seulement, bâti
entre une cour sablée et un jardin, dont les grands
arbres dépassaient le toit. Aux fenêtres se voyaient
des rideaux de soie claire, galante enseigne, qui trahit
le nid d'une jolie femme...

Pendant quelques minutes, Marius de Trégars
resta en observation, et comme rien ne paraissait :

— Il nous faut cependant quelques indications! fit-il
avec une sorte de colère.

Et, avisant au numéro 62 un grand magasin d'épi-
cerie, il s'y dirigea, toujours escorté de Maxence.

C'était l'heure de la journée où les clients sont
rares. Debout, au milieu de sa boutique, l'épicier, un
gros homme à l'air important, surveillait ses garçons
occupés à tout mettre en ordre.

M. de Trégars le tira à l'écart, et d'un accent de
mystère :

— Je suis, lui dit-il, le commis de M. Drayton, le
bijoutier de la rue de la Paix, et je viens vous demander un de ces services qu'on se doit entre négociants...

L'autre avait froncé les sourcils. Peut-être trouvait-

il que M. Drayton avait des employés de bien haute
mine. Peut-être s'imaginait-il voir poindre quelqu'une
de ces escroqueries dont à chaque instant les boutiquiers sont victimes.

— Parlez, fit-il.

— Je vais de ce pas, reprit M. de Trégars, livrer
une bague qu'une dame nous a achetée hier. Elle n'est
pas notre cliente et ne nous a pas donné de référen-
ces. Si elle ne paye pas, dois-je laisser le bijou? Mon
patron m'a dit : « Consultez quelque notable commerçant du quartier, et suivez ses conseils... »

Notable commerçant !... La vanité délicatement
chatouillée riait dans l'œil de l'épicier.

— Comment appelez-vous votre dame? interrogea-
t-il.

— Mme Zélie Cadelle.

L'épicier éclata de rire.

— En ce cas, mon garçon, fit-il en frappant fami-
lièrement sur l'épaule du soi-disant commis, qu'elle
paye ou non, lâchez l'objet.

La familiarité n'était peut-être pas fort du goût du
marquis de Trégars. N'importe.

— Elle est donc riche, cette dame, fit-il?

— Personnellement, non. Mais elle est protégée
par un vieux fou qui lui passe toutes ses fantaisies...

— Vraiment?

— C'est-à-dire que c'est scandaleux, et qu'on ne
peut pas se faire une idée de ce qui se dépense d'argent dans cette maison : chevaux, voitures, domestiques, toilettes, bals, grands dîners, jeu d'enfer toute

la nuit, carnaval perpétuel, ce doit être une ruine...

M. de Trégars ne bronchait pas.

— Et le vieux monsieur qui paye, demanda-t-il, le connaissez-vous?

— Je l'ai vu passer ; c'est un grand, sec, vieux, qui n'a, ma foi! pas l'air cossu... Mais pardon, voilà une cliente qu'il faut que je serve...

Ayant entraîné Maxence dans la rue :

— Nous allons nous séparer, lui déclara M. de Trégars.

— Quoi! vous voulez...

— Vous allez vous rendre dans ce café, là-bas, au coin de la rue, et m'y attendre. Je veux voir cette Zélie Cadelle et lui parler...

Et sans permettre une objection à Maxence, marchant résolûment à l'hôtel, il sonna...

Au branle de la sonnette, tirée de main de maître, sortit de l'hôtel un de ces domestiques comme il s'en fabrique, on ne sait où, pour le service spécial des demoiselles qui ont un train de maison, un grand drôle au teint blême et aux cheveux plats, à l'œil cynique et au sourire bassement impudent.

— Monsieur demande? fit-il à travers la grille.

— Que vous m'ouvriez d'abord, prononça M. de Trégars d'un tel air et d'un tel accent que l'autre obéit immédiatement.

Puis, la grille ouverte :

— Maintenant, dit-il, annoncez-moi à Mme Zélie Cadelle.

— Madame est sortie, répondit le valet...

Et voyant le haussement d'épaules de M. de Trégars :

— Parole d'honneur, insista-t-il, elle est au bois
avec une de ses amies. Si Monsieur ne veut pas me
croire, il peut interroger mes camarades...

Et il montrait deux serviteurs de sa trempe, que
l'on apercevait sous la remise, attablés devant des bouteilles et jouant aux cartes.

Mais il ne convenait pas à M. de Trégars de s'en
laisser imposer. Il était sûr que le domestique mentait.
Au lieu donc de discuter :

— Vous allez me conduire près de votre maîtresse,
commanda-t-il d'un ton qui n'admettait plus d'objection, sinon j'irai la trouver seul...

Il était homme à faire comme il disait, envers et
contre tous, de force au besoin, cela se voyait. C'est
pourquoi, renonçant à défendre la porte :

— Venez donc, puisque vous y tenez tant, dit le
valet, nous allons parler à la femme de chambre...

Et ayant introduit M. de Trégars dans le vestibule,
il appela :

— Mam'selle Amanda !...

Une femme ne tarda pas à paraître, qui était le digne
pendant du valet.

Elle devait avoir une quarantaine d'années, et la
plus inquiétante duplicité se lisait sur son visage ra-
vagé par la petite vérole. Elle portait une robe préten-
tieuse, un tablier de soubrette d'opéra-comique et un
bonnet à grandes brides, pavoisé de fleurs et de ru-
bans.

— Voilà un monsieur qui veut absolument voir Madame, lui dit le domestique, arrangez-vous avec lui.

Mieux que son camarade, Mlle Amanda savait son monde et se connaissait en physionomies. Il lui suffit de toiser ce visiteur obstiné pour comprendre qu'il n'était pas de ceux qu'on éconduit.

Lui souriant donc de son meilleur sourire, qui découvrait ses dents cariées :

— C'est que Monsieur va beaucoup déranger Madame, observa-t-elle.

— Je m'excuserai.

— Je vais être grondée...

Au lieu de lui répondre, M. de Trégars tira de sa poche et lui campa dans la main deux billets de vingt francs.

— Que Monsieur prenne donc la peine de me suivre au salon, dit-elle avec un gros soupir.

Ainsi fit M. de Trégars, non sans tout observer autour de lui avec l'attentive perspicacité d'un huissier-priseur chargé de dresser un inventaire.

Étant double, l'hôtel de la rue du Cirque était beaucoup plus spacieux qu'on ne l'eût cru de la rue, et aménagé avec cette science du comfort qui est le génie des architectes modernes.

Le luxe y éclatait partout, non ce luxe solide, tranquille et doux à l'œil, qui est le résultat de longues années d'opulence, mais ce luxe brutal, criard et superficiel du parvenu, avide de jouir vite, pressé de posséder tout ce qu'il a convoité chez les autres.

Le vestibule était une folie, avec ses plantes exoti-
·ques, grimpant le long de treillages de cristal, et ses
jardinières de Sèvres et de Chine remplies d'azalées
gigantesques. Et tout le long de l'escalier, à rampe
dorée, les marbres et les bronzes s'étageaient au milieu de massifs de fleurs.

— Il faut vingt mille francs par an rien que pour
entretenir cette serre, pensait M. de Trégars...

Cependant, la vieille soubrette lui ouvrit une porte
de citronnier à serrure d'argent.

— Voilà le salon, lui dit-elle, asseyez-vous pendant
que je vais prévenir Madame.

Dans ce salon, tout avait été combiné pour éblouir.
Meubles, tapis, tentures, tout était riche, trop riche,
furieusement, incontestablement, manifestement riche:
Le lustre était une pièce d'orfévrerie, la pendule une
œuvre originale et unique. Les tableaux accrochés
aux murs étaient tous signés de noms célèbres...

— A juger du reste par ce que j'ai vu, calculait
M. de Trégars, on n'a pas dépensé moins de quatre
ou cinq cent mille francs dans cet hôtel...

Et bien qu'il fût choqué par quantité de détails qui
trahissaient un manque absolu de goût, il avait peine
à se persuader que le caissier du *Crédit mutuel* fût le
maître de cette somptueuse demeure, et il se demandait presque s'il n'avait pas suivi une fausse piste
lorsqu'une circonstance vint lever tous ses doutes.

Sur la cheminée, dans un petit cadre de velours,
était le portrait de Vincent Favoral...

Depuis quelques minutes déjà M. de Trégars s'était

assis, et il rassemblait ses idées un peu en désordre,
quand un grincement léger de porte et un froissement d'étoffes le firent se dresser.

Mme Zélie Cadelle entrait...

C'était une femme de vingt-cinq à vingt-six ans,
assez grande, svelte et bien découplée. D'épais cheveux bruns encadraient son visage pâli et fatigué, et
s'éparpillaient sur son cou et sur ses épaules. Elle
avait l'air à la fois railleur et bon enfant, impudent et
naïf, avec ses yeux pétillants, son nez retroussé et sa
bouche largement fendue et meublée de dents saines
et blanches comme celles d'un jeune chien...

Sa toilette ne lui avait pas demandé de longs
apprêts, car elle est vêtue d'un simple peignoir de
cachemire bleu, retenu à la taille par une sorte d'é-
charpe de soie pareille...

Dès le seuil :

— Ah! mon Dieu, fit-elle, c'est singulier...

M. de Trégars s'avança.

— Quoi? interrogea-t-il.

— Rien, répondit-elle, rien!...

Et sans cesser de le considérer d'un œil surpris,
mais changeant brusquement de ton :

— Ainsi, monsieur, reprit-elle, mes domestiques
n'ont pu vous empêcher de pénétrer chez moi?...

M. de Trégars s'inclina.

— J'espère, madame, dit-il, que vous excuserez
mon insistance... Il s'agit d'une affaire qui ne saurait
souffrir de retard.

Elle le regardait toujours obstinément.

— Qui êtes-vous ? interrogea-t-elle.

— Mon nom ne vous apprendra rien, madame...
Je suis le marquis de Trégars.

Levant la tête vers le plafond comme pour y chercher une inspiration :

— Trégars !... répéta-t-elle, sur deux tons diffé-
rents, Trégars !... Décidément, connais pas...

Et se laissant tomber sur un fauteuil :

— Enfin, monsieur, reprit-elle, que me voulez-
vous ? Parlez.

Il avait pris place près d'elle, et tenait les yeux
rivés sur les siens.

— Je suis venu, madame, répondit-il, vous demander de me fournir les moyens de parler à l'homme
dont la photographie est là sur la cheminée...

Il pensait la surprendre, et que par un tressaillement, par un geste, elle trahirait son secret. Point.

— Êtes-vous donc des amis de M. Vincent? demanda-t-elle tranquillement.

M. de Trégars comprit, ce qui devait lui être plus
tard confirmé, que c'était sous son seul prénom de
Vincent que le caissier du *Crédit mutuel* était connu
rue du Cirque.

— Oui, je suis son ami, répondit-il, et si je pouvais le voir je lui rendrais probablement un très-
grand service...

— Eh bien, vous arrivez trop tard.

— Pourquoi?

— Parce que voilà vingt-quatre heures que M. Vincent a filé.

— Vous en êtes sûre ?

— Comme une personne qui, hier matin, à cinq heures, est allée le conduire à la gare Saint-Lazare avec tous ses bagages.

— Vous l'avez vu partir ?

— Comme je vous vois.

— Où se rendait-il ?

— Au Havre, prendre le paquebot du Brésil qui partait le jour même... De sorte qu'à cette heure, il doit avoir un mal de mer soigné...

— Réellement, vous pensez que son intention était de gagner le Brésil ?

— Dame ! il me l'a dit. C'était écrit sur ses trente-six colis, en lettres d'un demi-pied. Enfin, il m'a montré son billet de passage.

— Soupçonnez-vous le motif qui a pu le déterminer à s'expatrier ainsi, à son âge ?

— Il m'a raconté qu'il avait mangé tout son argent, et aussi celui des autres, qu'il était au bout de son rouleau, qu'il craignait d'être mis en prison, et qu'il filait pour être tranquille, là-bas, et refaire sa fortune.

Mme Zélie était-t-elle de bonne foi ? Le lui demander eût été naïf. Mais on pouvait essayer de s'en assurer

Voilant d'un flegme imperturbable l'étrangeté de ses impressions et l'importance extraordinaire qu'il attachait à cet entretien :

— Je vous plains, madame, reprit M. de Trégars, et sincèrement, car vous devez être fort affligée de ce brusque départ de M. Vincent...

— Moi ! fit-elle, d'un accent qui partait du cœur, je m'en moque un peu !...

Marius de Trégars connaissait assez les dames de la classe à laquelle appartenait, pensait-il, Mme Zélie Cadelle, pour ne se point étonner de cette franche dé- claration.

— C'est pourtant lui, dit-il, qui vous donnait ce luxe princier qui vous entoure...

— Naturellement.

— Lui parti, et dans les conditions que vous dites, pourrez-vous conserver votre train ?

Se dressant à demi :

— Ah ! je n'en ai même pas l'intention ! s'écria- t-elle vivement. Jamais, au grand jamais, je ne me suis tant ennuyée que depuis cinq mois que je suis dans cette cage dorée. Quelle scie ! mes frères. Je bâille encore rien qu'en songeant à ce que j'y ai bâillé.

Le geste de surprise de M. de Trégars fut d'autant plus naturel que sa surprise était immense.

— Vous vous ennuyez ici ! fit-il.

— A mort !

— Et vous n'y êtes que depuis cinq mois ?

— Mon Dieu !... oui. Eh bien par hasard, encore. Vous allez voir : c'était à Versailles, au commence- ment de décembre dernier, un matin qu'il faisait un froid de loup. Je sortais... mais que vous importe, d'où je sortais ! Toujours est-il que je ne possédais pas un centime, et que je n'avais sur le dos qu'une mé- chant caraco tout rapiécé et une jupe d'indienne. Brrr;

j'en souffle encore dans mes doigts. Et pour comble
de bonheur, mon saint-frusquin ayant péri pendant la
Commune, ou ayant été donné par moi, je ne savais
où me réfugier. Je n'étais donc pas d'une gaieté folle,
et je m'en allais le nez baissé, le long des rues, quand
je sens qu'on me suit. Du coin de l'œil, sans me retourner, je regarde derrière moi, et j'aperçois un vieux monsieur, l'air respectable, vêtu d'une longue redingote...

— M. Vincent ?

— En personne naturelle, et qui marchait, qui marchait... Sans faire semblant de rien, je ralentis le pas,
et dès que nous arrivons à un endroit où il n'y avait
presque plus de monde, le voilà qui se met à marcher à
mes côtés...

Il avait dû se passer à ce moment quelque chose
de comique que Mme Zélie ne disait pas, car elle riait
du meilleur cœur, d'un rire sonore et franc...

— Donc il m'aborde, reprit-elle, et tout de suite il
se met à m'expliquer que ma physionomie lui rappelle
une personne qu'il aimait tendrement et qu'il vient
d'avoir le malheur de perdre, ajoutant qu'il s'estime-
rait le plus heureux des hommes si je voulais lui permettre de s'occuper de moi et de m'assurer une
position brillante...

— Voyez-vous, ce diable de Vincent ! dit M. de
Trégars, pour dire quelque chose.

Mme Zélie hochait la tête.

— Vous le connaissez, reprit-elle. Il n'est pas jeune,
il n'est pas beau, il n'est pas drôle. Il ne me revenait
pas du tout. Et si j'avais su seulement où aller cou-

cher, je l'aurais envoyé promener, avec sa position brillante. Mais n'ayant pas même de quoi m'acheter un petit pain, ce n'était pas le moment de faire la renchérie. Je lui réponds donc que j'accepte. Il va chercher un fiacre, nous y montons et il nous fait conduire tout droit ici.

Positivement, il fallait à M. de Trégars toute sa puissance sur soi pour dissimuler l'intensité de sa curiosité.

— Cet hôtel était donc déjà ce qu'il est aujourd'hui? interrogea-t-il.

— Absolument. Sauf qu'il ne s'y trouvait en fait de domestiques que la femme de chambre, Amanda, qui est la confidente de M. Vincent. Tous les autres avaient été renvoyés, et c'était le palefrenier d'un manége des Champs-Elysées qui venait panser les chevaux...

— Et alors?

— Alors vous pouvez vous imaginer si je brillais, au milieu de toute cette richesse, avec mes savates et mon jupon de quatre sous! Je faisais l'effet d'une tache de cambouis sur une robe de satin. M. Vincent n'en semblait pas moins ravi. Il avait expédié Amanda m'acheter du linge et un peignoir tout fait, et en attendant, il me promenait de la cave au grenier et jusque dans les écuries, en me disant que tout était à ma disposition, et que, dès le lendemain, j'aurais un bataillon de domestiques pour me servir...

C'était visiblement en toute franchise qu'elle parlait, et avec ce plaisir qu'on éprouve à raconter une aventure extraordinaire.

Mais soudain, elle s'arrêta court, comme si elle se fût aperçue qu'elle se laissait entraîner plus loin qu'il ne convenait.

Et ce n'est qu'après un moment de réflexion qu'elle reprit :

— Dame! c'était comme une féerie. Je n'avais jamais tâté de l'opulence des grands, moi, et je n'avais jamais eu d'argent que celui que je gagnais. Aussi, dans les premiers jours, je ne faisais que monter et descendre, tourner, virer, regarder. Je voulais toucher tout de mes mains, pour m'assurer que je ne rêvais pas. J'essayais les fauteuils, je respirais la bonne odeur des fleurs, je me mirais dans les glaces, je sonnais pour faire venir les domestiques, et quand ils arrivaient je leur éclatais de rire au nez. Je passais des heures à essayer des robes qu'on m'apportait par trois ou quatre. Je commandais d'atteler et j'allais faire ma tête au bois, étendue, tenez, comme ça, sur les coussins de ma voiture. Ou bien, je me faisais conduire dans des magasins, et j'achetais des tas de bibelots. M. Vincent me donnait plus d'argent que je n'en voulais, et Amanda était toujours à me dire que je ne dépensais pas assez, que l'autre avant moi s'y entendait bien mieux, et que les vieux sont faits pour payer... Enfin j'étais comme une folle...

Cependant le visage de Mme Zélie s'assombrissait. Changeant brusquement de ton :

— Malheureusement, continua-t-elle, on se lasse tout. Après deux semaines, je connaissais la mai-pe son à fond, et au bout d'un mois, j'avais plein le dos

de cette existence. C'est pourquoi, un soir, voilà que
ie m'habille. — « Où voulez-vous aller ? me demanda
« Amanda. — A l'Élysée-Montmartre, donc, danser
« un quadrille. — Impossible ! — Pourquoi ? — Parce
« que Monsieur ne veut pas que vous sortiez. —
« C'est ce que nous verrons !... » C'était tout vu.
Je raconte cela à M. Vincent, le lendemain, et aussitôt le voilà à froncer le sourcil et à me dire qu'Amanda
a très-bien fait de me retenir, qu'une femme dans ma
position ne fréquente pas les bals publics, que si je
sors le soir, ce sera pour ne plus rentrer... As-tu
fini !... Non, ce n'était pas l'envie de filer qui me manquait. J'ai toujours fait mes quatre volontés, moi, et je
me brûlais le sang de me voir au caprice d'un homme.
Mais quoi ! Ma belle voiture me tenait au cœur. Je
n'osai pas désobéir, mais le dégoût me prit, et il gran-
dit si bien de jour en jour que si M. Vincent n'était
pas parti, j'allais le camper là.

— Pour aller où ?

— N'importe où !... Ah çà ! est-ce que vous vous
figurez que j'ai besoin d'un homme pour manger,
moi !... Dieu merci, non ! La petite Zélie, que voilà,
n'a qu'à se présenter chez n'importe quelle couturière,
et on sera très-content de lui donner quatre francs
par jour pour faire rouler la mécanique. Et elle sera
libre, au moins, et elle pourra rire et danser tout son
content !...

M. de Trégars s'était mépris, et il n'était pas à le
reconnaître. Mᵐᵉ Zélie Cadelle, à coup sûr, n'était pas

une vertu, mais elle était bien loin d'être la femme
qu'il s'attendait à rencontrer.

— Enfin, dit-il, vous avez bien fait de patienter...

— Je ne le regrette pas.

— Si cet hôtel vous reste...

D'un grand éclat de rire, elle lui coupa la parole.

— Cet hôtel! s'écria-t-elle. Il y a beaux jours qu'il
est vendu, avec tout ce qu'il renferme, meubles, chevaux, batterie de cuisine, tout enfin, excepté moi.
C'est un jeune monsieur bien mis qui l'a acheté,
pour y installer une grande fille qui a l'air d'une oie,
sèche comme un cotteret, avec des cheveux rouges
pour plus de mille francs sur la tête...

— Vous en êtes sûre?

— Comme de mon existence. Ayant de mes yeux
vu le jeune cocodès et sa rouge compter à M. Vincent des tas de billets de banque. C'est après-demain
qu'ils s'installent, et même, je suis invitée à pendre
la crémaillère. Mais n, i, ni, c'est fini. J'en ai par-
dessus les yeux de ce monde-là! et la preuve, c'est
que je suis en train de faire mes paquets; car j'en ai,
de ces nippes, et de la toilette, et du linge, et des
bijoux! Tout de même, c'était un bon enfant que le
père Vincent! Il m'a donné de quoi m'acheter des
meubles, j'ai loué un appartement rue Saint-Lazare, et
je vais m'établir entrepreneuse. Et on rira, et je vais
m'en payer de ce plaisir, pour rattraper le temps
perdu!... Allons, les enfants, en place pour le quadrille!...

t bEondissant de son fauteuil, elle se mit à esquis-

ser un de ces en avant-deux qui étonnent les sergents
de ville.

— Bravo ! faisait M. de Trégars, se forçant à sourire, bravo ! bravo !

Maintenant, il voyait clairement quelle femme était
Mme Zélie Cadelle, comment il devait lui parler et
quelles cordes il pouvait espérer faire encore vibrer
en elle.

Il discernait la fille de Paris, fantasque et nerveuse,
qui, au milieu des désordres les moins avouables,
conserve une instinctive fierté, qui place son indépendance bien au-dessus de tout l'argent du monde, qui
se donne plutôt qu'elle ne se vend, qui ne connaît de
loi que son caprice, de morale que le sergent de ville,
de religion que le plaisir.

Dès qu'elle se rassit :

— Vous dansez gaiement, reprit-il, et ce pauvre
Vincent, à l'heure qu'il est, se désespère sans doute,
d'être séparé de vous !...

— Ah ! je le plaindrais si j'avais le temps ! dit-elle.

— Il vous aimait...

— Oui, parlons-en.

— S'il ne vous eût pas aimée, il ne vous eût pas
installée ici...

Mme Zélie eut une moue équivoque.

— Fameuse preuve ! murmura-t-elle.

— Il n'eût pas dépensé pour vous des sommes
considérables...

Mais elle se rebiffa sur ces mots.

— Pour moi ! pour moi !... Que lui ai-je donc tant

coûté, s'il vous plaît? Est-ce pour moi qu'il a fait bâtir
cet hôtel, et qu'il l'a meublé, et qu'il l'a rempli de
plantes rares, de statues et de tableaux? Est-ce pour
moi qu'il a acheté les chevaux que vous avez vus dans
les écuries et les voitures qui sont sous les remises? ·
Il m'a installée ici comme il y eût installé toute
autre femme, jeune, vieille, brune ou blonde, laide
ou belle. Il avait la cage, il y a mis un oiseau, le premier venu...

— Cependant...

— Quant à ce que j'ai pu lui dépenser ici, c'est une
plaisanterie en comparaison de ce que l'autre avant
moi, dépensait. Amanda ne se gênait pas pour me
répéter que je n'étais qu'une imbécile... Vous pouvez donc me croire, quand je vous promets que
M. Vincent ne mouillera pas beaucoup de mouchoirs
avec les larmes qu'il pleurera en pensant à moi...

— Lorsqu'il vous a abordée, cependant, c'est que
votre physionomie l'attirait...

— Il me l'a dit, mais il mentait. Et la preuve...

Elle s'arrêta net. Et son silence se prolongeant:

— Et la preuve? interrogea M. de Trégars.

— Suffit, je m'entends, répondit-elle d'un ton de
mauvaise humeur, comme si elle se fût repentie d'en
avoir déjà trop dit.

Mais M. de Trégars avait, pensait-il, un moyen de
lui délier la langue.

— Seriez-vous donc jalouse de l'autre? fit-il d'un
ton ironique.

— De quelle autre?

— De celle que vous avez remplacée ici, pour qui toutes les grosses dépenses ont été faites, qui s'entendait si bien à jeter l'argent par les fenêtres ?

Elle protesta d'un geste d'insouciance dédaigneuse.

— Je m'en soucie comme de l'an quarante ! déclarat-elle.

— Savez-vous qui elle était ? du moins, ce qu'elle est devenue ; si elle est vivante ou morte ? enfin, par suite de quelles circonstances la cage, comme vous dites, s'est trouvée libre ?

Mais au lieu de répondre, Mme Zélie enveloppait Marius de Trégars d'un regard soupçonneux. Et, au bout d'un moment seulement !

— Pourquoi me demandez-vous cela ? fit-elle.

— J'aimerais à savoir...

Elle ne le laissa pas poursuivre. Se dressant vivement, elle se rapprocha, et d'un accent de sombre défiance :

— Ne seriez-vous pas de la police ? interrogeat-elle.

Si elle était inquiète, c'est qu'évidemment elle avait des sujets d'inquiétude qu'elle avait dissimulés. Si à deux ou trois reprises elle s'était tout à coup interrompue, c'est que manifestement elle avait un secret à garder. Si cette idée de police lui venait, c'est que très-probablement on lui avait recommandé de se défier de la police.

M. de Trégars comprit tout cela, et aussi qu'il avait voulu aller trop vite.

— Ai-je donc la mine d'un policier ! demanda-t-il d'un accent de gaieté forcée.

Elle le considérait de toute la force de sa pénétration.

— Pas du tout, répondit-elle, je l'avoue. Mais les gens de police sont si fins ! Si vous n'en êtes pas, comment venez-vous chez moi, que vous ne connaissez ni d'Ève ni d'Adam, me faire des tas de questions auxquelles je suis bien bête de répondre ?

— Je vous l'ai dit, je suis l'ami de M. Favoral....

— Qui ça, Favoral ?

— M. Vincent, madame, dont c'est le vrai nom.

Elle ouvrait des yeux immenses.

— Vous devez vous tromper, jamais je ne l'ai entendu appeler que Vincent.

— C'est qu'il avait des motifs impérieux de dissimuler sa personnalité. L'argent qu'il dépensait ici ne lui appartenait pas, il le puisait, il le volait à la caisse du *Comptoir de crédit mutuel*, dont il était le caissier...

— Allons donc !...

— Et où il laisse un déficit de douze millions.

Mme Zélie recula comme si elle eût mis le pied sur un serpent.

— C'est impossible ! s'écria-t-elle.

— C'est l'exacte vérité. Vous n'avez donc pas **vu**, dans les journaux, l'affaire de Vincent Favoral, caissier du *Crédit mutuel* ?

Et tirant un journal de sa poche, il le présenta à la jeune femme en disant :

— Lisez...

Mais elle le repoussa, non sans rougir légèrement

— Oh ! je vous crois !...

Le fait est, et Marius le comprit, qu'elle ne lisait pas très-couramment.

— Ce qu'il y a de plus affreux dans la conduite de M. Vincent Favoral, reprit-il, c'est que pendant qu'il jetait ici l'argent à pleines mains, il imposait à sa famille les plus cruelles privations.

— Oh !...

— Il refusait le nécessaire à sa femme, la meilleure et la plus digne des femmes, jamais il ne donnait un sou à son fils, il privait sa fille de tout !...

— Ah ! si j'avais pu me douter de cela ! murmurait Mᵐᵉ Zélie, confondue...

— Enfin, pour couronner sa conduite, il est parti laissant sa femme et ses enfants sans pain...

Transportée d'indignation :

— Ah çà ! mais c'est une horrible canaille que cet homme-là ! s'écria la jeune femme.

C'est à ce point que la voulait amener M. de Trégars.

— Et maintenant, reprit-il, vous devez vous expliquer l'intérêt énorme que nous aurions à savoir ce qu'il est devenu...

— Je vous l'ai dit.

M. de Trégars, à son tour, s'était levé. Prenant les mains de Mᵐᵉ Zélie et la regardant d'un de ces regards aigus qui vont chercher la vérité jusqu'aux plus ntimes replis des consciences

— Voyons, ma chère enfant, commença-t-il d'une voix pénétrante, vous êtes une brave et digne fille, vous! Laisserez-vous dans la plus épouvantable des angoisses une famille désespérée qui s'adresse à votre cœur ! Croyez bien que rien de mal n'arrivera par notre fait à Vincent Favoral ! ...

Elle leva la main, comme pour prêter serment en justice, et d'un accent solennel :

— Je vous jure, prononça-t-elle, que je suis allée conduire M. Vincent à la gare, qu'il m'a affirmé qu'il se rendait au Brésil, qu'il avait son billet de passage, et que sur toutes ses caisses il y avait écrit : Rio de Janeiro.

La déception était rude. Un mouvement de dépit échappa à M. de Trégars.

— Au moins, insista-t-il, apprenez-moi qui était la femme dont vous avez pris ici la place...

Déjà s'était évanoui l'éclair de sensibilité de la jeune femme et ses défiances la reprenaient.

— Est-ce que je le sais! répondit-elle. Comment voulez-vous que je le sache? Adressez-vous à Amanda... Moi je n'ai pas de comptes à vous rendre... Et puis, vous savez, on m'attend pour finir mes malles... Ainsi, bien du plaisir !

Et elle sortit si précipitamment qu'elle surprit, age-nouillée derrière la porte, Amanda, la femme de chambre...

— Ah! cette fille nous écoutait! se dit M. de Tré-gars, inquiet et mécontent.

Mais c'est en vain qu'il supplia Mme Zélie de revenir,

d'écouter un mot encore, elle disparut; et il lui
fallut bien se résigner à ne rien apprendre de plus
pour le moment, et à quitter l'hôtel de la rue du
Cirque.

Il y était resté fort longtemps, et tout en gagnant
la rue, il se demandait si Maxence, impatienté, n'aurait
pas quitté le petit café borgne où il l'avait envoyé l'attendre...

Point. Maxence était resté fidèle au poste.

Et lorsque Marius de Trégars vint s'asseoir près
de lui, tout en lui criant :

— Enfin, vous voilà !

— Attention ! lui disait-il du geste.

Et du coin de l'œil il lui désignait deux hommes,
installés à la table voisine devant un bol de vin
chaud.

Sûr que M. de Trégars resterait sur le qui-vive,
Maxence, à poing fermé, tapait sur la table pour appeler le garçon de l'établissement, lequel faisait la
sourde oreille, tout occupé qu'il était à jouer au bil-
lard avec un client.

Et lorsque, enfin, très-mécontent, comme de juste,
d'être dérangé, il s'approcha pour savoir ce qu'on lui
voulait :

— Donnez-nous deux bocks, commanda Maxence,
et apportez-nous un jeu de piquet...

M. de Trégars comprenait bien qu'il était survenu
quelque chose d'extraordinaire, mais ne pouvant deviner quoi, il se pencha vers son compagnon :

— Qu'est-ce ? demanda-t-il à voix basse.

— Il faut entendre ce que disent ces deux hommes près de nous.

— Ah!

— Et le piquet va nous servir ae contenance.

Le garçon revenait, apportant deux verres d'un li-quide trouble, un tapis dont la couleur disparaissait sous une épaisse couche de crasse et des cartes hor-riblement molles et grasses.

— A moi de faire! dit Maxence.

Et il se mit à battre et à donner, pendant que M. de Trégars examinait les buveurs de vin chaud de la table voisine.

En l'un d'eux, encore jeune, vêtu d'un gilet rayé à manches de lustrine, il lui semblait reconnaître un des mauvais drôles qu'il avait entrevus sous la remise de Mme Zélie Cadelle.

L'autre, un vieux, dont le teint enflammé et le nez bourgeonné trahissaient d'anciennes habitudes d'ivro-gnerie, devait être quelque peu cocher sans place. La bassesse et la ruse s'épanouissaient sur son visage, et l'éclat de ses petits yeux avinés rendait plus in-quiétant le sourire sournoisement obséquieux figé sur ses lèvres blêmes et minces.

Ils étaient si complétement absorbés par leur con-versation, qu'ils ne faisaient aucune attention à ce qui se passait autour d'eux.

— « Alors, poursuivait le vieux, c'est bien fini ?

— « Absolument, l'hôtel est vendu.

— « Et le bourgeois?

— « Parti pour les colonies.

— « Comme cela, tout d'un coup?

— « Non. Nous nous doutions qu'il devait faire uu
« grand voyage, car tous les jours, depuis le com-
« mencement de la semaine, on apportait des malles
« et des caisses, mais personne ne savait quand il se
« mettrait en route. Mais voilà que dans la nuit de sa-
« medi à dimanche, il tombe comme une bombe à
« l'hôtel, et dare, dare, fait lever tout le monde. —
« Je pars, » nous dit-il. Aussitôt nous attelons, nous
« chargeons ses bagages, nous le conduisons au che-
« min de fer de l'Ouest... et bon voyage, mon ami
« Vincent !

— « Et la bourgeoise ?

— « Il faut qu'elle déguerpisse d'ici vingt-quatre
heures.

— « Elle ne doit pas rire.

— « Baste ! elle s'en moque. Les plus fâchés, c'est
« encore nous...

— « Pas possible !

— « C'est comme ça. C'était une bonne fille et nous
« n'en retrouverons pas de sitôt une pareille. Ah ! elle
« ne faisait pas à sa tête, elle ! Le soir, quand elle
« s'ennuyait, et c'était quasiment tous les soirs, elle
« descendait à l'office, histoire de rire un moment
« avec nous, et en faisant une partie de chien vert...
« Seulement, pour garder son rang, elle se laissait tri-
« cher... »

Le vieux semblait désolé.

— « Pas de chance ! grommelait-il. Je me serais
« plu dans cette maison-là, moi !

— « Oh! pour ça, oui!

— « Et plus moyen d'y rentrer?

— « On ne sait pas. Il faudra voir les autres, qui
« ont acheté. Mais je m'en défie, ils ont l'air trop bêtes
« pour n'être pas méchants. »

Tout à la conversation de ces deux hommes, c'est
machinalement et au hasard que M. de Trégars et
Maxence jetaient leurs cartes sur le tapis et prononçaient les formules consacrées au jeu de piquet :

— Cinq cartes !... Quatrième majeure !... Trois
as !...

Le vieux domestique poursuivait:

— « Qui sait si M. Vincent ne reviendra pas?

— « Pas de danger !

— « Pourquoi? »

L'autre regarda autour de lui, et n'apercevant que
deux joueurs enfoncés dans leur partie :

— « Parce que, répondit-il, M. Vincent est ruiné de
« fond en comble, à ce qu'il paraît, qu'il a mangé
« toute sa fortune et aussi celle des autres...

— « Oh! oh!

— « C'est Amanda, la femme de chambre, qui nous
« l'a dit, et elle doit le savoir, car elle était l'âme damnée du bourgeois.

— « Tu le disais si riche !

— « Il l'était. Mais à force de prendre dans un sac,
« si gros qu'il soit, on en trouve le fond.

— « Alors il dépensait beaucoup?

— « C'est-à-dire que ce n'était pas croyable. Je n'ai
« jamais servi que chez des dames... seules, moi, et

« j'en ai rencontré d'aucunes qui n'étaient pas regar-
« dantes. Eh bien! nulle part, jamais, je n'ai vu l'ar-
« gent filer comme depuis cinq mois que je suis dans
« cette maison. Un vrai pillage, quoi! Prenait la clef
« de la cave qui voulait. Quand on avait envie de n'im-
« porte quoi, on allait le prendre chez les fournisseurs,
« et on leur disait de le marquer sur le compte. Et ni
« vu, ni connu, c'était payé avec le reste...

— « Alors, oui, en effet, l'argent devait filer! » fit le
vieux d'un air convaincu.

— « Eh bien! reprit l'autre, ce n'était encore rien.

— « Bah!...

— « Et il paraît que dans le temps, les écus dan-
« saient une bien autre danse encore. Amanda, la
« femme de chambre, qui est à la maison depuis quinze
« ans, nous a conté des histoires à casser bras et jam-
« bes. Zélie n'était pas une mangeuse, elle, mais il
« paraît que les autres!... »

Il fallait à Maxence et à M. de Trégars un très-sé-
rieux effort, non pour jouer, mais seulement pour paraître jouer, et pour continuer à compter des points
imaginaires.

— Un, deux, trois, quatre...

Le cocher au nez rouge, du reste, semblait fort em-
poigné.

— « Quelles autres? interrogea-t-il.

— « Est-ce que je le sais, moi! répondit le jeune
« valet. Mais tu peux bien penser qu'il a dû en passer
« plus d'une dans ce petit hôtel de la rue du Cirque,
« pendant des années que M. Vincent en a été pro-

« priétaire. Un homme qui n'avait pas son pareil pour
« aimer les femmes, et qui possédait des millions!...

— « Et que faisait-il de son état ?

— « Ah! ça, ni moi non plus.

— « Quoi ! vous étiez dix domestiques dans la mai-
« son, et vous ne saviez pas la profession de l'homme
« qui payait ?

— « Nous étions tous nouveaux...

— « La femme de chambre, Amanda, devait le sa-
« voir.

— « Quand on le lui demandait, elle répondait qu'il
« était négociant... Ce qui est sûr, c'est que c'était
« un drôle de particulier. »

Si intéressé était le vieux cocher, que voyant le bol
de vin chaud vide, il en fit servir un second.

Son camarade ne pouvait manquer de reconnaître
cette politesse.

— « Ah! oui, reprit-il, le papa Vincent était un fier
« original, et jamais, à le voir, on ne se serait douté
« qu'il faisait ses farces comme cela, et qu'il jetait l'ar-
« gent à pleines mains...

— « Vraiment ?

— « Dame! Figure-toi un homme d'une cinquan-
« taine d'année, roide comme un piquet, l'air aimable
« d'une porte de prison, voilà le bourgeois. Été comme
« hiver, il portait des souliers lacés, des bas bleus, un
« pantalon gris trop court, une cravate de coton et une
« redingote qui lui battait les mollets. Dans la rue, tu
« l'aurais pris pour un bonnetier retiré avant fortune
« faite.

— « Ah ! par exemple !...

— « Non, jamais homme n'a tant ressemblé à un
« vieux grigou. Tu crois peut-être qu'il nous arrivait
« en voiture ? Ah bien ! oui ! c'est en omnibus qu'il
« venait, mon cher, et sur l'impériale, encore, pour
« ses trois sous. Quand il pleuvait, il ouvrait son para-
« pluie. Je suis sûr que dans son commerce il cou-
« pait les liards en quatre. Mais, dès qu'il avait passé
« le seuil de l'hôtel, changement de décor. Le grippe-
« sou devenait pacha. Il campait là ses frusques pour
« passer une robe de chambre de velours bleu, et
« alors il n'y avait plus rien d'assez beau, d'assez bon,
« ni d'assez cher pour lui. Sans me vanter, j'ai vu
« dans les maisons où j'ai servi des particuliers qui
« avaient de drôles de fantaisies. Jamais comme celui-
« là. Et quand il avait bien fait le mylord dans son
« hôtel, il remettait ses vieilles frusques, il reprenait
« sa figure de porte de prison, et il s'en retournait
« comme il était venu, sur l'omnibus, qu'il allait at-
« tendre au coin de la rue du Faubourg-Saint-Ho-
« noré...

— « Et ça ne vous étonnait pas, tous tant que vous
« étiez, une existence pareille ?

— « Énormément.

— « Et vous ne vous disiez pas que ces caprices
« singuliers cachaient certainement quelque chose ?

— « Ah ! mais, si !

— « Et vous n'avez pas cherché à découvrir ce que
« pouvait être ce quelque chose ?

— « Comment cela ?

— « T'était-il bien difficile de suivre ton bourgeois
« et de savoir où il se rendait en quittant la rue du
« Cirque?...

— « Assurément, non ; mais après ?... »

Le cocher au nez rouge haussa les épaules.

— « Après, répondit-il, tu aurais fini par savoir son
« secret, tu serais allé le trouver, et tu lui aurais dit:
« Donnez-moi tant, ou je dis tout !... »

VII

Cette histoire de M. Vincent, telle que la racontaient ces deux honnêtes compagnons, c'était en quelque sorte la légende vulgaire de l'argent des autres si âprement convoité et si furieusement disputé.

Ce qui vient par la flûte s'en va par le tambour. L'argent volé a des pentes fatales et c'est irrésistiblement qu'il va au jeu, aux palefreniers, aux filles, à toutes les fantaisies ruineuses, à tous les assouvissements malsains.

Ils sont rares, parmi les détrousseurs effrontés de la spéculation, ceux à qui véritablement profite le bien d'autrui, si rares qu'on les cite et qu'on se les montre, et qu'on pourrait les compter, comme on compte les filles qui, sautant une nuit du trottoir dans un appartement de cinq cents louis, savent s'y maintenir.

Les autres ont leur destinée fixée d'avance.

Saisis du vertige des richesses soudaines, ils perdent toute mesure et toute prudence. Qu'ils croient leur veine inépuisable, ou qu'ils se défient d'un revers

soudain, ils se hâtent de jouir, mettant, en quelque
sorte, les morceaux doubles, comme les voyageurs de
l'express pendant une station de cinq minutes à un
buffet.

Et ils remplissent les restaurants en renom, les
grands cafés, les théâtres, les cercles, le terrain des
courses du mouvement de leur impudente personnalité,
de l'éclat de leur voix, du luxe de leurs maîtresses,
du tapage de leurs dépenses et des ridicules de leur
vanité...

Et ils vont, ils vont, prodiguant l'argent des autres,
jusqu'au quart d'heure fatal d'une de ces liquidations
désastreuses qui terrifient le parquet et la coulisse, et
qui font blêmir les figures et grincer les dents au passage de l'Opéra.

Jusqu'au moment où, en présence d'un effroyable
déficit, ils ont à choisir entre le coup de pistolet qu'ils
ne choisissent jamais, la police correctionnelle qu'ils
tâchent d'éviter, et un voyage à l'étranger...

Que deviennent-ils ensuite? Jusqu'à quels ruisseaux
roulent-ils de chute en chute?...

Sait-on ce que deviennent les filles qui tout à coup
disparaissent après deux ou trois ans de folies et de
splendeurs!

Mais il arrive parfois qu'en descendant de voiture
devant un théâtre, on se demande où on a déjà vu la
physionomie de l'ignoble ouvreur de portières qui,
d'une voix enrouée, réclame ses deux sous.

On l'a vue au café Riche, pendant les six mois que
cet ouvreur de portières a été un gros financier...

D'autres fois, dans la foule, on saisit les bribes
d'une conversation étrange entre deux crapuleux gredins.

— « C'était du temps, dit l'un, où j'avais cet atte-
« lage alezan brûlé, que j'avais acheté mille louis au
« fils aîné du duc de Sermeuse.

— « Il m'en souvient, répond l'autre, car c'est à ce
« moment que je donnais six mille francs par mois à
« la petite Cabirole, des Délassements. »

Et si invraisemblable que semble ce qu'ils disent,
c'est la vérité pure, car l'un a été le gérant d'une société industrielle qui a englouti six millions, et l'autre
était à la tête d'une opération financière qui a ruiné
cinq cents familles.

C'est vrai, car ils ont eu un hôtel comme celui de
la rue du Cirque, et des maîtresses plus coûteuses
que Mme Zélie Cadelle, et des domestiques pareils à
ceux qui s'entretenaient dans ce piteux café, à deux
pas de Maxence et de M. de Trégars.

Domestiques philosophes, d'ailleurs, et sachant
leur monde, et la preuve, c'est que le plus vieux, le
cocher au nez rouge, disait à son jeune camarade :

— « Enfin, cette affaire de M. Vincent doit te ser-
« vir de leçon. Si jamais tu te retrouves dans une
« maison où il se dépense tant d'argent que cela, rap-
« pelle-toi bien qu'il n'a pas donné grand mal à
« gagner, et arrange-toi de façon à en avoir, n'importe
« comment, la meilleure part possible...

« — C'est ce que j'ai toujours fait partout où j'ai
« servi.

« — Et surtout, hâte-toi de remplir ton sac, parce
« que, vois-tu, dans des maisons pareilles, on ne sait
« jamais la veille si le lendemain le bourgeois ne
« sera pas à Mazas et la bourgeoise à Saint-Lazare.»

Leurs confidences étaient terminées et ils avaient
vidé leur second bol de vin chaud.

— « Ainsi, c'est convenu, reprit le vieux, s'il fallait
« un cocher aux cocodès qui viennent d'acheter
« l'hôtel, tu songerais à moi.

— « Sois tranquille, répondit l'autre, je sais que
« tu es des bons ! »

Sur quoi, ils payèrent et sortirent...

Et Maxence et M. de Trégars purent enfin déposer
leurs cartes.

Maxence était fort pâle, et de grosses larmes roulaient dans ses yeux.

— Quelle honte ! murmura-t-il. Voilà donc le revers de l'existence de mon père ! Voilà donc comment
il dépensait les millions qu'il puisait à sa caisse,
pendant que rue Saint-Gilles il privait sa famille du
nécessaire !

Et d'un accent d'affreux découragement :

— Maintenant, c'est bien fini, ajouta-t-il, et poursuivre nos recherches est inutile. Mon père est certainement coupable...

Mais M. de Trégars n'était pas homme à abandonner
ainsi une partie.

— Coupable, oui, dit-il. Mais dupe, aussi...

— Dupe de qui?

— C'est ce que nous

— Quoi! après ce que nous venons d'entendre?...

— J'espère plus que jamais.

— C'est donc que Mme Zélie Cadelle vous a révélé quelque chose?

— Rien que ne vous ait appris la conversation de ces deux mauvais drôles.

Dix questions encore se pressaient sur les lèvres de Maxence, mais M. de Trégars lui coupa la parole.

— C'est surtout ici, mon cher ami, poursuivit-il, le cas de ne pas se fier aux apparences. Laissez-moi parler. Votre père était-il un homme naïf? Non. Son habileté à dissimuler pendant des années une double existence, prouve, au contraire, une duplicité supérieure. Comment donc, en ces derniers temps, sa conduite est-elle si extraordinaire et si absurde? Vous m'allez dire qu'elle a sans doute été toujours telle. Mais je vous répondrai que non, parce qu'alors son secret n'en eût pas été un pendant seulement un an. On nous raconte que bien des femmes ont habité l'hôtel de la rue du Cirque, et qu'elles étaient autrement ruineuses que Mme Zélie Cadelle, mais ce n'est là qu'un bruit. Qu'étaient ces femmes? On ne sait. Que sont-elles devenues? On l'ignore. Ont-elles seulement existé? Rien ne me le prouve.

Tous les domestiques ayant été changés à propos, la femme de chambre Amanda est la seule qui connaisse la vérité, et elle se garderait bien de la dire. Donc, nos renseignements positifs ne remontent qu'à cinq mois. Que nous apprennent-ils? Que votre père semblait prendre à tâche de faire parler de lui dans le

quartier. Que ses profusions étaient si extravagantes
que les domestiques eux-mêmes s'en étonnaient. Ca-
chait-il au moins soigneusement l'origine de l'argent
qu'il prodiguait ainsi ? Pas le moins du monde. Il racontait à Mme Zélie qu'il était au bout de son rouleau,
et qu'après avoir dissipé sa fortune, il dissipait celle
des autres. Déjà, depuis plusieurs jours, il annonçait
son départ. Il avait vendu l'hôtel et en avait reçu le
prix. Enfin, au dernier moment, que fait-il ?

Résolu à fuir, à ce qu'il prétend, il raconte à tout le
monde où il va. Il le dit au marchand d'articles de
voyage, à Mme Cadelle, aux domestiques, à tout le
monde. Il ne se contente pas de le crier sur les toits,
il l'écrit sur toutes ses malles en lettres d'un demi-
pied. Il se sait poursuivi, et au lieu de s'esquiver
comme un caissier qui a dévalisé sa caisse, c'est en
grand appareil, avec une femme, des domestiques,
plusieurs voitures et je ne sais combien de colis, qu'il
se rend au chemin de fer. Tient-il donc à être repris ?
Non, mais à créer une fausse piste. Donc, tout, dans
son esprit, était d'avance arrangé et calculé, et la catastrophe a été loin de le surprendre. Donc, sa scène
avec M. de Thaller était préparée. Donc, c'est bien à
dessein qu'il avait laissé son portefeuille dans la poche
de sa redingote et très-volontairement qu'il y avait
laissé la facture qui devait nous conduire ici tout
droit... Donc, tout ce que nous avons vu n'est qu'une
comédie grossière montée à notre intention et destinée à masquer la vérité, et à faire prendre le change
à la justice...

Mais Maxence n'était pas encore complétement con·
vaincu.

— Cependant, observa-t-il, ces dépenses si considérables...

M. de Trégars haussa les épaules.

— Vous doutez-vous, dit-il, de ce qu'on peut paraître, et surtout faire de folies, avec un million?...
Mettons que votre père en ait dépensé deux... Mettons
qu'il en ait dépensé quatre!... Il en a été volé douze
au *Comptoir de crédit mutuel*... Où sont les huit
autres?...

Et comme Maxence se taisait :

— C'est ces huit millions que je veux, poursuivit-
il, qu'il me faut, et que j'aurai. C'est à Paris, j'en suis
sûr, que votre père se cache; nous le retrouverons, et
il faudra bien qu'il avoue la vérité que je soupçonne,
et qu'il nous fournisse les moyens d'atteindre ses
complices...

Ayant dit, il jeta sur la table le prix de la bière
qu'il n'avait pas bue, et il sortit du café, entraînant
Maxence...

— Enfin! vous voilà, bourgeois!... leur cria le
cocher qui, depuis tantôt trois heures, les attendait
au coin de la rue, et dont l'accent disait de quelles
inquiétudes il avait été agité.

Mais M. de Trégars était pressé. Faisant monter
Maxence dans le fiacre, il s'y élança après lui, en criant
au cocher :

— 24, rue Joquelet... cent sous de pourboire!...

Le cocher qui attend cent sous de pourboire a tou-

jours, au moins pour cinq minutes, un cheval de la
vitesse de Flageolet.

Tandis que le fiacre roulait avec des cahots terribles
sur les pavés inégaux du faubourg Saint-Honoré :

— Ce qui importe maintenant, disait M. de Trégars
à Maxence, c'est de savoir au juste où en est la crise
du *Comptoir de crédit mutuel,* et le sieur Lattermann,
de la rue Joquelet, est l'homme de Paris le mieux à
même de nous renseigner...

Quiconque a perdu ou gagné seulement dix louis à
la Bourse, connaît le sieur Lattermann, lequel, depuis
la guerre, se prétend Alsacien, et maudit, avec un
accent terrible la « *parparie* » prussienne.

Cet estimable spéculateur s'intitule modestement
changeur, mais il serait naïf de lui venir demander de
la monnaie. Ce n'est pas le change qui lui procure les
cent mille écus de bénéfices qu'il encaisse chaque année.

Lorsqu'une société est tombée en déconfiture, que
sa liquidation est judiciairement terminée, que les
souscripteurs dépouillés ont reçu deux ou trois du
cent pour tout potage, et que le gérant est en fuite ou
tresse des chaussons de lisière à Poissy, on s'imagine
assez généralement que les titres de ladite société, si
bien imprimés qu'ils puissent être, ne sont plus bons
qu'à allumer le feu.

C'est une erreur

Bien après que la société a sombré, ses titres sur-
nagent, comme ces épaves sinistres que, bien des
mois encore après un naufrage, la mer rejette sur
a grève.

Ces titres, le sieur Lattermann les recueille et les emmagasine.

Entrez dans ses bureaux et il vous montrera d'innombrables cartons bondés des actions et des obligations qui, depuis une vingtaine d'années seulement, ont enlevé douze cents millions, selon quelques statistiques, et selon certaines autres deux milliards de la fortune publique.

Dites un mot, et ses employés vous offriront des « Terrains de Bretonnèche, » des « Société Franco-Serbe, » des « Compagnie Marseillaise de navigation à vapeur, » des « Société houillère et métallurgique des Asturies, » des « Compagnie Franco-Américaine, » des « Forêts de Formanoir, » des « Salines de Maumusson, » des « Compagnie française de roulage et de messagerie, » des « Mines de cuivre de Rossdorff (près Darmstadt), » et des « Mines de Tifflla, » et des « Mines de Mouzaïa, » et des « Mines de Cherchell et Tils... »

Et si dans tout cet assortiment, pourtant si remarquable, rien ne vous séduisait, rien ne vous agréait, les mêmes employés se feraient un plaisir de vous offrir encore :

Des « Usines de Bastange, par Romœuf, » des « Produits céramiques » et des « Mutualité, » des « Gastronomie » et des « Chaudronnerie, » les « Ancre Paule » et des « Garantie industrielle, » des « Transcontinental Memphis el Paso (Amérique) » et des « Ardoisières de Caumont, » des « Banque Catholique » et du « Crédit cantonal, » des « Épargnes

des Paroisses » et des « Orphelinat des Arts-et-Mé-
tiers, » et des « Tréfileries réunies, » et des « Cabotage
International... »

Tous ces titres, et bien d'autres encore, illustrés de
vignettes alléchantes, qu'on trouve chez M. Lattermann, n'ont pour le commun des martyrs d'autre valeur que celle du vieux papier, qui se vend couram-
ment de trois à cinq sous la livre.

Mais c'est la gloire de notre temps et le génie de la
spéculation de tirer parti de ce qui ne semble bon à
rien, de donner du prix à ce qui semble n'en plus avoir
aucun. Dans une société bien ordonnée, rien ne se
perd. Et il se trouve des agioteurs pour se disputer
ces chiffons...

Autour du tapis vert de Saxon et de Monaco, on
voit des hommes à face blême, juste assez propre-
ment vêtus pour être admis dans les salons, qui sui-
vent d'un œil ardent les évolutions de la roulette, et
qui sans ponter jamais pointent d'une ardeur sans
pareille les coups qui se succèdent.

Ceux-là sont les décavés.

Comme ils n'ont plus en poche la pièce de deux ou
de cinq francs qui est le minimum de la mise, ils pa-
rient entre eux, deux sous, six sous, dix sous, et selon
que sort la rouge ou la noire, on voit les uns sourire
et les autres faire la grimace.

C'est que plus leur enjeu est minime, plus poignante
est leur émotion. C'est du dîner et du gîte qu'il s'agit
pour la plupart. Si une couleur passe dix fois, il y
en a qui iront dormir le ventre vide à la belle étoile

Eh bien ! de même que la roulette, la Bourse a ses décavés, des exécutés dont on ne veut plus au passage de l'Opéra, qui ne trouveraient pas un coulissier véreux pour leur prendre un ordre de cinq louis...

Doivent-ils, parce qu'ils n'ont plus la mise exigée, renoncer aux délirantes émotions de la hausse et de la baisse, à l'espoir de se refaire, au bonheur de remuer de l'argent avec la langue faute d'en pouvoir remuer avec les mains !

Ce serait trop cruel ! Et forcés d'abandonner la rente, c'est bien le moins qu'il leur soit permis de se rejeter sur les valeurs qui n'en sont plus.

Il est à la Bourse des recoins ignorés où grouille tout une population hétéroclite de vieux à barbe pointue et de jeunes messieurs trop bien mis, et où on trafique de toutes choses vendables et de quelques autres encore. Là se tiennent des négociants étranges, qui vous proposeront des fonds de commerce, des parties de marchandises provenant de faillites, des lots de bonnes créances à recouvrer, et qui, à la fin, tireront résolûment de leur poche une lorgnette dont ils vous vanteront la monture, une montre apportée de Genève en contrebande, un revolver ou un flacon d'eau sans pareille pour faire repousser les cheveux.

C'est à ce marché qu'aboutissent tous ces titres destinés jadis à représenter des millions, et qui ne représentent plus rien qu'une preuve incontestable de l'audace des fripons et de la crédulité des dupes.

C'est là que se négocient toujours des « Gastronomie » à 1,75 et des « Forêts de Formanoir » à 2,25.

C'est là qu'il y a des éclats de joie, parce que les
« Houillères des Asturies » sont en hausse de vingt
sous, et des grincements de colère, parce que la
« Compagnie française de Roulage et de Messagerie »
vient de baisser de dix centimes.

Et cependant, il ne faudrait pas croire que le hasard seul décide les fluctuations de ces valeurs fantai-
sistes.

De même que tout ce qui se vend et s'achète, elles
subissent les lois de l'offre et de la demande...

Car on les demande, car on les recherche...

Et c'est ici qu'apparaît l'utilité de l'industrie dont le
sieur Lattermann est un des plus recommandables
représentants.

Un commerçant, à la veille de déposer son bilan,
veut-il priver ses créanciers d'une partie de son avoir,
masquer des détournements ou dissimuler des dépenses exagérées? C'est rue Joquelet qu'il se rend tout
droit. Il y achète un assortiment de « Crédit cantonal, »
de « Mines de Rossdorff (près Darmstadt), » ou de
« Salines de Maumusson, » et précieusement, il les
serre dans sa caisse.

Et quand se présente le syndic :

— Voilà, lui dit-il, mon actif; j'en ai là, comme
vous le pouvez voir, pour vingt, pour cinquante, pour
cent mille francs, au prix d'émission, le tout ne vaut
plus cent sous; mais est-ce ma faute? Je croyais le
placement bon. Et si je n'ai pas vendu quand on pouvait encore vendre, c'est que j'espérais toujours que
'affaire reviendrait sur l'eau.

Et on lui accorde son concordat, parce qu'en vérité, il serait trop cruel de punir un homme de ce qu'il n'a pas su placer son argent.

— Il est déjà assez malheureux de l'avoir perdu, pensent les créanciers...

C'est rue Joquelet, pareillement, que s'adressent les estimables industriels qui se font livrer des marchandises contre un dépôt d'actions sans valeur, et ceux qui obtiennent des crédits sur consignation de titres bons à jeter au panier, et bien d'autres encore, dont la *Gazette des Tribunaux* ne se lasse pas d'enregistrer les exploits et de dénoncer l'imagination trop fertile.

M. Lattermann, du reste, sait mieux que personne à quel emploi on destine les valeurs sans valeur qu'on lui vient acheter.

Il le sait si bien, qu'il donne des consultations aux clients qui se présentent, et qu'à un futur failli, par exemple, il conseille de prendre telles actions plutôt que telles autres, parce qu'elles paraîtront plus vraisemblables et qu'on trouvera plus naturel qu'il les ait achetées lors de leur émission.

Il ne s'en vante pas moins d'être un parfait honnête homme.

— Le commerce que je fais est-il défendu? répond-il fièrement à ceux qui l'appellent voleur.

Et si on insiste, il déclare qu'il n'est pas plus responsable des vols qui se commettent avec ses titres, qu'un armurier ne l'est du meurtre commis avec un fusil qu'il a vendu...

— Mais il nous apprendra sûrement où en est le *Comptoir de crédit mutuel*, répétait à Maxence M. de Trégars...

Quatre heures sonnaient lorsque leur voiture s'arrêta rue Joquelet.

La Bourse venait de finir : on voyait encore cependant quelques groupes de coulissiers attardés sur la place, et autour des grilles des gens qui rôdaient, comme des affamés qui auraient cherché pour les ramasser les miettes de quelque festin gigantesque.

— Pourvu que le sieur Lattermann soit chez lui, dit Maxence.

Ils montèrent, car c'est au second que cet honorable trafiquant a ses bureaux.

Et, lorsqu'ils se présentèrent :

— Monsieur est dans son cabinet, en conférence avec un client, leur répondit un commis... veuillez attendre.

« L'office » du sieur Lattermann ressemblait à toutes les cavernes de ce genre.

Un fort étroit espace y était réservé au public, et tout autour, derrière un épais treillage de fil de fer, on apercevait des employés, qui, fiévreusement, alignaient des chiffres ou comptaient des coupons.

A droite, au-dessus d'un large guichet, se lisait le mot magique : Caisse.

Une petite porte, à gauche, conduisait au cabinet du patron.

Il y avait loin de cette simplicité sordide aux splendeurs du *Comptoir de crédit mutuel*. Mais le luxe

qui attire les actionnaires ne retient pas l'argent.
C'est dans des bouges que s'amassent les grosses for-
tunes.

Patiemment, M. de Trégars et Maxence s'étaient
assis sur une dure banquette de cuir, rouge autrefois,
et ils regardaient et ils écoutaient.

Le mouvement ne laissait pas que d'être considérable.

A tout moment, des jeunes gens bien mis arrivaient
d'un air important et empressé, et tirant un carnet
de leur poche, ils bredouillaient quelques phrases de
ce patois hérissé de chiffres qui est la langue des
affaires.

Au bout d'un gros quart d'heure :

— M. Lattermann en a-t-il encore pour longtemps?
demanda M. de Trégars.

— Je ne sais pas, répondit un employé.

Les clients se succédaient, gens de mine hétéroclite
pour la plupart, d'allures inquiètes ou inquiétantes,
faces blêmes d'usuriers, visages rubiconds de ma-
quignons, nez allongés de dupes. Quelques-uns étaient
si misérablement vêtus qu'on leur eût donné un sou
dans la rue, et que certainement ils l'eussent accepté,
et cependant ce n'étaient pas les plus mal reçus, tant il
est vrai qu'aux alentours de la Bourse, surtout, l'habit ne fait pas le moine. Il y en avait qui passaient à
la caisse, et qui versaient ou recevaient de l'argent.
D'autres, les familiers de l'office, évidemment, entraient la tête jusqu'aux épaules dans un guichet, et
ployés en deux, les mains appuyées sur la tablette,

ils restaient en grande conférence avec les employés.

Par instants, une voix s'élevait, qui, dominant le murmure confus des conversations, criait :

— Combien ont fait les *Tiffila* ?

— Sept vingt-cinq, répondait une autre voix sur le même ton.

— Et les *Épargnes des Paroisses* ?

— Trois trente...

A la fin, cependant, la petite porte de gauche s'ouvrit, et on vit sortir le client qui, depuis si longtemps, accaparait M. Lattermann.

Ce client n'était autre que M. Costeclar..

Apercevant M. de Trégars et Maxence, qui s'étaient levés au bruit de la porte, il parut on ne peut plus désagréablement surpris ; il pâlit même légèrement, et fit un pas en arrière comme pour rentrer précipitamment dans la pièce qu'il quittait.

Car le cabinet du sieur Lattermann, de même que celui de tous les brasseurs d'affaires, a plusieurs issues, sans compter celle qui donne sur la police correctionnelle.

Mais M. de Trégars ne lui laissa pas le loisir de battre en retraite.

— Eh bien? lui demanda-t-il d'un ton où perçait la menace.

Le brillant financier avait daigné retirer son chapeau, d'ordinaire rivé sur sa tête, et avec le sourire contraint du gredin pris en flagrant délit :

— Je ne m'attendais pas à vous rencontrer ici, monsieur le marquis, dit-il.

A ce titre de marquis, toutes les plumes s'étaient arrêtées et tous les nez s'étaient levés.

— Je le crois sans peine, fit M. de Trégars. Mais moi, je vous demande où en est l'affaire?

— Elle se corse, la justice marche...

— En vérité!...

— C'est positif; Jules Jottras, de la maison Jottras et son frère, a été arrêté ce tantôt, au moment où il arrivait à la Bourse.

— Pourquoi?

— Parce qu'il était, paraît-il, le complice de Vincent Favoral, et que c'était lui qui vendait les titres enlevés à la caisse du *Crédit mutuel*...

D'un regard, M. de Trégars commanda le silence à Maxence, qui, au nom de son père, avait tressailli, et d'un accent ironique :

— Fameuse capture! murmura-t-il, et qui prouve la clairvoyance de la justice.

— Mais ce n'est pas tout, reprit vivement M. Costeclar. On croit Saint-Pavin, vous savez, le rédacteur du *Pilote financier*, fortement compromis. Le bruit courait, en clôture, qu'un mandat d'amener allait ou venait d'être lancé contre lui.

— Et le baron de Thaller?

Les employés ne pouvaient assez s'étonner de la patience dont M. Costeclar faisait preuve.

— Le baron, répondit-il, a paru à la Bourse ce tantôt, et il y a été l'objet d'une véritable ovation...

— C'est admirable! Et que disait-il?

— Que tout était *réparé*.

— Alors les actions du *Crédit mutuel* ont remonté ?

— Malheureusement non. Elles n'ont pu franchir cent dix francs.

— Et cela ne vous a pas étonné ?

— Pas trop, parce que, voyez-vous, je suis un homme d'affaires, moi, et je sais comment les choses se passent. En quittant M. de Thaller, ce matin, les actionnaires du *Crédit mutuel* se sont réunis, et ils se sont engagés sur l'honneur à ne pas vendre, pour ne pas assommer les cours. C'est pourquoi, dès qu'ils ont été séparés, chacun à part soi, s'est dit : « Si je vendais, puisque les autres qui sont des imbéciles vont garder ! » Or, comme ils ont été trois ou quatre cents à se tenir ce raisonnement, la place a été inondée de titres...

Regardant bien dans les yeux le brillant financier, si visiblement troublé que les employés ne pouvaient s'empêcher de rire :

— Et vous ? interrompit M. de Trégars.

— Moi ?... balbutia-t-il.

— Oui, je vous demande si vous avez été plus fidèle à votre parole que les actionnaires dont vous parlez, et si vous avez fait ce dont nous étions convenus ?

— Assurément. Et si vous me trouvez ici...

Mais M. de Trégars, lui posant la main sur l'épaule, l'arrêta net.

— Je crois savoir ce que vous y êtes venu faire, prononça-t-il, et dans un moment je serai fixé...

— Je vous jure...

— Ne jurez pas. Si je me trompe, tant mieux

pour vous. Si je ne me trompe pas, je vous prouverai qu'il est dangereux de jouer au fin avec
moi... quoique je ne sois pas homme d'affaires...

Cependant, le sieur Lattermann, ne voyant pas de
client venir remplacer celui qui le quittait, finit par
s'impatienter et apparut sur le seuil de son cabinet...

C'était un homme encore jeune, petit, trapu, commun; on n'apercevait de lui d'abord que son ventre,
un gros, grand et large ventre, siége de ses pensées
et tabernacle de ses aspirations, un ventre de parvenu que battait une double chaîne d'or chargée de
breloques.

Sur un cou apoplectique, rouge comme celui d'un
dindon, se dressait sa tête toute petite, garnie de rudes
cheveux roux taillés en brosse. Une barbe touffue, en
éventail encadrait sa large face de pleine lune, coupée
en deux par un nez écrasé comme celui d'un kalmouk,
et éclairée par deux petits yeux en coulisse où éclatait la plus insigne fourberie...

Ceux qui le connaissaient le mieux affirmaient que
personne jamais n'avait fait impunément une affaire
avec lui. Mais il « la faisait à la rondeur, » selon son
expression, tapant sur le ventre des gens, et mettant
à exécuter les malheureux tombés entre ses griffes
cette bonhomie sinistre, qui est le trait distinctif des
Allemands.

Voyant M. de Trégars et M. Costeclar en grande
conversation :

— Tiens! vous vous connaissez! fit-il.

M. de Trégars s'avança.

— Nous sommes même... amis intimes, répondit-il, et il est fort heureux que nous nous soyons rencontrés. Je suis amené par la même affaire que ce cher Costeclar, et j'étais en train de lui expliquer qu'il s'est trop hâté, et que mieux vaudrait attendre encore trois ou quatre jours...

— C'est justement ce que je lui ai dit, appuya l'honorable patron de l'office de la rue Joquelet.

Maxence ne comprenait qu'une chose, c'est que M. de Trégars avait pénétré les desseins de M. Costeclar, et il ne pouvait assez admirer son sang-froid et son habileté à saisir une occasion unique.

— Heureusement il n'y a rien de fait! reprit le sieur Lattermann.

— Et qu'il est encore temps d. revenir sur ce qui a été convenu, ajouta M. de Trégars.

Et s'adressant à M. Costeclar :

— Venez, ajouta-t-il, nous allons nous entendre avec monsieur...

Mais l'autre, qui se souvenait de la scène de la rue Saint-Gilles, et qui avait ses raisons pour craindre, eût sauté par la fenêtre plutôt.

— Je suis attendu, balbutia-t-il, entendez-vous tous les deux...

— Alors vous me laissez carte blanche.

Ah! si le brillant financier eût osé!... Mais il sentait rivés sur lui des yeux si menaçants, qu'il n'osa même pas hasarder un geste de dénégation...

— Ce que vous ferez sera bien fait! dit-il, de l'accent d'un homme qui se sent perdu...

Et pendant qu'il gagnait la porte, M. de Trégars entrait dans le cabinet du sieur Lattermann.

Il n'y resta que cinq minutes, et quand il rejoignit Maxence qu'il avait prié de l'attendre :

— Je crois que nous les tenons, lui dit-il en l'entraînant...

C'est chez M. Saint-Pavin que se rendaient M. de Trégars et Maxence, et ils y furent en moins de rien, car c'est à l'entrée de la rue Vivienne que sont installés les bureaux du *Pilote financier,* — au deuxième au-dessus de l'entre-sol, ainsi que l'indiquent un écusson cloué sur la porte et une main à l'index tendu peinte sur le mur de l'escalier.

Il n'est personne qui n'ait au moins aperçu un exemplaire de cette feuille, dont la vignette ingénieuse représente un hardi marin conduisant à pleines voiles un timide passager vers le port *Million,* à travers une mer orageuse, toute hérissée des écueils de la faillite et des récifs de la ruine.

Les bureaux du *Pilote* sont moins ceux d'un journal que ceux de la première agence d'affaires venue.

De même que chez le sieur Lattermann, on y voit des employés griffonnant derrière des grillages, des guichets, une caisse, et, sur une immense ardoise, le cours, écrit à la craie, de la Rente et des valeurs françaises et étrangères.

C'est qu'en vérité, le *Pilote financier* n'est que le porte-voix d'une usine de tripotages.

Comme il dépense chaque année une centaine de mille francs en publicité pour racoler des abonnés,

comme d'autre part il ne coûte que trois francs par
an, il est clair que ce n'est pas sur les abonnements
qu'il réalise des bénéfices.

Il a d'autres sources de revenu. Ses courtages,
d'abord. Car il vend et achète, et exécute, disent ses
prospectus, « tous les ordres de Bourse généralement
quelconques au mieux de l'intérêt du client. »

Et la besogne ne lui manque pas.

Les petits capitalistes de province ont des fantaisies
singulières. Ils pourraient, lorsqu'ils ont des fonds
disponibles, les porter à quelque banquier de leur ville,
à un homme connu, dont ils savent la vie et la fortune,
dont ils estiment le caractère et respectent la probité.

Mais non ; ce serait trop simple et trop sûr.

Ils aiment mieux envoyer leur argent à Saint-Pavin,
qu'ils ne connaissent ni d'Ève ni d'Adam, uniquement
pour cette raison qu'un beau matin la poste leur a
apporté gratis un numéro du *Pilote financier*, où ils
ont lu que ledit Saint-Pavin est le premier homme du
monde pour manœuvrer les capitaux, en tirer des intérêts fabuleux et enrichir ses clients.

Et ils sont nombreux les gens que Saint-Pavin
grise de ses articles, qu'il éblouit de ses chiffres,
qu'il prend aux miroitements des primes et des
reports.

— J'ai cinquante mille abonnés ! dit-il fièrement.

Et c'est absolument exact. Il y a de par la France,
cinquante mille bonnes âmes qui payent trois francs
par an la prose de Saint-Pavin, et il en est bien sur
ce nombre huit ou dix mille qui se laissent piloter par

lui, vendant quand il conseille de vendre, achetant
dès qu'il dit d'acheter...

Mais aux courtages opulents, il convient d'ajouter
la réclame : autre mine.

Pas d'affaires sans le *Pilote financier.*

Six fois sur dix, le jour où une affaire s'organise,
les organisateurs ont mandé Saint-Pavin. Honnêtes
ou fripons, il leur faut passer par ses mains ; ils le savent et s'y sont d'avance résignés.

— Nous avons compté sur vous, lui disent-ils.

Et lui :

— Quels avantages faites-vous ?

On discute alors l'opération : ce que peut rapporter
la société à lancer et ce qu'exige Saint-Pavin avant
d'emboucher la trompette.

Si pour cent mille francs il promet des accès de
lyrisme et de chauffer sa clientèle à blanc, pour cinquante mille il ne sera qu'enthousiaste. A vingt
mille francs, il fera de l'affaire un éloge raisonnable ;
à dix mille, il gardera simplement la neutralité.

Et si ladite société refuse tout avantage au *Pilote* ?

— Ah ! prenez garde ! dit Saint-Pavin.

Et dès le numéro suivant, il commence sa campagne.

Il est modéré, d'abord, et se réserve le moyen de
revenir. Il n'émet que des doutes : « L'affaire, hum !
« il ne la connaît pas bien... Elle est peut-être ex-
« cellente, il se peut qu'elle soit détestable... Le plus
sûr est d'attendre, de voir venir... »

C'est la première sommation.

Si elle est infructueuse, il empoigne derechef sa bonne plume financière et accentue ses défiances.

Habile à éviter les procès en diffamation, il insinue que « les calculs ne sont peut-être pas exacts, qu'on « a, oh ! bien involontairement, enflé le chapitre des « bénéfices probables et diminué celui des dépenses « certaines... »

Il sait son métier, c'est incontestable, il s'entend à grouper les chiffres, à démontrer, selon les besoins de sa thèse, que deux et deux font trois ou font cinq.

Il est rare qu'avant le troisième article, la société visée ne mette pas les pouces :

— Nous nous rendons, voilà tant.

Et il faut le donner poliment, ce tant, avec des égards et comme chose due. Saint-Pavin est susceptible, à ses heures. Il se bat, il s'est battu. Il a rudement traîné sur le terrain le fils d'un financier puissant qui lui avait tendu dix mille francs au bout d'une paire de pincettes.

Si cependant la société tympanisée ne met pas les pouces, oh ! alors, il devient terrible, il casse les vitres et n'ayant plus rien à espérer, il ne ménage rien.

Mais il est rare qu'il soit forcé d'en venir à ces extrémités.

Son influence est très-réelle, très-positive, et on le sait.

Il ne se vante pas, quand il raconte comme quoi, lors de l'emprunt de New-Sestos, une des plus immenses floueries de ce temps, il tira de sa clientèle la somme énorme de deux millions cinq cent mille francs, dont le dixième resta dans les caisses du *Pilote*.

Aussi Saint-Pavin serait-il depuis longtemps mil·
lionnaire, s'il était l'unique propriétaire du journal·
qu'il rédige.

Il ne l'est pas, malheureusement.

Qu'une mésaventure advienne, qu'il faille répondre
à la justice ou tenir tête à des clients trop durement
étrillés, oh! il est seul en nom, seul responsable.

S'agit-il de partager les bénéfices? C'est une autre
paire de manches, les commanditaires arrivent.

Car, hélas! Saint-Pavin a des commanditaires, ou
plutôt il n'est qu'un instrument dont jouent impitoyablement trois ou quatre de ces fins matois de la finance
qui ont un pied dans toutes les affaires, un œil dans
tous les tripotages et une main dans toutes les poches.
A Saint-Pavin le péril et la peine, à eux le profit. On
tient en piètre estime le directeur du *Pilote financier*;
mais eux, haut cotés sur la place, considérés, recher-
chés, décorés, ils avancent les lèvres d'un air d'insur-·
montable dégoût dès qu'on prononce devant eux le
vilain mot de chantage.

— J'aurai ma revanche, gronde-t-il quelquefois.

Il ne l'aura jamais; car il lui manque les deux qualités essentielles à la Bourse, la discrétion et le sang-
froid.

Au·rebours de ses compatriotes du Midi, qui restent de glace intérieurement tout en jetant feu et flammes, Saint-Pavin s'échauffe pour tout de bon. Grand
hâbleur, il finit si bien par prendre ses hâbleries au
sérieux, qu'on ᵃ pu dire de lui qu'il n'avait jamais
mis personne dedans sans s'y être mis lui-même.

Jusqu'à ce point qu'au moment de l'emprunt de New-Sestos, ayant reçu pour ses articles dix mille francs de prime, il les plaça dans ledit emprunt; dupe des raisons qu'il avait accumulées depuis un mois pour démontrer les avantages de cette audacieuse piperie.

Avec ce tempérament, vivant dans ce milieu dangereux de gens qui souvent n'ont pas le sou, qui sont toujours sûrs de gagner leur million fin courant, Saint-Pavin se trouve avoir une existence singulière.

— C'est la misère, dit-il... tempérée par des pots-de-vin.

On l'a vu rouler voiture au commencement d'un mois, et le trente n'avoir plus de souliers à se mettre aux pieds.

Il était jeune alors. En vieillissant, ennuyé de ces alternatives de misère et de luxe, il a fini par adopter, pour ne s'en plus départir, le débraillé d'un homme revenu de toutes les illusions, et qui n'attache plus d'importance qu'aux jouissances positives et immédiates.

Son appartement est un taudis où on marche sur une litière de bouts de cigares, mais il mange dans les restaurents en renom, ne boit que du meilleur et ne fume que des havanes de choix.

Bon compagnon, d'ailleurs, obligeant à l'occasion, convive solide, causeur spirituel, d'une impudence rare et d'un cynisme renversant, il a fini par se faire admettre partout, en répétant toujours : « Je suis comme cela, et il faut me prendre comme je suis. »

Tout Paris le connaît, et il a beaucoup d'amis.

Aussi, les bureaux du *Pilote financier* étaient-ils pleins, lorsque M. de Trégars et Maxence y arrivèrent pleins de cette foule de gens qui vivent de la Bourse spéculateurs, remisiers, intermédiaires, venus là aux nouvelles et pour discuter les fluctuations du jour et es probabilités du marché du soir...

— M. Saint-Pavin est occupé, leur dit un garçon de bureau taillé en force.

On entendait sa voix brutale, car il était, non pas dans son cabinet, mais dans le bureau même, derrière les grillages garnis de rideaux verts...

Bientôt il se montra, reconduisant un vieux bonhomme, qui semblait confondu de l'algarade, et auquel il criait :

— Non, monsieur, non, le *Pilote financier* ne se charge pas d'exécutions pareilles, et je vous trouve bien hardi de me venir proposer des gredineries de deux sous...

Mais apercevant Maxence :

— M. Favoral !... fit-il. Parbleu ! c'est ma bonne étoile qui vous amène... Passez dans mon cabinet, cher monsieur, passez, nous allons rire !...

Beaucoup, parmi les gens qui se trouvaient dans les bureaux du *Pilote*, avaient un mot à dire à M. Saint-Pavin, un conseil à lui demander, un ordre à lui transmettre ou une nouvelle à lui communiquer.

Ils s'étaient donc avancés et l'entouraient, lui souriant et lui tendant amicalement la main.

Il les écartait avec sa brusquerie ordinaire.

— Tout à l'heure ! Je suis occupé ! Laissez-moi !

Et poussant Maxence vers la porte de son cabint ,
qu'il venait d'ouvrir :

— Entrez donc, vous ! faisait-il d'un ton d'impatience
extraordinaire.

Mais M. de Trégars entrait aussi, et comme il ne le
connaissait pas :

— Ah ça ! qu'est-ce que vous voulez ? demanda-t-il
brutalement.

Maxence se retourna.

— Monsieur est mon meilleur ami, prononça-t-il,
et je n'ai pas de secret pour lui...

— Qu'il passe donc ; mais, sacrebleu ! faisons
vite.

Fort somptueux autrefois, le cabinet de M. le directeur du *Pilote financier* était peu à peu tombé dans
un état de sordide délabrement. Si le garçon de bureau avait reçu l'ordre de n'y jamais promener le
plumeau ni le balai, il obéissait ponctuellement. Le
désordre et la malpropreté y régnaient. Les cartons
en lambeaux pendaient misérablement hors des car-
tonniers, et sur les larges divans séchait depuis des
mois la boue des bottes de tous les visiteurs qui s'y
étaient vautrés. Sur la cheminée, au milieu d'une
demi-douzaine de verres crasseux, se dressait une
bouteille de vin de Madère à moitié vide. Enfin, devant l'âtre, sur le tapis, et le long de tous les meubles,
s'amoncelaient à profusion les bouts de cigares et de
cigarettes...

Dès qu'il eut fermé au verrou la porte de son cabinet, venant se planter droit devant Maxence

— Qu'est devenu votre père ? demanda brusquement
M. Saint-Pavin.

Maxence tressaillit. S'il s'attendait à une question,
ce n'était certes pas à celle-là.

— Je l'ignore, répondit-il.

Le directeur du *Pilote* haussa les épaules.

— Que vous répondiez cela au commissaire de police, dit-il, aux juges et à tous les ennemis de Favoral, je le comprends, c'est votre devoir. Qu'ils vous
croient, je le comprends encore, parce qu'au fond,
que leur importe ! Mais à moi, qui suis un ami, sans
que vous vous en doutiez, à moi qui ai des raisons de
n'être pas crédule...

— Je vous jure que nous ne savons pas où il s'est
réfugié.

Maxence disait cela d'un tel accent de sincérité, qu'il n'y avait pas à douter. Aussi, une vive surprise se peignit-elle sur les traits de M. Saint-Pavin.

— Quoi ! fit-il, votre père a filé, comme cela, sans
s'assurer le moyen d'avoir des nouvelles de sa famille...

— Oui.

— Sans dire un mot de ses intentions à votre
mère, à votre sœur, à vous-même...

— Sans un mot.

— Sans laisser d'argent, peut-être...

— On n'a trouvé après son départ qu'une somme insi-
gnifiante, que le commissaire a tenu à laisser à
ma mère.

Le directeur du *Pilote financier* eut un geste
d'ironique admiration.

— Allons, c'est complet, fit-il, et Vincent est décidément un homme très-fort !...

— Monsieur !...

— Ou plutôt, ses satanées femmes lui tenaient au cœur beaucoup plus qu'on ne le supposait.

Silencieux jusqu'alors et resté à l'écart, M. de Trégars s'avança.

— Quelles femmes ? interrogea-t-il.

Le dépit de M. Saint-Pavin était manifeste.

— Est-ce que je le sais! répondit-il brutalement. Est-ce que personne jamais a rien su des affaires d'un mâtin plus hermétiquement boutonné dans sa redingote qu'un jésuite dans sa soutane !...

— M. Costeclar...

— Encore un joli coco, celui-là! Cependant, oui, il avait peut-être découvert quelque chose de l'existence de Vincent, car il le faisait drôlement aller. N'at-il pas dû épouser Mlle Favoral ?...

— Même malgré elle, oui.

— Alors, vous avez raison, il avait surpris quelque cnose. Mais si vous comptez sur lui pour vous apprendre quoi que ce soit, vous comptez sans votre hôte...

— Qui sait! murmura M. de Trégars.

Mais M. Saint-Pavin ne l'entendit pas.

En proie à une agitation surprenante, il arpentait son cabinet :

— Ah! ces hommes d'apparence froide, grondait-il, ces hommes à mine discrète, ces rogneurs de liards, ces calculateurs, ces moralistes, quand ils se mettent

à faire des sottises !... Qui peut imaginer à quelle in-
sanité on aura poussé celui-ci, et quel parti il aura
pris, sous l'empire de quelque passion enragée...

Et frappant furieusement du pied, ce qui dégageait
du tapis des nuages de poussière :

— Il faut pourtant que je le déniche, jurait-il, et,
par le tonnerre du ciel ! où qu'il se cache, je le déni-
cherai !...

C'est d'un œil perspicace que M. de Trégars observait le directeur du *Pilote*.

— Vous avez donc, fit-il, un grand intérêt à le
retrouver ?

L'autre s'arrêta court :

— J'y ai l'intérêt, répondit-il, d'un homme qui se
croyait un malin, et qui se voit joué comme un enfant et dupé comme un sot ! D'un homme à qui on
avait promis monts et merveilles, et qui voit sa situation menacée ! D'un homme qui est las de travailler
à la fortune d'une bande de brigands qui entassent
millions sur millions et qui, pour toute récompense,
lui offrent la police correctionnelle et la perspective
d'une retraite à Poissy, pour ses vieux jours ! L'intérêt, enfin, d'un homme qui veut se venger, et qui,
par le saint nom de Dieu ! se vengera...

— De qui ?

— De M. le baron de Thaller, monsieur !

Et reprenant sa promenade :

— Comment a-t-il pu, poursuivait-il, contraindre
Favoral à endosser la responsabilité de tout, et à
disparaître ? Quelle somme énorme lui a-t-il donnée ?...

— Monsieur, interrompit vivement Maxence, mon père est parti sans un sou!...

M. Saint-Pavin éclata de rire.

— Et les douze millions, demanda-t-il, qu'en a-t-on fait? Pensez-vous qu'on les a distribués en bonnes œuvres?

Et sans attendre d'autres objections :

— Cependant, continua-t-il, ce n'est pas avec de l'argent seulement qu'on peut décider un homme à se déshonorer et à se perdre pour un autre, à s'avouer voleur et faussaire, à braver le bagne, à tout abandonner, pays, famille, amis! Évidemment, le baron de Thaller avait d'autres moyens d'action, il tenait Favoral...

M. de Trégars l'arrêta.

— Vous parlez, lui dit-il, comme si vous étiez absolument sûr de la complicité de M. de Thaller...

— Parbleu!...

— Pourquoi ne le dénoncez-vous pas?

Le directeur du *Pilote* eut un violent mouvement de recul.

— Fourrer, moi-même, le nez de la justice dans mes affaires! s'écria-t-il. Peste! comme vous y allez! A quoi cela m'avancerait-il, d'ailleurs? Ai-je des preuves à fournir de mes allégations! Croyez-vous donc que Thaller n'a pas pris ses précautions et ne m'a pas lié les mains? Qu'on se crève un œil pour crever les deux yeux d'un ennemi, très-bien! Mais s'éborgner pour la gloire, ce serait trop bête. Sans Favoral, rien à faire...

— Supposez-vous donc que vous le décideriez à se
livrer à la justice ?...

— Non, mais à me fournir les preuves qui me
manquent pour envoyer Thaller là où déjà ils ont envoyé ce pauvre Jottras...

Et s'animant de plus en plus :

— Mais ce n'est pas dans un mois qu'il me les faudrait, ces preuves, poursuivait M. Saint-Pavin, ni
même dans quinze jours, mais demain, mais à l'instant
même... Avant la fin de la semaine, Thaller aura fait
son coup, réalisé on ne sait combien de millions, et
tout remis si bien en ordre, que la justice qui, en ma-
tière de finances, n'est pas de première force, n'y verra
que du feu. Si Thaller va jusque-là, il est sauvé : le
voilà sacré financier de premier ordre et hors d'at-
teinte. Alors, où ne montera-t-il pas ! Déjà, il parle de
se faire nommer député, et il raconte partout qu'il a
trouvé pour épouser sa fille un gentilhomme qui porte
un des plus vieux noms de France, le marquis de Trégars...

Montrant Marius :

— Mais c'est monsieur qui est le marquis de Trégars ! s'écria Maxence.

Pour la première fois, M. Saint-Pavin prit la peine
d'examiner son visiteur, et lui qui avait trop pratiqué
la vie pour ne se pas connaître en hommes, il parut
étonné...

— Veuillez m'excuser, monsieur, prononça-t-il avec
une politesse fort éloignée de ses habitudes, et... permettez-moi de vous demander si vous soupçonnez les

raisons qu'a M. de Thaller de tenir prodigieusement à vous avoir pour gendre...

— Je pense, répondit froidement M. de Trégars, que M. de Thaller serait heureux de m'enlever le droit de rechercher les causes de la ruine de mon père...

Mais il fut interrompu par un grand bruit de voix dans la pièce voisine, et presque aussitôt on frappa rudement à la porte, et quelqu'un dit :

— Au nom de la loi !...

Le directeur du *Pilote financier* était devenu plus blanc que sa chemise.

Il dit :

— Voilà ce que je craignais ; Thaller m'a gagné de vitesse !

Et encore :

— Je suis peut-être perdu !

Cependant, il ne perdit pas la tête.

D'un mouvement prompt comme la pensée, il sortit d'un tiroir une liasse de lettres qu'il lança dans la cheminée et auxquelles il mit le feu, en disant d'une voix enrouée par l'émotion et par la colère :

— On n'entrera pas qu'elles ne soient brûlées.

Mais elles mettaient à s'enflammer une lenteur désespérante.

Il faut avoir, en un moment critique, anéanti des documents compromettants, pour savoir avec quelles difficultés inouïes le papier en masse brûle. Du bois ver serait plus vite consumé.

Du dehors, on secouait la porte, et on criait :

— Ouvrez !

Agenouillé devant l'âtre, M. Saint-Pavin remuait et
éparpillait ses paperasses.

— Et maintenant, lui dit M. de Trégars, hésiterez-
vous à livrer à la justice le baron de Thaller?...

Il se retourna les yeux étincelants.

— Maintenant, répondit-il, si je veux être sauvé,
il faut que je le sauve. Ne comprenez-vous pas qu'il
me tient !...

Et voyant que les derniers feuillets de sa correspondance flambaient :

— Vous pouvez ouvrir à présent, dit-il à Maxence.

Maxence obéit, et un commissaire de police, ceint
de son écharpe, se précipita dans le cabinet, pendant
que ses hommes, non sans peine, contenaient la foule
de la première pièce.

C'est qu'elle était terriblement émue, cette foule.

Il n'était pas un des boursiers qui s'y trouvait mêlé
qui ne frémît d'une catastrophe dont vaguement il se
sentait menacé dans l'avenir. Le terrain de la spéculation est si glissant, l'occasion si perfide ! Il n'en était
pas un qui, regardant Saint-Pavin, ne se dît intérieurement.

— Aujourd'hui, iui. Demain, moi, peut-être...

Le commissaire de police, cependant, un vieux
routier, qui en était à sa centième expédition de ce
genre, avait, d'un coup d'œil, examiné le cabinet. l'ilé:

Apercevant dans la cheminée des débris carbonisés,
sur lesquels voltigeait encore une flamme mourante.

— Voilà donc, dit-il, pourquoi on tardait tant à
m'ouvrir?

Un sourire goguenard effleura les lèvres du directeur du *Pilote*.

— On a ses affaires personnelles, répondit-il, des affaires de femme...

— Ce sera une preuve morale contre vous, monsieur.

— Je la préfère à une preuve matérielle.

Ne daignant pas relever l'impertinence, le commissaire, d'un regard soupçonneux, toisait Maxence et M. de Trégars.

— Qui sont ces messieurs qui étaient enfermés avec vous? demanda-t-il à M. Saint-Pavin...

— Des visiteurs. Monsieur que voici, est M. Favoral...

— Le fils du caissier du *Crédit mutuel?*

— Précisément. Et Monsieur est M. le marquis de Trégars...

— En entendant frapper au nom de la loi, ces messieurs auraient dû ouvrir, grommela le commissaire.

Mais il n'insista pas.

Tirant de sa poche un papier, il le déplia, et le présentant au directeur du *Pilote financier :*

— Je suis chargé de vous arrêter, reprit-il. Voici le mandat d'amener.

D'un geste insouciant l'autre le repoussa.

— A quoi bon lire! fit-il. Quand j'ai appris l'arrestation de ce pauvre Jottras, j'ai compris ce qui me pendait au nez. Il s'agit, j'imagine du vol du *Crédit mutuel?*

— Précisément.

— J'y suis aussi absolument étranger que vous-même, monsieur, et je n'aurai pas de peine à le démontrer. Mais cela ne vous regarde pas, et vous allez, je suppose, apposer les scellés sur mes papiers...

— Sauf sur ceux qne vous avez brûlés...

M. Saint-Pavin éclata de rire. Il avait repris son impudence et son sang-froid, et semblait aussi à l'aise que s'il se fût agi de la chose la plus naturelle du monde.

— Me sera-t-il permis, demanda-t-il, de parler à mes employés, et de leur donner mes instructions?

— Oui, répondit le commissaire, mais en ma présence.

Appelés, les employés parurent; la consternation peinte sur le visage, mais la joie pétillant dans les yeux. Réellement, ils étaient ravis de la mésaventure de leur patron. De même que M. Saint-Pavin reprochait à M. de Thaller de spéculer sur lui, ils accusaient M. Saint-Pavin de les exploiter indignement.

— Vous voyez ce qui m'arrive, mes enfants, leur dit-il. Mais rassurez-vous, il en sera cette fois comme la dernière : avant quarante-huit heures, on aura reconnu l'erreur dont je suis victime ou je serai relâché sous caution. Quoi qu'il en soit, je puis compter sur vous, n'est-ce pas?...

Tous lui jurèrent qu'ils allaient redoubler de zèle.

Et alors, s'adressant à son caissier, qui était son

homme de confiance et le bras droit des commanditaires :

— Quant à vous, Besnard, reprit-il, vous allez courir chez M. de Thaller et lui apprendre ce qui se passe.

Qu'il prépare des fonds, car dès demain tous les
gens qui ont de l'argent chez nous vont venir le retirer. Vous passerez ensuite à l'imprimerie, vous
ferez décomposer mon article sur le *Crédit mutuel*,
et vous le remplacerez par des nouvelles financières
que vous couperez dans les journaux. Ne parlez pas
de mon arrestation surtout, à moins que M. de Thaller ne l'exige. Allez, et que le *Pilote* paraisse comme
à l'ordinaire, c'est l'important...

Il avait, tout en parlant, allumé un cigare. L'homme
de bien, victime de l'iniquité humaine, n'a pas une
contenance plus ferme ni plus tranquille.

— La justice, dit-il au commissaire qui furetait
dans les tiroirs du bureau, la justice ne sait pas
rréparable mal qu'elle peut faire en arrêtant aussi
légèrement un homme chargé comme je le suis d'immenses intérêts. C'est la fortune de dix ou douze mille
petits capitalistes qu'elle compromet...

éjà les témoins de l'arrestation s'étaient retirés un
à un, pour en aller donner la nouvelle tout le long
du boulevard, et aussi pour songer au parti à en tirer, car une nouvelle, à la Bourse, c'est de l'argent.

A leur tour, M. de Trégars et Maxence sortirent.

— Surtout, n'allez pas raconter ce que je vous ai
dit! leur criait encore M. Saint-Pavin, au moment où
ils passaient la porte.

M. de Trégars ne répondit pas. Il avait le visage contracté et les lèvres serrées d'un homme en train de peser quelque grave détermination sur laquelle il ne lui sera plus possible de revenir.

Une fois dans la rue, et lorsque déjà **Maxence** ouvrait la portière de leur flacre :

— Nous allons nous séparer ici, lui dit-il, de cette voix brève qui annonce un parti définitivement arrêté. J'en sais assez, maintenant, pour me présenter chez M. de Thaller. C'est là, seulement, que je verrai comment frapper le coup décisif. Rentrez rue Saint-Gilles, rassurer votre mère et Gilberte; vous me verrez, je vous le promets, dans la soirée...

Et sans attendre une réplique, il s'élança dans le flacre qui partit aussitôt.

Mais ce n'est pas rue Saint-Gilles que se rendit Maxence.

Il tenait à voir d'abord Mlle Lucienne, à lui apprendre les événements de cette journée, la plus remplie de son existence, à lui dire ses découvertes, ses étonnements, ses angoisses et ses espérances...

A sa grande surprise, il ne la trouva pas à *l'Hôtel des Folies*. Sortie en voiture à trois heures, lui dit la Fortin, elle n'était pas encore rentrée.

Elle ne pouvait tarder, il est vrai, car déjà le jour baissait.

Maxence ressortit donc pour aller à sa rencontre. Suivant le trottoir, il était arrivé à cet escalier qui rend impraticable une partie du boulevard du Temple, quand, au loin, sur la place du Château-d'Eau , il lui sembla apercevoir un tumulte inaccoutumé.

Presque aussitôt, des cris de terreur retentirent. Des gens affolés se mirent à fuir dans toutes les directions, et une voiture lancée à fond de train passa devant lui comme un éclair.

Mais si vite qu'elle eût passé , il avait eu le temps d'y reconnaître Mlle Lucienne , pâle et désespérément cramponnée aux coussins.

Éperdu, il se mit à courir de toutes ses forces.

Il était clair que le cocher n'était plus maître de ses chevaux, qui galopaient d'un galop furieux... Un sergent de ville qui essaya de les arrêter fut renversé... Dix pas plus loin , une roue de derrière de la voiture accrochant la roue d'une lourde charrette, volait en éclats, et Mlle Lucienne était lancée sur la chaussée, pendant que le cocher, précipité de son siége, roulait jusque sur le trottoir...

VIII

Le baron de Thaller était un homme trop pratique pour habiter la maison et même le quartier où étaient installés ses bureaux.

Vivre au centre de ses affaires, s'assujettir à l'incessant contact de ses employés, se résigner à l'espïonnage et aux commentaires malveillants d'un monde de subordonnés, s'exposer de gaieté de cœur à des tracas de toutes les heures, à des sollicitations énervantes, aux réclamations et aux éternelles criailleries des actionnaires et des clients, fi ! pouah ! Plutôt renoncer au métier !

Aussi, le jour même où il avait établi le *Comptoir de crédit mutuel* rue du Quatre-Septembre, M. de Thaller s'était-il acheté un hôtel rue de la Pépinière, à deux pas du faubourg Saint-Honoré.

C'était un hôtel tout battant neuf, dont les plâtres n'avaient pas été essuyés encore, et qui venait d'être bâti par un entrepreneur qui fut presque célèbre, vers 1856, au moment des grandes transformations de Paris, lorsque des quartiers entiers s'écroulaient sous le

pic des démolisseurs ou surgissaient si vite que c'était
à se demander si les maçons, au lieu de truelle, n'em-
ployaient pas la baguette d'un enchanteur.

Cet entrepreneur, nommé Parcimieux, venu du
Limousin en 1860 avec ses outils pour toute res-
source, avait en moins de six ans amassé, au bas
mot, six millions.

Seulement, c'était un enrichi modeste et timide,
qui mettait à dissimuler sa fortune et à n'offusquer
personne, le même soin que les parvenus mettent à
étaler leur argent et à éclabousser les gens.

Encore bien qu'il sût à peine signer son nom, il
connaissait et mettait en pratique la maxime du phi-
losophe grec, qui pourrait bien être le secret du
bonheur : cache ta vie.

Et il n'était pas de ruses auxquelles il n'eût recours
pour la cacher.

Au temps de sa plus grande prospérité, par exemple, ayant besoin d'une voiture, pour ses affaires
autant que pour ses plaisirs, c'est le directeur des
petites voitures, M. Ducoux, son compatriote, qu'il
alla trouver.

— Pourriez-vous, monsieur, lui demanda-t-il, me
louer deux flacres à l'année.

— Volontiers.

— C'est que je les souhaiterais dans de certaines
conditions.

— Si elles sont exécutables...

— Je le crois.

— Veuillez donc me les exposer.

— Voici : quand je dis que je veux deux flacres,
j'entends deux voitures qui, extérieurement, soient
en tout et pour tout pareilles aux grands flacres que
vous employez au service des chemins de fer, qui
aient des lanternes semblables, un numéro, et même
sur l'impériale cette galerie destinée à retenir les
colis... Quant à l'intérieur, ce serait une autre chanson : je le voudrais luxueux, sans être voyant, et
qu'on y réunît tout ce que le progrès de la carrosserie
a inventé de recherché et de confortable. Naturellement, il faudrait commander ces flacres, mais je suis
prêt à verser la somme nécessaire.

— C'est faisable, dit M. Ducoux.

— Pardon! je n'ai pas fini encore... Je désirerais
pour ces flacres des chevaux de premier ordre, ne
payant pas de mine, mais capables de m'enlever dix
lieues en deux heures. Ils seraient harnachés comme
les chevaux de la compagnie, ni mieux ni plus mal.
Comme je ne regarderai pas au prix...

— Cela se peut encore...

— Excusez!... Je termine : je souhaiterais pour
conduire mes flacres deux cochers que vous auriez
l'extrême obligeance de me trier sur le volet, parmi
les meilleurs et les plus honnêtes de votre administration. Je les rétribuerais généreusement, à la con-
dition de porter toujours l'uniforme de la compagnie
et de se maintenir dans un état de malpropreté raisonnable...

M. Ducoux, qui avait été préfet de police, regardait son homme dans le blanc des yeux.

— En un mot, lui dit-il, vous vous proposez d'avoir chevaux et voitures sans qu'on puisse le soupçonner.

— Juste.

— Pourquoi ?

— C'est que, répondit modestement l'entrepreneur, je serais désolé d'humilier mes confrères...

— Vous êtes donc bien riche ?

— Monsieur, j'ai cent cinquante mille livres de rentes au moins, et je ne sais comment cela se fait, je gagne tout ce que je veux.

Moyennant vingt-cinq mille francs de première mise et une somme annuelle de tant, la convention fut conclue et signée séance tenante.

Et tant que M. Parcimieux resta dans les affaires, on ne le vit jamais rouler qu'en flacre crotté. Les confrères disaient :

— Il a de la chance, mais il n'en abuse pas, c'est un homme de mœurs simples et de goûts modestes...

Ayant voiture, le digne entrepreneur voulut avoir maison montée, — une maison à lui, bâtie par lui.

C'étaient de bien autres précautions à prendre.

— Car, vous devez bien le penser, expliquait-il à ses amis, on ne gagne pas tout l'argent que j'ai gagné sans se faire des ennemis cruels, acharnés, irréconciliables. J'ai contre moi tous les hommes du bâtiment qui n'ont pas réussi, les sous-entrepreneurs que j'occupe, et qui prétendent que je spécule sur leur pauvreté, les milliers d'ouvriers que je fais travailler et qui m'accusent de les exploiter et de mettre leur

sueur à la caisse d'épargne. Tous ces gens-là consti-
tuent une armée. Déjà ils m'appellent brigand, né-
grier, voleur, sangsue. Que serait-ce, s'ils me voyaier'
dans un bel hôtel à moi appartenant ! Ils diraient que
si je n'avais pas commis des crimes je n'aurais pas
une si grosse fortune, et que je devrais me rappeler,
ivant de faire le seigneur, que j'ai porté « l'oiseau »
comme les camarades , et que si on battait mes habits
de drap d'Elbeuf, on ferait encore sortir la poussière
des plâtres qui m'ont enrichi. Sans compter que me
construire un superbe immeuble sur la rue, ce se-'
rait, en cas d'émeute, ouvrir des fenêtres aux pierres de tous les mauvais gars que j'ai employés..

Voilà quelles étaient les préoccupations de M. Parcimieux, lorsque, selon son expression, il se résolut
à faire bâtir maison.

Un terrain était à vendre rue de la Pépinière, il en
fit l'acquisition et acheta du même coup l'immeuble
voisin, une vieille baraque qu'il fit démolir.

Cette opération le rendait maître d'un vaste empla-
cement, de médiocre largeur, mais très profond,
puisqu'il s'étendait jusqu'à la rue de La Beaume.

Aussitôt les travaux commencèrent, sur un plan
que son architecte et lui avaient mis six mois à
mûrir.

A l'alignement de la rue s'éleva une maison d'apparences aussi modestes que possible, de deux étages
seulement, avec une très-large et très-haute porte co
chère pour le passage des voitures.

C'était le trompe-l'œil — le fiacre banal à lanternes

numérotées dissimulant le confortable du coupé de maître.

A l'abri de cette maison, véritable rideau de théâtre, entre une cour spacieuse et un vaste jardin, fut construit l'hôtel qu'avait rêvé M. Parcimieux, et ce fut une bâtisse véritablement exceptionnelle, tant par l'ex cellence des matériaux employés que par le soin qui présida aux plus infimes détails.

L'entrepreneur y déploya tout son savoir. Pas une pierre ne fut mise en place qu'il n'eût fait sonner, dont il n'eût étudié le grain. C'est d'Afrique, d'Italie et de Corse qu'il tira les marbres du vestibule et de l'escalier. Il fit venir des ouvriers de Rome pour les mosaïques. C'est à de véritables artistes qu'il confia la menuiserie et la serrurerie.

Répétant à qui voulait l'entendre qu'il travaillait pour un grand seigneur étranger, dont chaque matin il allait prendre les ordres, il pouvait s'abandonner à toutes ses fantaisies, sans craindre les railleries ni les réflexions malveillantes.

Et il fallait le voir se frotter les mains, lorsque conduisant quelqu'un de ses amis rue de la Pépinière, et l'arrêtant devant la maison de façade, il lui disait :

— Hein ! se douterait-on qu'il y a de l'autre côté un des plus charmants petits hôtels de Paris ? Bientôt nous pendrons la crémaillère...

Pauvre brave homme !... Le jour où le dernier ouvrier eut planté le dernier clou, une attaque d'apoplexie l'emporta, sans seulement lui laisser le temps de dire : Ouf

Mais dès le surlendemain, de même qu'une bande
de loups, fondaient à Paris tous ses parents du Limousin. Six millions tombés du ciel à partager! Il y
eut procès. L'hôtel fut mis en vente à la chambre des
notaires...

Déjà, à cette époque, M. de Thaller était un habile
et patient guetteur d'affaires, professant cette théorie,
parfaitement acceptée d'ailleurs, qu'il n'y a, pour s'enrichir, qu'à savoir profiter des folies d'autrui.

Il faut aussi de l'argent comptant. M. de Thaller en
avait. Il se présenta à la vente, et l'hôtel lui fut ad-
jugé moyennant deux cent soixante-quinze mille francs,
le tiers environ de ce qu'il avait coûté.

Un mois après il y était installé, et il n'était bruit à
la Bourse que des dépenses qu'il faisait pour se procurer un mobilier digne de l'immeuble. Le crédit d'un
autre en eût souffert peut-être; le sien, non; sa réputation était établie de ne faire de folies que celles
qui rapportent de l'argent.

Et cependant il n'était pas complétement satisfait
de son acquisition. Il s'en fallait du tout au tout qu'il
eût pour le luxe incognito la passion de M. Parcimieux.

Quoi! il possédait un de ces ravissants petits hôtels
qui sont l'émerveillement et l'envie du passant, et cet
hôtel était masqué par une construction mesquine qui
semblait une maison de rapport.

— Il faudra pourtant que je fasse jeter bas cette
bicoque, disait-il de temps à autre...

Puis il pensait à autre chose, et cette bicoque était

encore debout le soir où, en quittant Maxence, M. de
Trégars se présenta à l'hôtel de Thaller.

La leçon des valets avait été faite, car dès qu'apparut Marius sous le porche de la maison de façade,
e concierge — non, le Suisse s'avança, l'échine en
cerceau et la bouche fendue jusqu'aux oreilles par le
plus obséquieux sourire.

Sans attendre une question :

— Monsieur le baron n'est pas encore rentré, dit-
il, mais il ne saurait tarder, et certainement madame
la baronne y est pour monsieur le marquis. Si donc
monsieur le marquis veut bien prendre la peine de
passer...

Et s'étant effacé, il frappa un coup sur l'énorme
gong placé près de sa loge, un seul coup sec, destiné
à réveiller les valets de pied du vestibule et à leur
annoncer un visiteur d'importance.

Lentement, et non sans tout observer du coin de la
paupière, M. de Trégars traversa la cour sablée de
sable fin — on l'eût poudrée de sable d'or, si on l'eût
osé — et tout entourée de corbeilles de bronze où
s'épanouissaient d'admirables rhododendrons.

Il allait être six heures, le directeur du *Crédit mutuel*
dînait à sept, l'hôtel s'animait pour le service du soir.

On entendait piaffer les chevaux appelant la botte.
Dans la sellerie, les gens préparaient les harnais. Des
palefreniers, sous les remises, lustraient avec des peaux
le glacis de la voiture qui devait, après le dîner, conduire Mme la baronne à l'Opéra.

Par les larges fenêtres de la salle à manger, on

apercevait M. le maître d'hôtel présidant à la mise du couvert. M. le sommellier remontait de la cave chargé de bouteilles. Enfin, par les soupiraux du sous-sol, montaient les appétissants parfums de cuisines exquises.

De combien d'affaires fallait-il le tribut pour soutenir un train pareil, pour étaler ce luxe à faire blêmir d'envie un de ces principicules allemands qui ont échangé la couronne de leurs ancêtres contre une livrée prussienne, dorée avec l'or de la France — l'argent des autres.

Cependant, le coup frappé sur le gong par le Suisse avait produit son effet.

Devant M. de Trégars montant le perron, semblèrent s'ouvrir seules les portes du vestibule, — de ce vestibule qui était tout ce que Mlle Lucienne connaissait de l'hôtel de Thaller, et dont elle avait décrit à Maxence les splendeurs si surprenantes pour elle.

Il est de fait qu'il eût été digne de l'attention d'un artiste, si on lui eût laissé la simplicité grandiose et l'harmonie sévère qu'avait cherchées et obtenues l'architecte de M. Parcimieux.

Mais M. de Thaller, ainsi qu'il se plaisait à le dire, avait horreur de la simplicité. Et partout où il découvrait une place vide, large seulement comme la main, il y accrochait un tableau, un bronze, une faïence, n'importe quoi, n'importe comment.

Les deux valets de pied de service étaient debout quand M. de Trégars entra.

Sans lui rien demander :

— Que Monsieur le marquis daigne me suivre, dit le plus jeune.

Et ouvrant les portes de glace du fond, il se mit à précéder M. de Trégars le long d'un escalier à rampe de marbre, dont les élégantes proportions étaient absolument gâtées par une ridicule profusion « d'objets d'art » de toute nature et de toute provenance.

Cet escalier aboutissait à un vaste palier semi-circulaire, sur lequel, entre des colonnes de marbre précieux, ouvraient trois larges portes à huisserie et à entablement de bronze.

Le valet de pied ouvrit la porte du milieu qui donnait sur la galerie de tableaux du baron de Thaller, galerie célèbre dans le monde financier, et qui lui avait valu une réputation d'amateur éclairé.

Les soixante ou quatre-vingts toiles qui la composaient n'étaient pas, il s'en fallait, également remarquables ; mais toutes portaient une signature illustre, certifiée authentique par les experts, toutes avaient été conquises à des prix ridicules au feu des enchères.

Car M. de Thaller avait précisément le goût aussi sûr et aussi pur que ses confrères et rivaux MM. les amateurs.

Le plus volontiers du monde, il donnait mille ou quinze cents louis d'un barbouillage quelconque, attribué par les truqueurs de la rue Drouot à Raphaël ou à Velasquez, à Murillo ou à Rembrandt...

Il n'eût pas donné cent sous d'un chef-d'œuvre signé d'un peintre de génie, mais non coté encore à cette bourse pitoyable et grotesque, où des Auvergnats, jadis chaudronniers ou ferrailleurs, font et défont ce qu'ils appellent les réputations marchandes...

Mais M. de Trégars n'eut pas le temps de donner un coup d'œil à cette galerie, que d'ailleurs il connaissait.

Le valet le fit entrer dans le petit salon de la baronne, un salon bouton d'or, rehaussé de crépines et de torsades de satin cramoisi.

— Que monsieur le marquis prenne la peine de s'asseoir, dit-il, je cours prévenir madame la baronne de la visite de monsieur le marquis...

C'est à pleine bouche, avec une pompe singulière, et comme s'il en eût rejailli sur lui quelque lustre, que le valet de pied prononçait ces titres nobiliaires. Néanmoins, il était manifeste que marquis sonnait à son oreille beaucoup mieux que baronne.

Resté seul, M. de Trégars s'assit.

Brisé par les émotions de la journée et par une contention d'esprit extraordinaire, il bénissait la destinée de lui accorder ce moment de répit, qui lui permettait, au moment d'une démarche décisive, de se recueillir et de rassembler tout ce qu'il avait d'énergie et de sang-froid.

Et, au bout de deux minutes, il était si profondément enfoncé dans ses réflexions, qu'il tressauta comme un dormeur brusquement éveillé, au claquement de la serrure d'une porte qui s'ouvrait.

Tout en même temps retentissait un léger cri de surprise :

— Ah ! ...

C'est qu'au lieu de Mᵐᵉ la baronne de Thaller, c'était sa fille, Mˡˡᵉ Césarine, qui entrait.

S'avançant jusqu'au milieu du salon, et répondant par un geste familier au très-respectueux salut de M. de Trégars :

— On prévient le monde, dit-elle. Je viens ici chercher ma mère et c'est vous que je trouve ! Vous m'avez fait une peur ! Quel trac, princesse ! ...

Et prenant la main du jeune homme et l'appuyant contre sa poitrine ·

— Regardez comme mon cœur bat, ajouta-t-elle.

Plus jeune que Mlle Gilberte , Mlle Césarine de Thaller avait une réputation de beauté si solidement établie, que la discuter eût paru un crime à ses nombreux admirateurs.

Et véritablement, c'était une belle personne. Assez grande et bien découplée, elle avait de larges hanches, la taille large et souple comme une baguette d'acier et la gorge splendide. Son cou était un peu fort et un peu court, mais sur sa nuque robuste s'éparpillaient et bouclaient en mêches folles ces cheveux indisciplinés qui se dérobent au peigne.

Elle était blonde, ou plutôt rousse, mais de ce roux presque aussi foncé que l'acajou, que recherchait le Titien et que les belles Vénitiennes obtenaient par des pratiques passablement répugnantes , et en s'exposant, en plein midi, au soleil, sur la terrasse de leurs palais. Son teint avait les pâleurs dorées de l'ambre. Ses lèvres, rouges comme le sang, s'entr'ouvraient sur des dents éblouissantes. Dans ses grands yeux à fleur de tête, d'un bleu laiteux comme

les ciels du Nord, riait l'éternelle ironie des âmes bla-
sées qui ne croient plus à rien.

Plus soucieuse de sa renommée d'élégante que du
bon goût, elle était vêtue d'une robe de nuance
fausse gonflée d'un pouff extravagant et boutonnée
de biais sur la poitrine, selon cette mode ridicule
et disgracieuse imaginée par les femmes plates et
bossues.

Se laissant choir sur un fauteuil et posant cavaliè-
rement le pied sur une chaise, ce qui lui découvrait la
jambe, qu'elle avait admirable :

— Savez-vous que c'est épatant de vous voir ici,
dit-elle à M. de Trégars. Examinez un peu la tête
que va faire, en vous apercevant, le baron « Trois
francs soixante-huit. »

C'était son père qu'elle appelait ainsi, depuis le
jour où il lui avait été révélé qu'il existe une monnaie
allemande nommée thaler, qui représente trois francs
soixante-huit centimes de la monnaie française. Et
chacun autour d'elle d'admirer son esprit et son génie,
et de rire...

— Vous savez, reprit-elle, que papa vient d'être
refait?.

M. de Trégars s'excusait en termes vagues, mais
c'était une des habitudes de Mlle Césarine de n'é-
couter jamais les réponses qu'on faisait à ses questions.

— Favoral, poursuivit-elle, le caissier de papa,
vient de se payer un courant d'air international !...
Le connaissiez-vous ?

— Fort peu...

— C'était un vieux, toujours vêtu comme un be-
deau de campagne, et qui la faisait à celui qui tire à
cinq... Et le baron « Trois francs soixante-huit » qui
donnait là-dedans, lui, un roublard ! Car y il donnait. Il
fallait voir sa figure de Monsieur qui a le feu à sa
cheminée quand il est venu nous dire, à maman et à
moi : Favoral m'emporte douze millions !...

— Il a emporté réellement cette somme énorme !...

— Pas intacte, bien entendu, vu que ce n'est pas
d'avant-hier qu'il faisait des trous à la lune du *Crédit
mutuel*... Il y avait des années que cet aimable gommeux menait une existence... panachée, avec des dames un peu... drôles, vous savez... Et comme il n'é-
tait pas précisément bâti pour être adoré au pair,
dame !... ça coûtait bon aux actionnaires de papa
Mais, n'importe, il doit avoir levé un joli magot...

Et bondissant jusqu'au piano, et s'accompagnant
avec une énergie à fêler les vitres, elle se mit à chanter le refrain, qui faisait alors fureur, de la ronde des
Demoiselles de Pantin :

> Caissier, t'as l'sac,
> Vite, un p'tit bac,
> Et puis, en rout' pour la Belgique...

Tout autre que Marius de Trégars eût été, sans nul
doute, étrangement surpris des façons de Mlle de Thaller.

Mais il la connaissait depuis assez longtemps jà, dé

il savait son passé, ses habitudes, ses goûts et ses prétentions.

Jusqu'à quinze ans, Mlle Césarine était restée claquemurée dans un de ces aimables pensionnats parisiens où on initie les jeunes filles au grand art de la toilette, et d'où elles sortent armées de théories folâtres, sachant voir sans paraître regarder et mentir effrontément sans rougir, c'est-à-dire mûres pour le monde.

La directrice de ce pensionnat, une dame de la société qui avait eu des malheurs, et qui tenait bien plus de la couturière que de l'institutrice, disait de Mlle Césarine, qui lui payait trois mille cinq cents francs de pension :

— Elle donne les plus hautes espérances, et j'en ferai certainement une femme supérieure.

On ne lui en laissa pas le loisir.

La baronne de Thaller, un beau matin, découvrit qu'il lui était impossible de vivre sans sa fille, et que son cœur maternel était déchiré par une séparation qui allait à l'encontre des lois sacrées de la nature.

Elle la reprit donc, déclarant que rien désormais, pas même le mariage, ne l'en séparerait, et qu'elle achèverait elle-même l'éducation de cette chère enfant.

Dès ce moment, en effet, qui voyait la baronne apercevait, marchant dans son ombre, Mlle Césarine.

C'est un commode chaperon qu'une fillette de quinze ans, discrète et bien stylée, un chaperon qui permet à une femme de se montrer hardiment là où elle n'eût pas osé s'aventurer seule. Devant une mère suivie de sa fille, la médisance, déconcertée, hésite et se tait.

Sous le prétexte que Césarine n'était encore qu'une gamine sans conséquence, Mme de Thaller la traînait partout, au bois, aux courses, en visite, au bal, aux eaux ou à la mer, au restaurant et dans les magasins, et à toutes les premières représentations du Palais-Royal et des Bouffes, des Délassements et des Variétés.

C'est donc au théâtre surtout que se paracheva l'éducation si heureusement commencée de Mlle de Thaller.

A seize ans, elle possédait à fond le répertoire de toutes les scènes de genre et disait avec des intonations surprenantes et des gestes stupéfiants les rondes à succès de Blanche d'Antigny et les couplets les plus salés de Thérésa. Avec une bien autre perfection que Silly, elle imitait Schneider et une débutante, Judic, qu'elle n'avait cependant vue encore que deux fois, aux Folies-Bergère, où la baronne l'avait conduite au bras de M. Costeclar.

Entre temps, elle étudiait les journaux de modes et formait son style à la lecture de la *Vie parisienne*, dont les articles les plus énigmatiques n'avaient pas d'allusions assez obscures pour échapper à sa pénétration.

Le plus légitime succès devait récompenser ses efforts.

Une nuit, au bal, chez M. Marcolet, il lui fut donné
de recueillir la conversation de deux jeunes messieurs.

— Elle est épatante ! disait l'un.

— Oui, répondait l'autre, elle a « du chien. »

Elle en tressaillit d'aise, et la vanité triomphante
llumina son visage.

Pour avoir « du chien » — on ne disait pas encore
« du zing, » — que n'eût-elle pas tenté, encouragée
qu'elle était par la baronne !

Elle apprit à monter à cheval, fit des armes, s'exerça
au pistolet et brilla au tir aux pigeons. Elle eut un
livret pour inscrire ses paris, fit preuve « d'estomac »
à Monaco au trente-et-quarante et connut le fin du
baccarat. A Trouville, elle ébahissait les gens par la
désinvolture de ses costumes de bain, et quand elle se
voyait un cercle raisonnable de badauds, elle se jetait à l'eau avec une crânerie qui lui valait les applau-
dissements des maîtres baigneurs. Elle « grillait »
volontiers une cigarette, vidait lestement une coupe
de champagne, et une fois sa mère fut obligée de la
rentrer coucher bien vite, parce qu'elle avait voulu tâter
de l'absinthe et que sa conversation devenait par trop
excentrique.

Grâce aux jeunes messieurs de la coulisse, qui for-
maient l'escadron d'escorte ordinaire de la baronne
de Thaller, Mlle Césarine avait appris son Paris, et le
monde qui s'amuse n'avait plus pour elle de mys-
tères.

Elle était insatiable de renseignements, et s'il arri-

vait qu'on reculât devant une de ses questions par trop
scabreuses :

— Baste! disait-elle, répondez-moi en javanais.

Car elle parlait le javanais — supérieurement, e
pensait sans doute que ce spirituel argot a les privi
léges du latin.

Aussi connaissait-elle toutes les demoiselles un peu
en renom, depuis Jenny Fancy jusqu'à Rosa Mariolle,
si délicatement surnommée Fleur de Bitume, et s'in-
téressait-elle passionnément à leurs faits et gestes,
sachant au juste ce qu'elles dépensaient par an et à qui,
comment c'était chez elles, si elles étaient drôles, où
elles s'habillaient et ce que pouvaient valoir. leurs
diamants.

Un matin qu'elle montait à cheval au bois de Boulogne, surprise par la pluie, elle s'était réfugiée sous
un chalet-abri; le hasard, l'instant d'après, y avait
amené Cora Pearl; elle lui avait parlé la première;
elles s'étaient entretenues longuement... et ç'avait
été, de son aveu, une des plus délicates émotions
qu'elle eût ressenties.

Avec un tel genre de vie, il était difficile que l'opi-
nion ménageât éternellement Mme et Mlle de Thaller.

Il se trouva des sceptiques pour donner à entendre
que cette inaltérable amitié de la mère et de la fille
ressemblait fort à la liaison de deux femmes qu'unit la
complicité d'un secret pareil.

Un boursier raconta qu'un soir, une nuit plutôt, car
il était près de deux heures, passant devant le Mou-
lin-Rouge, il en avait vu sortir la baronne et Mlle Cé-

sarine, accompagnées d'un gentleman de lui inconnu mais qui, très-certainement, n'était pas le baron de Thaller.

On avait attribué à un enfantillage devenu impossible à dissimuler certain voyage que la mère et la fille avaient fait en plein hiver, et qui n'avait pas duré moins de deux mois. Elles étaient allées en Italie, disaient-elles au retour, mais personne ne les y avait rencontrées.

Cependant, comme l'existence de Mme de Thaller et de Mlle Césarine était en somme celle de beaucoup de femmes qui passaient pour excessivement honnêtes, comme on n'articulait aucun fait positif et palpable, comme on ne citait aucun nom, quantité de gens haussaient les épaules et répondaient :

— Pures calomnies...

Et pourquoi pas, puisque le baron de Thaller, le véritable intéressé, se tenait pour satisfait !...

Aux amis assez mal avisés pour risquer certaines allusions aux bruits qui couraient, il répondait selon son humeur :

— Ma fille peut bien faire les quatre cents coups si bon lui semble, comme je donne un million de dot, elle trouvera toujours un mari !...

Ou encore :

— Et après ? Les jeunes filles américaines ne jouissent-elles pas d'une liberté illimitée ; ne les voit-on pas, journellement, faire des parties de campagne avec des jeunes gens, se promener et voyager seules, découcher des semaines entières ?... En sont-elles

moins honnêtes que nos filles, que nous tenons en
chartre privée, en sont-elles de moins fidèles épouses
et de moins excellentes mères de famille? L'hypocrisie
n'est pas la vertu !

Jusqu'à un certain point, le directeur du *Crédit
mutuel* avait raison..

Déjà Mlle Césarine de Thaller avait eu à se prononcer sur plusieurs partis, en vérité fort convenables,
qui s'étaient présentés.

Elle les avait carrément repoussés...

— Un mari!... avait-elle répondu à chaque fois,
merci, il n'en faut pas, j'ai d'assez bonnes dents pour
manger ma dot moi-même. Plus tard, nous verrons,
quand il me sera venu des dents de sagesse, et que je
serai lasse de ma bonne vie de garçon...

Elle ne semblait pas près de s'en lasser, encore
bien qu'elle se prétendît revenue de toutes les illusions et absolument blasée, affirmant qu'elle avait
épuisé toutes les sensations et que la vie ne lui pouvait désormais réserver aucune surprise.

C'était donc une des moindres excentricités de
Mlle Césarine que son accueil à M. de Trégars, et
cette fantaisie qui lui prenait, soudainement, d'appliquer à la situation une des rondes les plus idiotes de
son répertoire :

> Caissier t'as l'sac,
> Vite un p'tit bar...

Elle ne fit d'ailleurs pas grâce d'un couplet, et lorsqu'elle s'arrêta :

— Je vois avec plaisir, lui dit M. de Trégars, que
le détournement dont votre père est victime n'altère
en rien votre bonne humeur...

Elle haussa les épaules.

— Voulez-vous pas que je pleure, fit-elle, parce
que les actionnaires du baron « Trois francs soixante-
huit » sont volés ! Consolez-vous, ils y sont habitués...

Et comme M. de Trégars ne répondait pas :

— Et dans tout cela, reprit-elle, je ne vois à plaindre
que la femme et la fille de ce vieux gommeux de Favoral.

— Elles sont fort à plaindre, en effet.

— On dit la mère une bonne maman pot-au-feu.

— C'est une femme excellente.

— Et la fille ? Costeclar en était toqué, dans le temps.
Il faisait des yeux de carpe pâmée en nous disant à
maman et à moi : « C'est un ange, mesdames, un
ange !... Et quand je lui aurai donné un peu de
chien !... » Est-elle vraiment si bien que cela ?

— Elle est très-bien.

— Mieux que moi ?

— Ce n'est pas la même chose, mademoiselle.

Mlle de Thaller avait daigné cessé de chanter, mais
elle ne s'était pas éloignée du piano.

A demi tournée vers M. de Trégars, elle promenait
distraitement une main sur le clavier, y plaquant un accord, de ci et de là, comme pour ponctuer ses phrases.

— Ah! très-joli! s'écria-t-elle, et du dernier ga-
lan' surtout. Vrai, si vous risquez souvent des décla-

rations pareilles, les mères ont bien tort de vous laisser seul avec leurs filles...

— Vous m'avez mal compris, mademoiselle...

— Admirablement, au contraire. Je vous ai demandé si je suis mieux que Mlle Favoral, et délicatement vous m'avez répondu que ce n'est pas la même chose...

— C'est qu'en effet, mademoiselle, il n'y a pas de comparaison possible entre vous, qui êtes une riche héritière et dont la vie est un perpétuel enchantement, et une pauvre petite bourgeoise, bien humble, bien modeste, qui va en omnibus et qui fait ses robes elle-même...

Un dédaigneux sourire plissait les lèvres de Mlle Césarine.

— Pourquoi non ! interrompit-elle. Les hommes ont de si drôles de goûts !...

Et se retournant brusquement, elle se mit à s'accompagner une ronde non moins fameuse que la première, et empruntée cette fois au troisième acte des *Petites Blanchisseuses :*

> Qu'importe la qualité,
> La beauté seule a la pomme,
> . Et les femmes, devant l'homme
> Réclament l'égalité...

Fort attentivement, M. de Trégars l'observait.

Il n'avait pas été dupe de la grande surprise qu'elle avait témoignée de le trouver installé dans le petit salon. Qui veut trop prouver ne prouve rien. Le cri

de pensionnaire affarouchée qu'elle avait poussé était
un trop flagrant démenti à son caractère résolu pour
ne pas éveiller la défiance.

— Elle me savait ici, pensait Marius de Trégars, et
c'est sa mère qui me l'a dépêchée. Mais pourquoi,
dans quel but ?...

Elle finissait :

— Avec tout cela, reprit-elle, je vois la douce
Mme Favoral et sa fille, si modeste, dans un drôle de
pétrin. Quelle dèche, marquis !...

— Elles ont du courage, mademoiselle.

— Naturellement. Mais ce qui vaut mieux, c'est que
la fille a une voix superbe, à ce que son professeur a
dit à Costeclar. Pourquoi n'entrerait - elle pas au
théâtre ? On gagne de l'argent, à jouer la comédie
Papa l'aidera, si elle veut. Il est très-influent dans les
théâtres, papa; il y a pour plus de cent mille fransc
par an de relations...

— Madame et mademoiselle Favoral ont des amis...

— Ah ! oui, Costeclar...

— D'autres encore...

— Pardon ! il me semble que celui-là suffit pour
commencer... Il est galant, Costeclar, excessivement
galant... sans compter qu'il est généreux comme un
grand seigneur, dont il a, d'ailleurs, la tournure et les
façons... Pourquoi ne ferait-il pas un sort à la timide
jeune personne, un joli coquin de sort, acajou et bois
de rose... Nous aurions, comme cela, le plaisir de la
rencontrer autour du lac...

Elle se reprit à chanter, avec une légère variante :

Manon, qui le mois passé,
Portait lo linge aux pratiques,
Vit des gains problématiques
D'un Costeclar insensé...

— `Ah ! cette grande fille rousse est terriblement agaçante ! pensait M. de Trégars.

Mais comme il ne discernait pas encore clairement où elle en voulait venir, il se tenait sur ses gardes et restait plus froid que marbre.

Déjà elle s'était de nouveau détournée.

— Quelle drôle de tête vous faites ! lui dit-elle. Seriez-vous par hasard jaloux du bouillant Costeclar ?

— Non, mademoiselle, non !...

— Alors, pourquoi ne voulez-vous pas que sa flamme soit couronnée ? Elle le sera, vous verrez. Vingt-cinq louis pour Costeclar ! Les tenez-vous ? Non ? Tant pis, c'est vingt-cinq louis que je manque à gagner. Je sais bien que dans le temps mademoiselle... Comment l'appelez-vous ?

— Gilberte.

— Tiens ! un joli nom, pour une fille de caissier Donc, je n'ignore pas qu'autrefois Mlle Gilberte avait envoyé ce cher Costeclar porter ses hommages à Chaillot. Mais elle avait des ressources, alors. Tandis que maintenant... C'est bête comme tout, mais il faut manger...

— Il y a encore des femmes, mademoiselle, qui sauraient mourir de faim...

M. de Trégars, désormais, se croyait fixé.

Il lui paraissait manifeste qu'on avait eu vent, rue de la Pépinière, de ses intentions ; que Mlle de Thaller lui avait été envoyée pour les pressentir, et qu'elle n'attaquait Mlle Gilberte que pour l'irriter et l'amener, dans un moment de colère, à se déclarer.

— Baste ! fit-elle, Mlle Favoral est comme toutes les autres, si elle avait à choisir entre l'aimable Costeclar et un réchaud de charbon, ce n'est pas le réchaud qu'elle choisirait.

De tout temps, Mlle Césarine avait eu le don de déplaire souverainement à Marius de Trégars, mais en cet instant, sans l'impérieux désir qu'il avait de voir le baron et la baronne de Thaller, il se serait retiré.

— Croyez-moi, mademoiselle, prononça-t-il froidement, ménagez une pauvre jeune fille que frappe le plus cruel malheur. Il peut vous arriver pis...

— A moi ! Eh ! que voulez-vous qui m'arrive ?...

— Qui sait !...

Elle se dressa si brusquement que le tabouret du piano en fut renversé.

— Quoi que ce puisse être, s'écria-t-elle, d'avance je dis : tant mieux !...

Et comme M. de Trégars tournait la tête :

— Oui, tant mieux ! répéta-t-elle, parce que ce serait un changement, et que j'en ai assez de la vie que je mène... Ah ! mais oui, j'en ai assez, j'en ai trop, parce que d'être éternellement et invariablement heureuse d'un même inaltérable bonheur, cela donne des nausées, à la fin !...

Et dire qu'il y a des idiots qui croient que je m'a-

muse et qui envient mon sort... Dire que souvent,
quand je passe en voiture dans les rues, j'entends des
grisettes s'écrier en me regardant : « A-t-elle de la
chance ! » Petites bêtes ! Je voudrais les voir à ma
place !... Elles vivent, elles; leurs joies se succèdent
sans se ressembler, elles ont des angoisses et des
espérances, des hauts et des bas, des heures de pluie
et des jours de soleil. Tandis que moi !... Toujours
calme plat, toujours le baromètre au beau fixe... Quelle
scie ! Savez-vous ce que j'ai fait aujourd'hui ? Juste
la même chose qu'hier, et je ferai demain la même
chose qu'aujourd'hui.

Un bon dîner, c'est excellent, mais toujours le
même bon dîner, sans extra, sans supplément, pouah !
Trop de truffes, je réclame un miroton ! C'est que je
sais la carte par cœur, voyez-vous. L'hiver : bal et
théâtre ; l'été : courses et bains de mer ; été comme
hiver, stations dans les magasins, promenades au bois,
visites, essayages de robes, séances du coiffeur, ado-
rations perpétuelles des amis de ma mère, tous gens
de cœur et d'esprit, auxquels l'idée de ma dot donne
la jaunisse... Excusez-moi de bâiller à me décrocher
la mâchoire, c'est que je songe à leurs conversations...

Et elle bâillait, en effet.

— Et penser, poursuivait-elle, que ce sera mon existence, jusqu'au jour où je me déciderai à choisir un
mari !... car il faudra bien que j'en vienne là, moi
aussi !... Le baron « Trois soixante-huit » me présentera un « gommeux » quelconque alléché par mon

argent; je répondrai : « Autant lui qu'un autre, » et il sera admis à l'honneur de me faire sa cour... Tous les matins il m'enverra un bouquet superbe; tous les soirs, après la Bourse, il m'arrivera ganté de frais, la bouche en cœur comme son gilet. Dans l'après-midi, il se prendra aux cheveux avec papa, au sujet de la dot... Enfin, le grand jour arrivera. Vous voyez ça d'ici : messe en musique, dîner, bal, le baron « Trois soixante-huit » ne me fera par grâce d'une cérémonie... Le mariage de la fille du directeur du *Crédit mutuel* doit fatalement être une réclame. Les journaux imprimeront le nom des témoins et des invités...

Il est vrai que papa aura un nez d'une aune, ayant eu, la veille, à verser la dot; maman aura la figure toute renversée par l'idée de devenir grand'mère; le marié sera d'une humeur massacrante, parce qu'il aura des bottes trop étroites, et moi j'aurai l'air d'une grue, parce que je serai en blanc, et que le blanc est une couleur bête qui ne me va pas du tout... Charmante fête de famille !... Quinze jours après, mon mari aura de moi plein le dos et j'aurai de lui par dessus les yeux. Un mois plus tard, nous serons à couteaux tirés, il retournera à son cercle et chez ses maîtresses, et moi.. Ah ! moi, j'aurai conquis le droit de sortir seule, et je recommencerai à aller au bois et au bal, aux eaux, aux courses, partout où va ma mère; je dépenserai un argent fou pour ma toilette et je ferai des dettes que papa payera... Voilà la vie absurde que fatalement je dois mener.

Encore bien que de Mlle Césarine on pût s'attendre
à tout, M. de Trégars, visiblement, était surpris...

Et elle, riant de sa surprise :

— Voilà le programme invariable, continua-t-elle,
et voilà pourquoi je dis : tant mieux ! à l'idée d'un
changement, quel qu'il soit. Vous me reprochez de
ne pas plaindre Mlle Gilberte, comment voulez-
vous que je la plaigne, alors que je l'envie ! Elle est
heureuse, elle, son avenir n'est pas d'avance arrêté,
tracé, fixé. Elle est pauvre, mais elle est libre. Elle a
vingt ans, elle est jolie, elle a une voix admirable,
elle peut entrer au théâtre demain, et être avant six
mois une des comédiennes adorées de Paris... Quelle
existence alors !... Ah ! c'est celle que je rêve, c'est
celle que j'aurais choisie si j'avais été maîtresse de
ma destinée...

Mais elle fut interrompue par le claquement de la
porte qui s'ouvrait brusquement...

La baronne de Thaller entrait :

Comme elle devait, aussitôt le dîner, se rendre à
l'Opéra, et ensuite à une soirée que donnait la vi-
comtesse de Bois-d'Ardon, elle était habillée.

Elle portait une robe audacieusement décolletée, de
satin gris très-clair, coupée de bandes de taffetas ce-
rise, encadrées de dentelle. Dans les cheveux, re-
troussés très-haut sur la nuque, elle avait un « puff »
de fuschias, dont les branches flexibles, liées par un
gros nœud de diamants, retombaient jusque sur ses
épaules, blanches et fermes comme le marbre.

Mais, encore bien qu'elle se contraignît à sourire,

sa physionomie n'était pas celle des jours de fête, et
le regard était chargé de menaces, dont elle enve-
loppa sa fille et Marius de Trégars.

D'une voix dont elle essayait en vain de maîtriser
le tremblement :

— C'est bien aimable à vous, marquis, commença-
t-elle, de vous être rendu si vite à mon invitation de
ce matin. Je suis véritablement désolée de vous avoir
fait attendre, mais je m'habillais... Après ce qui est
arrivé à M. de Thaller, il faut absolument que je sorte,
que je me montre, si je ne veux pas que demain nos
ennemis s'en aillent raconter partout que je suis en
Belgique à préparer les logements de mon mari...

Et tout de suite, changeant de ton :

— Mais que vous disait donc cette folle de Césarine ? interrogea-t-elle.

C'est avec une stupeur profonde que M. de Trégars découvrait que l'entente cordiale qu'il soupçonnait entre la mère et la fille n'existait pas, en ce moment du moins.

Voilant d'un ton léger les conjectures étranges
qu'éveillait en lui cette découverte inattendue :

— Mlle Césarine, répondit-il, qui est excessivement
à plaindre, comme chacun sait, me disait ses malheurs...

Elle l'interrompit :

— Ne prenez pas la peine de mentir, monsieur le
marquis, fit-elle, ce que je disais, maman le sait
aussi bien que vous, car elle écoutait à la porte...

— Césarine !... s'écria Mme de Thaller.

— Et si elle est entrée comme cela, tout à coup, c'est qu'elle a jugé qu'il n'était que temps de couper court à mes confidences...

Un flot de pourpre montait au visage de la baronne.

— Cette petite devient folle ! fit-elle.

Cette petite éclata de rire.

— Voilà comment je suis, reprit-elle. Il ne fallut pas m'envoyer ici... par hasard et malgré moi. Tu l'as voulu, ne t'en plains pas ! Tu soutenais que je n'avais qu'à paraître, et que M. de Trégars, éperdu d'amour, allait tomber à mes pieds. Joliment ! J'ai paru, et... tu as vu l'effet par le trou de la serrure ?...

La face contractée, les yeux étincelants, tordant son mouchoir de dentelle entre ses mains chargées de bagues :

— C'est inouï ! répétait Mme de Thaller. Elle perd la tête, décidément.

Saluant sa mère d'une révérence ironique :

— Merci du compliment ! dit la jeune fille. Le malheur est que jamais je n'ai si complétement joui de tout ce que j'ai de bon sens, chère maman. Que me disais-tu, il n'y a qn'un instant : « Cours, le marquis « de Trégars vient demander ta main, c'est une af- « faire convenue. » Et moi « Inutile de me déranger : « Au lieu d'un million de dot, papa m'en donnerait « deux, il m'en donnerait quatre, il me donnerait les « milliards payés par la France à la Prusse, que M. de « Trégars ne voudrait pas de moi pour femme... »

Et regardant Marius bien en face :

— N'est-ce pas, monsieur le marquis, interrogea-
t-elle, que j'ai raison, et que vous ne voudriez de moi
à aucun prix ?... Voyons, la main sur la conscience,
répondez...

La situation de M. de Trégars ne laissait pas que
d'être embarrassante, entre ces deux femmes, dont la
colère était pareille, quoiqu'elle se manifestât diffé-
remment. Évidemment, c'était une discussion entamée
hors de sa présence, qui continuait.

— Je crois, mademoiselle, commença-t-il, que
vous vous êtes calomniée à plaisir...

— Oh ! je vous jure bien que non ! reprit-elle. Et
si maman n'était pas survenue, vous en auriez entendu
bien d'autres... Mais ce n'est pas répondre...

Et comme M. de Trégars se taisait, se retournant
vers la baronne :

— Hein ! tu vois, lui dit-elle. Qui était folle de
nous deux ? Ah ! vous vous figurez, vous autres ici,
que l'argent est tout, et que tout est à vendre, et que
tout s'achète ! Eh bien ! non. Il y a encore des hommes, qui pour tout l'or du monde, ne donneraient pas
leur nom à Césarine de Thaller. C'est bizarre, mais
c'est comme cela, chère maman, et il faut en prendre
son parti.

Et se retournant vers Marius, et appuyant sur chaque syllabe, comme si elle eût craint que l'allusion lui
échappât :

— Les hommes dont je parle, ajouta-t-elle, épou-
sent les filles qui sauraient mourir de faim...

Connaissant assez sa fille pour savoir qu'elle ne

réussirait pas à lui imposer silence, la baronne de
Thaller s'était laissée choir sur un fauteuil; elle eût
voulu paraître ne pas écouter sa fille, ou du moins
n'attacher aucune importance à ce qu'elle disait, mais
à chaque moment un geste menaçant ou une exclamation sourde trahissait l'orage furieux qui grondait en
elle.

— Va, pauvre folle ! disait-elle. Va, continue...

Elle continuait en effet.

— Enfin, si M. de Trégars voulait de moi, c'est
moi qui ne voudrais pas de lui, parce qu'alors...

Une fugitive rougeur colora ses pommettes, ses yeux
hardis vacillèrent, et baissant la voix :

— Parce qu'alors, ajouta-t-elle, il ne serait plus ce
qu'il est, parce que je sens bien que fatalement, je
mépriserai le mari que papa m'achètera... Et si je suis
venue ici m'exposer à un affront que je prévoyais, c'est
que je voulais m'assurer d'un fait qu'un mot de Costeclar, il y a quelques jours, m'avait laissé entrevoir,
d'un fait que tu ne soupçonnes peut-être pas, chère
mère, malgré ton étonnante perspicacité. J'ai voulu
connaître le secret de M. de Trégars... et je le
connais.

C'est avec un plan arrêté d'avance que Marius
s'était présenté à l'hôtel de Thaller. Longtemps il
avait réfléchi avant de décider ce qu'il ferait et ce qu'il
dirait, et comment il entamerait la lutte décisive.

Ce qui arrivait lui démontrait l'inanité de ses conjectures, et par suite démolissait son plan.

S'abandonner au hasard des événements et en tirer

parti le plus habilement possible était désormais le plus
sage.

— Croyez-moi assez de pénétration, mademoiselle,
prononça-t-il, pour avoir bien discerné vos intentions.
Il n'était pas besoin de détours, parce que je n'ai rien
à cacher. Vous n'aviez qu'à m'interroger, je vous aurais
répondu franchement : « Oui, c'est vrai, j'aime Mlle Gilberte, et avant qu'il soit un mois, elle sera la marquise
de Trégars... »

Mme de Thaller, à ces mots, s'était dressée, repous-
sant si violemment son fauteuil, qu'il roula jusqu'au
mur.

— Vous épouseriez Gilberte Favoral, s'écria-t-elle,
vous !

— Moi !

— La fille d'un caissier infidèle, d'un homme désho-
noré que la justice poursuit et que le bagne attend !...

— Oui !

Et d'un accent qui fit passer un frisson sur les blanches épaules de la baronne de Thaller :

— Quel qu'ait été, prononça-t-il, le crime de Vincent Favoral, qu'il ait ou non volé les douze millions
qui manquent à la caisse du *Crédit mutuel*, qu'il soit
seul coupable ou qu'il ait des complices, qu'il soit un
scélérat ou un fou, un fourbe ou une dupe, Mlle Gilberte n'est pas responsable...

— Vous connaissez donc la famille Favoral ?...

— Assez pour que sa cause soit la mienne, désormais !

Le trouble de la baronne était trop grand pour qu'elle
tentât même de le dissimuler.

— Une fille de rien !... dit-elle.

— Je l'aime !

— Sans le sou !...

Mlle Césarine eut un geste superbe.

— Eh ! c'est parce qu'elle est pauvre qu'on peut l'épouser ! s'écria-t-elle.

Et tendant la main à M. de Trégars :

— C'est bien, ce que vous faites là, dit-elle, c'est très-bien !...

Il y avait de l'égarement dans les yeux de la baronne.

— Malheureuse ! interrompit-elle, folle ! Si ton père venait à savoir...

— Qui donc lui rapportera notre conversation ? M. de Trégars ? Il ne le voudrait pas. Toi ? tu n'oserais !...

Se redressant de toute la hauteur de sa taille, la poitrine gonflée de colère, la tête rejetée en arrière, l'œil flamboyant :

— Césarine ! commanda Mme de Thaller, le bras tendu vers la porte, Césarine, sortez, je vous l'ordonne !...

Mais immobile à sa place, la jeune fille toisait sa mère d'un regard de défi.

— Allons, calme-toi, fit-elle d'un ton d'écrasante ironie, ou tu vas avoir le teint gâté pour toute la soirée. Est-ce que je me plains, moi, est-ce que je me monte la tête ? Et cependant a qui la faute, si l'honneur me fait un devoir de crier à un honnête homme qui voudrait m'épouser : « Casse-cou ! » Que Gilberte se marie, qu'elle soit heureuse et qu'elle ait beaucoup d'enfants, c'est son rôle de repriseuse de chaussettes et d'écumeuse de pot-au-feu. Le nôtre, à nous, chère mère,

celui que tu m'as appris, est de nous amuser et de rire,
tout le temps, nuit et jour, à mort!...

Un valet de pied qui entra lui coupa la parole.

Remettant une carte de visite à Mme de Thaller :

— Le monsieur qui me l'a donnée est là, dit-il, dans
le grand salon...

La baronne était devenue fort pâle :

— Oh !.., faisait-elle, en tournant la carte entre ses
doigts, oh ! ..

Puis, tout à coup, elle s'élança dehors, en criant:

— Je reviens!...

Un silence embarrassant, pénible, devait suivre, et
en effet, suivit le départ précipité de la baronne de
Thaller.

Mlle Césarine s'était rapprochée de la cheminée,. et
elle s'y tenait accoudée, le front dans la main, toute
palpitante et tout émue. Intimidée pour la première
fois de sa vie, peut-être, elle détournait ses grands
yeux d'un bleu pâle, comme si elle eût craint qu'on n'y
vît passer l'ombre de ses pensées.

M. de Trégars, lui, demeurait à sa place, n'ayant
pas trop de cette puissance sur soi que donne la longue habitude du monde, pour dissimuler ses impressions. S'il avait un ridicule, ce n'était pas la fatuité;
mais Mlle de Thaller avait été trop explicite pour qu'il
lui fût possible de douter.

Tout ce qu'elle avait dit se résumait en une phrase:

« Mes parents espéraient que je deviendrais votre
« femme, je vous avais assez bien jugé pour com-
« prendre leur erreur... Précisément parce que je vous

« aime, je me reconnais indigne de vous et je tiens à
« ce que vous sachiez que si vous m'aviez demandé
« ma main, à moi qui ai un million de dot, j'aurais cessé
« de vous estimer... »

Qu'un tel sentiment eût pu germer et éclore dans
l'âme desséchée par la vanité et blasée par le plaisir de
Mᵐᵉ Césarine, c'était comme un miracle. C'était, en
tous cas, une étonnante preuve d'amour qu'elle donnait, que de se montrer telle qu'elle était réellement,
et Marius de Trégars n'eût pas été homme, s'il n'en
eût pas été profondément remué.

Tout à coup :

— Quelle misérable je fais !... prononça-t-elle.

— Vous voulez dire malheureuse !... fit doucement
M. de Trégars.

— Que devez-vous penser de ma sincérité? Vous
la trouvez étrange, sans doute, impudente, grotesque...

Il protestait du geste, car elle ne lui laissait pas le
temps de placer une parole.

— Et cependant, continuait-elle, ce n'est pas d'aujourd'hui que je suis honteuse de moi et assaillie de
sinistres idées. J'étais persuadée jadis que cette existence folle qui est la mienne est la seule enviable, la
seule qui puisse donner le bonheur... et voici que je
découvre que ce n'est pas la bonne route que j'ai suivie, ou plutôt qu'on m'a fait prendre... Et pas de retour possible !

Elle pâlissait, et d'un accent de sombre désespoir ·

— Tout me manque, disait-elle ; il me semble que
je roule dans des abîmes sans fond, où pas une

branche ne pousse, où me raccrocher ? Autour de moi,
c'est le vide, la nuit, le néant. Je n'ai pas vingt ans et
il me semble que j'ai vécu des milliers d'années et
que j'ai épuisé tout ce que la vie a de sensations. J'ai
tout vu, tout appris, tout expérimenté, et je suis lasse
de tout et rassasiée jusqu'à la nausée. J'ai l'air,
comme cela, d'une évaporée, d'une folle ; je chante, je
plaisante, je parle argot, ma gaieté étonne... en réalité, je m'ennuie, oh ! mortellement. Ce que j'éprouve,
je ne saurais l'exprimer, il n'y a pas de mot pour
traduire le dégoût absolu. Quelquefois je me dis :
« C'est stupide d'être triste comme cela, que te manque-t-il ? N'es-tu pas jeune, belle, riche ?... »

Il faut pourtant qu'il me manque quelque chose,
pour que je sois ainsi agitée, nerveuse, inquiète, incapable de tenir en place, tourmentée d'aspirations confuses et de désirs que je ne saurais formuler. Que
faire ? M'étourdir ? J'y tâche, je réussis une heure...
mais l'étourdissement se dissipe comme la mousse
du champagne, la lassitude revient, et pendant que je
continue de rire, en dedans de moi je pleure des
larmes de sang qui me brûlent le cœur. Que devenir,
moi qui n'ai pas dans le passé un souvenir, dans l'avenir un espoir où reposer ma pensée...

Et éclatant en sanglots :

— Ah ! je suis effroyablement malheureuse ! s'écria-
t-elle, et je voudrais être morte !...

Plus ému qu'il n'eût peut-être voulu l'avouer, M. de
Trégars se leva :

— Je vous raillais, il n'y a qu'un moment, made-

moiselle, dit-il, de sa voix grave et vibrante, pardonnez-moi... C'est sincèrement et du plus profond de
mon âme que je vous plains.

Elle le considérait d'un air de doute timide, et de
grosses larmes tremblaient entre ses longs cils.

— Bien vrai? interrogea-t-elle.

— Sur mon honneur!

— Et vous n'emporterez pas de moi une opinion
trop mauvaise?

— Je garderai cette conviction que, lorsque vous
n'étiez encore qu'une enfant, vous avez été abusée
par des théories insensées...

D'un geste doux et triste elle passait et repassait
sa main sur son front.

— Oui, c'est bien cela, murmura-t-elle... A quinze
ans, comment résisterait-on à des exemples venant
de certaines personnes?... Quand on se voit comme
dans un nuage d'encens, comment ne serait-on pas
enivrée?... Comment douterait-on de soi, quand on
ne recueille, quoi qu'on fasse, que louanges et applau-
dissements?... Et puis, il y a l'argent qui déprave
quand il vient d'une certaine façon, à flots... On se
lasse de n'avoir rien à souhaiter, on rêve l'extraordinaire, l'impossible, l'inouï!

Elle se tut, mais le silence qui recommença ne tarda
pas à être troublé par un bruit qui venait de la pièce
voisine.

Machinalement, M. de Trégars regarda autour de
lui...

Le petit salon bouton d'or où il se trouvait, n'était

séparé du grand salon de l'hôtel de Thaller que par
une haute et large porte qui était restée ouverte et
dont les portières étaient relevées.

Or, telle était la disposition des glaces des deux
pièces que, dans la glace de la cheminée du petit
salon, M. de Trégars voyait se refléter le grand salon
presque tout entier...

Un homme d'apparences suspectes et vêtu d'habits
sordides s'y tenait debout.

Et plus M. de Trégars le considérait, plus il lui
semblait qu'il avait déjà vu quelque part cette physionomie inquiète, ce regard cauteleux, ce sourire mé-
chant errant sur des lèvres plates et minces...

Mais, brusquement, l'homme s'inclina profondément.
Il était probable que Mme de Thaller, qui avait fait le
tour par la galerie pour gagner le grand salon, y
entrait.

Presque aussitôt, en effet, elle apparut dans le
champ de la glace.

Elle semblait fort agitée, et du doigt posé sur les
lèvres, elle recommandait à l'homme d'être prudent et
de parler bas.

C'est donc tout bas, si bas qu'il n'en arrivait même
pas un vague murmure jusqu'au petit salon, que
l'homme prononça quelques mots...

Ils furent tels que la baronne se rejeta en arrière
comme si elle eût vu un abîme s'ouvrir sous ses pieds,
et à son mouvement, il fut aisé de comprendre qu'elle
devait dire :

— Est-ce possible!...

De la voix qu'on n'entendait toujours pas, et du geste qu'on voyait, l'homme évidemment répondait :

— Rien de plus vrai, je l'affirme...

Et se penchant vers Mme de Thaller, sans qu'elle parût choquée de sentir les lèvres de ce répugnant personnage lui effleurer l'oreille, il se mit à lui parler.

L'étonnement qu'éprouvait M. de Trégars de cette sorte de vision était grand, mais ne l'empêchait pas de réfléchir.

Que signifiait cette scène? Comment cet homme suspect avait-il été introduit sans difficulté dans le grand salon? Pourquoi la baronne, en recevant sa carte, était-elle devenue plus blanche que ses dentelles? Quelle nouvelle apportait-il, qui avait produit une si vive impression? Que racontait-il, qui semblait en même temps épouvanter et ravir Mme de Thaller ?

Mais elle ne tarda pas à interrompre l'homme.

Elle lui fit signe d'attendre, disparut l'espace d'une minute, et quand elle reparut, elle tenait à la main une liasse de billets de banque qu'elle se mit à compter sur la table du salon.

Elle en compta vingt-cinq qui, autant qu'en put juger M. de Trégars, devaient être des billets de cent francs.

L'homme les prit, les recompta, les glissa dans sa poche avec une grimace de satisfaction et parut disposé à se retirer...

La baronne le retint, et à son tour se penchant vers lui, se mit à lui exposer, ou plutôt, à en croire son attitude, à lui demander quelque chose. Ce devait

être grave, car il branlait la tête et remuait les bras,
comme s'il eût dit :

— Diable! diable!

Les doutes les plus bizarres tressaillaient dans
l'esprit de M. de Trégars.

Qu'était-ce que ce marché, auquel le hasard des
glaces le faisait assister? Car c'était un marché, il n'y
avait pas à s'y méprendre. L'homme ayant reçu une
mission, l'avait remplie et était venu en toucher le
prix. Et maintenant, on lui proposait une commission
nouvelle...

Mais l'attention de M. de Trégars fut distraite par
Mlle Césarine.

Secouant la torpeur qui l'avait envahie :

— Mais à quoi bon se désoler et maudire ? reprit-
elle, répondant aux objections de son esprit bien plus
qu'elle ne s'adressait à M. de Trégars. Ferai-je que
ce qui est ne soit pas!... Ah! s'il en était des fautes
de la vie comme du linge sale qu'on accumule dans
une armoire et qu'on donne à blanchir d'un coup! Mais
rien ne lave le passé, pas même le repentir, quoi qu'on
en dise. Il est de ces idées qu'il faut repousser. Un
prisonnier doit se défendre de songer à la liberté...

Elle haussa les épaules.

— Et cependant, fit-elle, un prisonnier a toujours
l'espoir de s'évader, tandis que moi !...

L'effort était visible, qu'elle faisait pour reprendre
ses façons accoutumées.

— Bast! reprit-elle, c'est assez la faire au sentiment comme cela!... Et je ferais bien mieux, au lieu

Je rester là à vous scier le dos, de monter m'habiller, car je vais à l'Opéra avec ma bonne mère, et de là au bal... Vous devriez venir... J'ai une toilette d'un chic épatant... C'est chez Mme de Bois d'Ardon, .e bal, une de nos amies qui est dans le mouvement. Il y a chez elle un fumoir pour les femmes... est-ce assez renversant ! Voyons, venez-vous? nous boirons du champagne et nous rirons... Non?... Zut alors, et bien des choses chez vous...

Cependant, au moment de se retirer, le cœur lui manqua :

— C'est sans doute la dernière fois que je vous vois, monsieur de Trégars, lui dit-elle. Adieu!... Vous savez maintenant pourquoi moi, qui ai un million de dot, j'enviais Gilberte Favoral!... Encore adieu!... Et quoi qu'il vous arrive d'heureux dans la vie, rappelez-vous que Césarine vous l'aura souhaité...

Et elle sortit au moment même où la baronne de l'haller rentrait...

IX

— Césarine! appela Mme de Thaller d'une voix où il y avait à la fois de la prière et de la menace.

— Je cours m'habiller, maman, répondit la jeune fille.

— Revenez!...

— Pour que tu me grondes, n'est-ce pas, si je ne suis pas prête quand tu voudras partir...

— Je vous ordonne de revenir, Césarine!...

Pas de réponse; elle était loin déjà!...

Mme de Thaller referma la porte du petit salon et s'asseyant près de M. de Trégars :

— Quelle fille singulière!... fit-elle.

Lui suivait dans la glace ce qui se passait de l'autre côté, dans le grand salon. L'homme à mine suspecte y était encore, seul. Un domestique lui avait apporté une plume, de l'encre et du papier, et assis devant un guéridon, d'une main rapide il écrivait...

— Comment le laisse-t-on là, seul? se demandai Marius.

Et il cherchait sur la physionomie de la baronne

une réponse aux pressentiments confus qui s'agitaient en lui.

Mais il n'était plus question du trouble, que, prise à l'improviste, elle avait laissé paraître. Ayant eu le loisir de la réflexion, elle s'était composé un visage impénétrable.

Un peu surprise du silence de M. de Trégars :

— Je vous disais, reprit-elle, que Césarine est une fille étrange.

Toujours absorbé par la scène du grand salon :

— Étrange, en effet, murmura-t-il.

La baronne soupira.

— Voilà, pourtant, dit-elle, le résultat de la faiblesse de M. de Thaller et surtout de la mienne...

— Ah !...

— Nous n'avons d'enfant que Césarine, et lorsqu'elle était toute petite, sa santé nous inspirait les plus cruelles inquiétudes. Les médecins nous donnaient à entendre qu'elle n'atteindrait pas vingt ans. Cela explique son caractère. Nous étions, eh ! mon Dieu ! nous sommes encore à genoux devant ses volontés. Sa fantaisie est notre unique loi. Jamais je ne lui ai laissé le temps de formuler un désir, elle n'a pas parlé qu'elle est obéie...

Elle soupirait encore et plus profondément que la première fois.

— Vous venez de voir, poursuivait-elle, le résultat de cette éducation insensée. Et cependant il ne faudrait pas se fier aux apparences. Césarine n'est pas, croyez-le bien, l'extravagante qu'elle paraît être. Ses qualités sont réelles, et de celles que demande un homme à la femme dont il veut faire sa compagne.

Cette pauvre enfant, si sceptique à ce qu'elle prétend, si désillusionnée et si positive, est au fond extraordinairement romanesque, naïve et d'une exquise sensibilité. En elle s'agitent confusément toutes sortes d'idées généreuses et d'une chevalerie qui n'est plus de notre temps...

Sans quitter la glace des yeux :

— Je vous crois, madame, dit M. de Trégars...

— Elle est avec son père, avec moi surtout, capricieuse, volontaire, emportée ; mais un mari qu'elle aimerait l'aurait vite assouplie à toutes ses volontés... Elle qui me dépense vingt mille francs par an, pour sa toilette, elle irait gaiement vêtue de bure, si elle croyait plaire ainsi à celui que son cœur aurait choisi.

L'homme du salon avait achevé sa lettre, et avec un sourire équivoque, il la relisait.

— Croyez, madame, répondit M. de Trégars, que j'ai su démêler ce qu'il y avait de forfanterie naïve dans tout ce que me disait Mlle Césarine.

— Alors, bien vrai, vous ne la jugez pas trop mal...

— Votre cœur n'a pas pour elle plus d'indulgence que le mien...

— Et cependant, c'est de vous que lui vient son premier chagrin véritable.

— De moi ?...

La baronne eut un hochement de tête mélancolique

destiné à traduire ses tendresses et ses angoisses ma-
ternelles.

— Oui, de vous, mon cher marquis, répondit-elle,
de vous seul... C'est du jour où vous êtes devenu de
nos amis que le caractère de Césarine a changé...

Ayant relu sa lettre, l'homme du grand salon l'a-
vait pliée et glissée dans sa poche, et s'étant levé, il
semblait attendre quelque chose.

Ses moindres mouvements, M. de Trégars les épiait
dans la glace, avec une âpre curiosité...

Et néanmoins, comme il sentait la nécessité, ne fût-
ce que pour ne pas éveiller l'attention de la baronne,
de parler, de dire quelque chose :

— Quoi ! fit-il, le caractère de Mlle Césarine a changé ainsi !...

— Du soir au lendemain...

— Oh !...

— N'avait-elle pas rencontré ce héros que rêvent
les jeunes filles, un homme de trente ans, qui porte
un des plus beaux noms de France...

Elle s'interrompit, attendant une réponse, un mot,
une exclamation.

Mais comme le marquis de Trégars demeurait bouche close :

— Vous ne vous êtes donc aperçu de rien ? demanda-t-elle.

— De rien...

— Si je vous disais, moi, que ma pauvre Césarine,
hélas ! vous aime ?

M. de Trégars tressauta. Moins préoccupé du per-

sonnage du grand salon, il n'eût certes pas laissé la
conversation s'engager ainsi.

Il comprit sa faute, et d'un ton glacé :

— Permettez-moi de croire que vous raillez, madame, fit-il.

— Et si je disais vrai ?

— J'en serais au désespoir...

— Monsieur...

— Par cette raison, que je vous ai dite, que j'aime
M{ue} Gilberte Favoral du plus profond et du plus pur
amour, et que depuis trois ans elle est ma fiancée devant Dieu...

Il passa comme une flamme de colère dans les yeux
de Mme de Thaller.

— Et moi, s'écria-t-elle, je vous répéterai que ce
mariage est insensé...

— Je voudrais qu'il le fût plus encore, pour mieux
montrer à Gilberte jusqu'à quel point elle m'est chère.

Calme en apparence, la baronne égratignait de ses
ongles le satin du fauteuil où elle était assise.

— Alors, reprit-elle, votre résolution est prise...

— Irrévocablement...

— Cependant, là, voyons, entre nous... qui ne
sommes plus des enfants, si M. de Thaller doublait
la dot de Césarine... s'il la triplait ?

Une expression d'insurmontable dégoût contractait
l'énergique visage de Marius de Trégars.

— Ah ! plus un mot, madame ! interrompit-il.

Nul espoir ne restait, Mme de Thaller le comprit à
son accent... Elle demeura pensive plus d'une minute,

et tout à coup, comme une personue qui prend une résolution définitive, elle sonna

Un valet de pied accourut.

— Faites ce que je vous ai dit ! commanda-t-elle.

Et dès que le valet se fut retiré, se retournant vers M. de Trégars :

— Hélas ! reprit-elle, qui jamais eût pensé que je maudirais le jour où vous êtes entré dans notre maison !...

Mais tandis qu'elle parlait, M. de Trégars apercevait dans la glace le résultat de l'ordre qu'elle venait de donner :

Le valet de pied entra dans le grand salon, prononça quelques mots, et tout aussitôt l'homme à mine inquiétante campa sur sa tête son chapeau crasseux et sortit...

— C'est étrange ! pensa M. de Trégars.

La baronne poursuivait.

— Si vos intentions sont à ce point irrévocables, comment êtes-vous ici ? Vous avez trop l'expérience du monde pour n'avoir pas, ce matin, compris le but de ma visite et mes allusions...

Bien heureusement, M. de Trégars était débarrassé des distractions que lui causait la glace. Le moment décisif était venu. Le gain de la partie qu'il jouait allait peut-être dépendre de son sang-froid.

— C'est parce que j'ai compris, madame, et mieux que vous ne le supposez, que je suis ic.

— En vérité !...

— Je venais résolu à n'avoir affaire qu'à M. de

Thaller... Ce qui arrive modifie mes desseins... C'es
à vous que je parlerai d'abord.

La tranquille assurance de Mme de Thaller ne se dé-
mentait pas, mais elle se dressa. Sentant venir
l'orage, elle voulait être debout, pour lui tenir tête.

— C'est bien de l'honneur! fit-elle, avec un sourire
ironique.

Il n'était plus, désormais, de puissance humaine capable de détourner Marius de Trégars de son but.

— C'est à vous que je parlerai, reprit-il, parce que
après m'avoir entendu, peut-être jugerez-vous qu'il
est de votre intérêt de vous joindre à moi pour obtenir de votre mari ce que je demande, ce que j'exige,
ce que je veux !...

D'un air de surprise merveilleusement joué, s'il
n'était pas réel, la baronne le considérait.

— Mon père, continuait-il, le marquis de Trégars,
était riche de plusieurs millions, autrefois... Et cependant, lorsque j'ai eu la douleur de le perdre, il y
a trois ans, il était à ce point ruiné, que pour rassurer
les scrupules de son honneur et lui faire une mort
plus douce, j'ai abandonné à ses créanciers ce que je
possédais... Où avait passé la fortune de mon père?
Quel philtre lui avait-on versé, pour le décider à se
lancer dans des spéculations hasardeuses, lui, un
gentilhomme breton, entêté jusqu'à l'absurde des pré-
jugés de la noblesse?... Voilà ce que j'ai voulu
savoir...

— Ah!...

— Et aujourd'hui, madame, je — le — sais!

C'était une maîtresse femme que Mme la baronne de Thaller.

Elle avait couru tant d'aventures en sa vie, côtoyé tant de précipices, dissimulé tant d'angoisses, que le danger était comme son élément, et que même à l'instant décisif d'une partie presque désespérée, elle pouvait rester souriante, à l'exemple de ces vieux joueurs dont rien ne trahit les affreuses émotions au moment où ils hasardent leur suprême enjeu.

Pas un des muscles de son visage ne tressaillit, et il se fût agi d'une autre, qu'elle n'eût pas dit d'un calme plus imperturbable :

— Je vous écoute... Ce doit être fort curieux!

Ce n'était pas le moyen de disposer M. de Trégars à l'indulgence.

D'une voix brève et dure :

— Lorsque mon père mourut, reprit-il, j'étais jeune... J'ignorais ce que j'ai appris depuis, que c'est en quelque sorte se faire le complice des gredins que de contribuer à assurer leur impunité... Et c'est y contribuer que de se taire... Celui-là a rendu un fier service aux fripons qui le premier a dit : « L'honnête homme dupé s'éloigne et ne dit rien !... » L'honnête homme doit parler, au contraire, et signaler aux autres, pour qu'ils l'évitent, le piége où il est tombé.

Il arrive tous les jours que, sous peine de passer pour un personnage sans éducation, on est condamné à subir un récit assommant... On écoute, alors, mais de quel air !...

La baronne avait précisément cet air-là :

— Voilà un sombre préambule ! fit-elle.

M. de Trégars ne releva pas l'interruption.

— De tout temps, poursuivit-il, mon père a paru
fort insoucieux de ses affaires; il devait, pensait-il
cette affectation au nom qu'il portait. Son désordre n'é-
tait qu'apparent. Je pourrais citer de lui des traits qui
feraient honneur au bourgeois le plus méthodique...
Il avait, par exemple, l'habitude de conserver toutes
les lettres de quelque importance qu'il recevait... J'en
ai retrouvé chez lui douze ou quinze cartons pleins à
rompre... Elles étaient soigneusement classées par années, et beaucoup portaient en marge une annotation
rappelant en peu de mots quelle réponse y avait été
faite...

Étouffant à demi un bâillement:

— C'est, en effet, de l'ordre, ou je ne m'y connais
pas, dit la baronne...

— Sur le premier moment, résolu à ne point réveiller le passé, je n'attachai à ces lettres aucune
importance, et elles auraient été certainement brûlées,
sans un vieil ami de la famille, le comte de Villegré,
qui fit porter les cartons chez lui... Mais plus tard,
sous l'empire de certaines circonstances qu'il serait
trop long de vous dire, je regrettai mon inertie et je
songeai que peut-être je trouverais dans cette correspondance de quoi dissiper ou justifier certains
soupçons qui m'étaient venus...

— De sorte que, en fils respectueux, vous l'avez
lue ?

M. de Trégars, cérémonieusement, s'inclina.

— Je crois, dit-il, que c'est rendre hommage à la mémoire d'un père, que de le venger des impostures dont il a été victime de son vivant.... Oui, madame j'ai lu toute cette correspondance, et avec un intérêt que vous allez comprendre... J'avais déjà très-inutilement dépouillé plusieurs cartons, lorsque dans la liasse de 1852, une année où mon père habitait Paris, des lettres attirèrent mon attention. Elles étaient écrites sur un papier grossier, d'une écriture toute primitive, et fourmillaient de fautes d'orthographe. Elles étaient signées tantôt Phrasie, tantôt marquise de Javelle. Quelques-unes donnaient l'adresse : Rue des Bergers, 3, Paris-Grenelle.

D'un geste familier, Mme de Thaller remontait les épaulettes de sa robe de bal.

— Rue des Bergers, ricana-t-elle, nous voilà en pleine pastorale...

— Ces lettres ne me laissaient aucun doute sur ce qui avait dû se passer... Mon père avait rencontré une ouvrière d'une rare beauté, il s'en était épris, et comme il était tourmenté de la crainte de n'être aimé que pour son argent, il s'était fait passer pour un pauvre employé de ministère...

— Très-touchant, ce petit roman d'amour !... interrompit la baronne.

Mais il n'était pas d'impertinence capable d'altérer le sang-froid de Marius de Trégars.

— Roman, peut-être, dit-il, mais d'argent alors, et non pas d'amour... Cette Phrasie, cette marquise de Javelle, annonce bientôt dans une de ses lettres

qu'elle est enceinte, et, en effet, dans le courant de
février 1853, elle accouche d'une fille qu'elle confie,
écrit-elle, à une de ses parentes qui demeure dans le
Midi, près de Toulouse... Ce fut cet événement,
sans doute, qui décida mon père à se découvrir. Il
avoue qu'il n'est pas un pauvre employé, mais bien
le marquis de Trégars, riche de plus de cent mille
livres de rentes... Aussitôt le ton de la correspondance change : la marquise de Javelle s'ennuie, rue
des Bergers; les voisins lui reprochent sa faute, son
travail lui abîme les mains, qu'elle a charmantes...
Résultat : moins de quinze jours après la naissance
de sa fille, mon père installe sa jolie maîtresse, 87,
rue de Bourgogne, sous le nom de Mme Devil; elle a
un appartement ravissant; quinze cents francs par
mois, des domestiques, une voiture...

Ce n'était plus des marques d'ennui, c'était des
signes d'impatience, que donnait Mme de Thaller...

Son geste semblait dire :

— Qu'est-ce que tout cela peut me faire, bon Dieu !

Impassible, M. de Trégars poursuivait :

— Libres désormais de se voir chaque jour, mon
père et sa maîtresse cessent de s'écrire. Mais Mme Devil ne perd pas son temps. En moins de huit mois,
de février à septembre, elle détermine mon père à
disposer, non en sa faveur, elle est bien trop désintéressée pour cela, mais en faveur de leur fille, d'une
somme de plus de cinq cent mille francs. En septembre, la correspondance reprend. Mme Devil découvre qu'elle n'est pas heureuse, et l'avoue dans une

lettre dont l'écriture meilleure et l'orthographe moins
fantaisiste prouvent qu'elle a pris des leçons.

Elle se plaint de sa situation précaire et gémit de
n'être qu'une fille entretenue ; l'avenir l'épouvante
elle a soif de considération... Pendant trois mois, c'est
l'incessant refrain : elle regrette le temps où elle était
ouvrière ; pourquoi a-t-elle été si faible ! Ah ! qu'elle
paye cher sa faute ! Puis enfin, dans un billet qui trahit
de longs débats et d'orageuses discussions, elle annonce qu'il se présente pour elle un parti inespéré :
un galant homme qui, si elle avait seulement deux
cent mille francs, lui donnerait son nom et reconnaîtrait sa fille, sa pauvre chère petite fille adorée...
Longtemps mon père hésite, sa jolie maîtresse lui tient
au cœur... Mais elle le presse si vivement et avec une
habileté si rare ; elle lui démontre si bien que ce mariage assurera le bonheur de leur fille, que mon père
se résout au sacrifice... Et dans une note, en marge
d'une dernière lettre, il écrit qu'il vient de donner
deux cent mille francs à Mme Devil, qu'il ne la reverra
plus, et qu'il retourne vivre en Bretagne, où il veut,
à force d'économies, réparer la brèche qu'il vient de
faire à sa fortune...

D'un ton léger :

— Ainsi finissent toutes ces histoires d'amour ! dit
Mme de Thaller.

— Pardon !... celle-ci n'est pas finie encore. Pendant
de longues années, mon père se tint parole et ne
quitta pas notre domaine de Trégars. Mais l'ennui le
prit à la longue, au fond de sa solitude ; il revint à Pa-

ris... Chercha-t-il à revoir son ancienne maîtresse?
Je ne le crois pas. Je suppose que le hasard les rapprocha, ou plutôt, sachant son arrivée, elle s'arran
gea pour le rencontrer sur son chemin. Il la retrouvait plus séduisante que jamais, et d'après ce qu'elle
lui écrivait, riche et considérée, car son mari était
devenu un personnage. Elle eût été complétement
heureuse, ajoutait-elle, s'il lui eût été possible d'oublier l'homme qu'elle avait tant aimé autrefois, qui
avait eu les prémices de son cœur, et auquel elle
devait sa position...

J'ai cette lettre. L'écriture élégante, le style et la
parfaite correction disent mieux que tout les transformations de la marquise de Javelle.

Seulement, elle n'est pas signée. La petite ouvrière
est devenue prudente ; elle a beaucoup à perdre, elle
craint de se compromettre...

A huit jours de là, par un billet laconique et qu'on
jurerait arraché à la passion, elle supplie mon père de
la venir voir chez elle.

Il s'y rend. Il y trouve une toute jeune fille qu'il
croit être la sienne, et qu'il se met à idolâtrer!...

Et tout est dit. De nouveau il retombe sous le
charme, il cesse de s'appartenir ; son ancienne maîtresse peut disposer de sa fortune et de sa volonté!...

Mais voyez le malheur! Le mari ne s'avise-t-il pas
le prendre ombrage des visites de mon père! Dans
une lettre, qui est un chef-d'œuvre de diplomatie, la
jeune femme expose ses angoisses. Il a des soupçons,
écrit-elle, à quelles extrémités ne se porterait-il pas

s'il venait à découvrir la vérité ! Et avec un art infini, elle insinue qu'il est pour mon père un moyen peut-être de justifier sa continuelle présence. Que ne s'associe-t il avec ce jaloux...

C'est avec un empressement d'enfant que mon père saisit ce moyen unique. Mais il faut de l'argent. Il vend ses propriétés et annonce partout qu'il a de grandes idées financières et qu'il va décupler sa fortune.

Le voilà l'associé du mari de son ancienne maîtresse, lancé dans les spéculations, gérant d'une société. Il croit ses affaires excellentes, il est persuadé qu'il gagne un argent fou. Pauvre honnête homme ! On lui prouve un matin qu'il est ruiné et de plus compromis. Et cela semble si bien la vérité, que j'interviens et que je paye les créanciers. Nous voilà dépouillés, mais l'honneur était sauf. A quelques semaines de là, mon père mourait désespéré...

Avec cet empressement qui trahit la joie d'échapper enfin à un gêneur impitoyable, la baronne de Thaller s'était à demi levée.

Un regard de M. de Trégars la cloua sur son fauteuil, lui glaçant aux lèvres la plaisanterie qui déjà y montait.

— Je n'ai pas achevé ! dit-il d'un ton rude.

Et sans souffrir d'interruption :

— De cette correspondance, reprit-il, résultait la preuve irrécusable, flagrante, d'une intrigue honteuse, depuis longtemps soupçonnée par mon vieil ami le général comte de Villegré. Il devenait évident pour

moi, que mon pauvre père avait été joué comme un
enfant, par cette maîtresse si jolie et tant aimée, et
plus tard dépouillé par le mari de cette maîtresse. Je
n'en étais pas plus avancé. Ignorant la vie de mon
père et ses relations, les lettres ne me livrant ni un
nom ni un détail précis, je ne savais qui accuser.
Pour accuser, d'ailleurs, il faut à tout le moins un
commencement de preuve matérielle.

La baronne s'était rassise, et tout en elle, la pose,
le geste et le mouvement des lèvres semblait dire :

— Vous êtes chez moi, la civilité a ses exigences,
je vous subis, mais, en vérité, vous abusez.

Il poursuivait :

— A ce moment, j'étais encore une manière de sauvage, tout préoccupé de mes expériences, ne sortant
presque jamais de mon laboratoire... J'étais indigné,
je souhaitais ardemment retrouver et punir les misérables qui avaient dupé mon père et qui nous avaient
dépouillés ; mais je ne savais comment m'y prendre,
ni où chercher des renseignements. L'impunité des
misérables était peut-être assurée, sans un brave et
digne homme, commissaire de police aujourd'hui,
auquel j'ai rendu un léger service autrefois, un soir
d'émeute, qu'il était serré de fort près par cinq ou six
dangereux chenapans. Je lui exposai ma situation, il
s'y intéressa, me promit son concours et me traça ma
conduite.

Mᵐᵉ de Thaller s'agitait sur son fauteuil .

— Je vous avouerai, commença-t-elle, que je ne suis

pas absolument maîtresse de mon temps'; je suis ha
billée, comme vous le voyez, et j'ai à sortir...

Si elle avait gardé l'espérance d'ajourner l'explica
tion qu'elle sentait venir, elle dut la perdre, rien qu'à
l'accent dont M. de Trégars l'interrompit :

— Vous sortirez demain!...

Et sans se hâter :

— Conseillé comme je viens de vous dire, conti
nua-t-il, et armé de l'expérience d'un homme du métier, je me rendis à Grenelle, au n° 3 de la rue des
Bergers. J'y rencontrai de vieilles gens, le contre-
maître d'une fabrique voisine et sa femme, qui habi-
taient la maison depuis tantôt vingt-cinq ans. Dès mes
premières questions, ils échangèrent un regard et se
mirent à rire. Ils se souvenaient, on ne peut mieux,
de la marquise de Javelle. C'était, me répondirent-ils,
une jeune blanchisseuse très-jolie, qui devait son surnom à sa beauté dédaigneuse, à ses idées ambitieuses
et aussi à son état, où l'eau de javelle joue un rôle
considérable. Elle avait demeuré pendant dix-huit
mois sur le même palier qu'eux, et ils lui avaient
connu un amant qui se faisait passer pour un employé, mais qui, d'après ce qu'elle leur avait confié,
devait être un grand seigneur immensément riche,
dont elle espérait tirer bon parti. Ils ajoutaient qu'elle
était accouchée d'une fille, et que même ils l'avaient
soignée pendant ses couches. Mais la semaine suivante, la mère et l'enfant avaient disparu, et jamais
plus ils n'en avaient entendu parler...

M. de Trégars s'arrêta, et après une pause :

— Par ces vieilles gens, reprit-il, j'ai su que la
marquise de Javelle s'appelait de son vrai nom Euphrasie Taponnet, qu'elle était de Paris et n'avait pas
de parents près de Toulouse. Lorsque je les ai quit-
tés, ils m'ont dit : « Si vous connaissez Phrasie,
« vous n'avez qu'à lui parler du père et de la mère
« Chandour, et elle se rappellera bien de nous, al-
« lez!... »

Pour la première fois, Mme de Thaller eut un tressaillement. Mais ce fut presque imperceptible.

— De Grenelle, poursuivait M. de Trégars, c'est
rue de Bourgogne, 87, que je me rendis. Je jouais de
bonheur : la concierge y était la même qu'en 1853.
Aussitôt je lui parlai de Mme Devil, elle me répondit
qu'elle l'avait si peu oubliée qu'elle la reconnaîtrait
entre mille. C'était, déclarait-elle, une des plus jolies
petites dames qu'elle eût vues, et jamais en sa vie de
portière, elle n'avait rencontré une locataire aussi
généreuse. Je compris. Et moyennant deux louis que
je lui donnai, cette femme m'apprit tout ce qu'elle savait. Cette jolie Mme Devil, qui était une fine mouche,
me dit-elle, avait non pas un amant, mais deux : l'un
en titre, qu'elle affichait, qui était le maître et l'officier
payeur; l'autre anonyme, qu'elle cachait, qui s'esqui
vait par l'escalier de service, et qui ne payait pas, lui,
bien au contraire. Le premier, la recette, s'appelait le
marquis de Trégars. Du second, la dépense, la concierge n'avait jamais su que le prénom : Frédéric....
J'insistai pour savoir ce qu'était devenue Mme Devil,
et j'appuyai mon insistance d'une nouvelle pièce de

vingt francs. Mais la portière me jura ses grands
dieux qu'elle l'ignorait absolument.

Un beau matin, telle qu'une personne qui s'expa-
trie ou qui veut faire perdre ses traces, Mᵐᵉ Devil avait
envoyé chercher un marchand de meubles et une marchande à la toilette, et elle leur avait vendu tout ce
qu'elle possédait : son mobilier, son linge et jusqu'à
ses nippes. En moins d'une heure, le marché avait été
conclu, et elle était partie n'emportant que ses bijoux
et son argent dans un petit sac de cuir...

Si la baronne de Thaller suait dans son corset, sous
son harnais de bal, elle n'en faisait pas moins bonne
contenance encore.

Après l'avoir considérée un moment avec une sorte
de curiosité avide, Marius de Trégars reprit :

Lorsque je fis part de ces renseignements au commissaire de police, mon ami, il hocha la tête : « Il y a
« deux ans, dit-il, je vous aurais répondu : En voilà
« plus qu'il n'en faut et nous tenons nos gens, car les
« registres de l'état civil nous livreront le dernier
« mot de cette énigme à demi déchiffrée. Mais nous
« avons eu la guerre et la Commune, et les registres
« de l'état civil ont été incendiés... Cependant, il ne
« faut pas perdre courage : un dernier espoir me reste
« et je sais un homme capable de le réaliser. »

Dès le surlendemain, en effet, il me mit en rapport
avec un brave garçon nommé Victor Chupin, en qui je
pouvais avoir la plus entière confiance, car il m'était
recommandé par un des hommes que j'aime et que
j'estime le plus : le duc de Champdoce. Renonçant du

premier coup à s'adresser aux mairies, Victor Chupin
avec une patience et une ténacité de sauvage suivant
une piste, se mit à battre les quartiers de Grenelle, de
Vaugirard et des Invalides. Et ce ne fut pas en vain.
Après huit jours d'investigations, il m'amena une sage-
femme, demeurant rue de l'Université, laquelle se rappelait très-bien avoir accouché autrefois une jeune
fille remarquablement jolie, demeurant rue des Bergers,
et surnommée la marquise de Javelle.

C'était même ce surnom singulier qui avait fixé sa
mémoire. Et comme c'était une femme d'ordre et qui,
de tout temps, avait tenu un compte fort exact de ses
recettes, elle m'apporta un petit registre où je lus :
« Accouchement d'Euphrasie Taponnet, dite la marquise de Javelle, une fille, reçu cent francs... » Et ce
n'est pas tout. Cette sage-femme m'apprit qu'elle avait
été chargée de présenter l'enfant à la mairie, et qu'elle
l'y avait déclarée sous les noms d'Euphrasie-Césarine
Taponnet, née d'Euphrasie Taponnet, blanchisseuse,
et d'un père inconnu. Enfin, persuadée que mes démarches avaient pour objet une reconstitution d'état
civil, elle mettait à ma disposition et son livre de
comptes et son témoignage...

Bandée outre mesure, l'énergie de la baronne commençait à la trahir, elle blémissait sous sa poudre
de riz.

Toujours du même accent glacé :

— Vous devez le comprendre, disait Marius de
Trégars, le témoignage de cette sage-femme, joint
aux lettres que je possède, me met à même d'établir

devant un tribunal la date exacte de la naissance d'une
fille que mon père a eue de sa maîtresse. Ce n'est
cependant rien encore. Avec une ardeur nouvelle.
Victor Chupin avait repris ses investigations; il s'était
mis à dépouiller les registres de mariages de toutes
les paroisses de Paris, et dès la semaine suivante, il
découvrait à Notre-Dame-de-Lorette l'acte de mariage
de demoiselle Euphrasie Taponnet et du sieur Frédéric
de Thaller...

Encore bien qu'elle dût s'attendre à ce nom, la baronne se dressa d'un bloc, livide, l'œil hagard...

— C'est faux !... commença-t-elle d'une voix étran-
glée.

Un sourire d'ironique pitié effleurait les lèvres de
Marius.

— Cinq minutes de réflexion vous prouveront qu'il
est inutile de nier, interrompit-il... Mais attendez : sur
le livre des baptêmes de cette même église, Victor
Chupin a trouvé enregistré le baptême d'une fille du
sieur et de la dame de Thaller, d'une fille qui porte
les mêmes prénoms que la première : Euphrasie-Césarine.

Convulsivement, la baronne haussait les épaules.
Accablée par l'évidence, elle essayait encore de payer
d'audace...

— Qu'est-ce que cela prouve ?... dit-elle.

— Cela prouve, madame, l'intention bien arrêtée de
substituer un enfant à l'autre ; cela prouve qu'on a
impudemment trompé mon père, lorsqu'on lui a fait
croire que la seconde Césarine était sa fille, la fille en

faveur de laquelle autrefois il avait disposé de plus
de cinq cent mille francs... Cela prouve qu'il y a de
par le monde une malheureuse que sa mère, la marquise de Javelle, devenue la baronne de Thaller, a lâchement abandonnée...

Éperdue de colère et de peur :

— Vous en avez menti ! s'écria la baronne.

M. de Trégars s'inclina.

— La preuve que je dis vrai, fit-il froidement, je la
trouverai à Louveciennes, et à l'*Hôtel des Folies*, boulevard du Temple, à Paris.

La nuit venait : un valet de pied entra, apportant
des lampes qu'il posa sur la cheminée.

En tout, il ne resta pas une minute dans le petit
salon bouton d'or, mais cette minute suffit à la baronne de Thaller pour ressaisir son sang-froid et
rassembler ses idées.

Lorsque le valet se retira, elle avait pris un parti,
avec cette promptitude des gens accoutumés aux situations extrêmes; elle renonçait à discuter.

Se rapprochant de M. de Trégars :

— Assez d'allusions comme cela, reprit-elle, par-
lons-nous franc et en face. Que voulez-vous ?

Mais le changement était trop brusque pour n'é-
veiller pas les défiances de Marius.

— J'exige beaucoup de choses, répondit-il.

— Encore faut-il spécifier.

— Eh bien ! je réclame d'abord les cinq cent mille
francs dont mon père avait disposé en faveur de sa
fille, de la fille que vous avez abandonnée...

— Et ensuite ?

— Je veux de plus la fortune de mon père et la mienne, cette fortune dont M. de Thaller, avec votre assistance, nous a dépouillés...

— Est-ce au moins tout ?

M. de Trégars secoua la tête.

— Ce n'est rien encore, répondit-il.

— Oh !...

— Il nous reste à nous occuper des affaires de Vincent Favoral.

Un avoué qui débat les intérêts d'un client dont il se soucie peu, n'est ni plus calme ni plus froid que ne l'était en ce moment Mme de Thaller.

— Les affaires du caissier de mon mari me regardent donc ? fit-elle avec une nuance d'ironie.

— Beaucoup, oui, madame.

— Je suis bien aise de l'apprendre.

— Moi, je le sais de source certaine, parce qu'en revenant de Louveciennes, je me suis rendu rue du Cirque, où j'ai parlé à une demoiselle Zélie Cadelle.

Il pensait qu'à ce nom la baronne aurait au moins un tressaillement. Point. D'un air de profonde surprise :

— Rue du Cirque, répéta-t-elle, comme si elle eût fait un prodigieux effort de mémoire, rue du Cirque !... Zélie Cadelle !... Décidément, je ne comprends pas.

Mais au coup d'œil que lui jeta M. de Trégars, elle dut comprendre qu'elle ne lui arracherait pas aisément les détails qu'il s'était promis de taire.

— Je crois au contraire, prononça-t-il, que vous comprenez admirablement.

— Si vous y tenez, soit ! Que demandez-vous pour Favoral...

— Je demande, non pour Favoral, mais pour les actionnaires, impudemment dupés, les douze millions qui manquent à la caisse du *Crédit mutuel*.

Mme de Thaller éclata de rire.

— Rien que cela ? fit-elle.

— Oui, rien que cela.

— Eh bien ! mais il me semble que c'est à M. Favoral qu'il fat présenter vous réclamations. Vous avez le droit de courir après.

— C'est inutile...

— Cependant...

— Par la raison que ce n'est pas lui, le pauvre fou qui a emporté les millions...

— Qui donc les a ?

— M. le baron de Thaller, sans doute.

De cet accent de pitié qu'on prend pour répondre à une proposition absurde :

— Vous êtes fou, mon pauvre marquis, dit Mme de Thaller.

— Vous ne le pensez pas.

— Si c'était mon dernier mot, cependant ?

Il arrêta sur elle un regard où elle put lire une détermination irrévocable, et lentement :

— J'ai horreur du scandale, répondit-il, et, comme vous le voyez, je cherche à tout arranger sans bruit,

sous le manteau de la cheminée, entre nous. Mais si
je n'obtiens rien ainsi, je m'adresserai aux tribunaux.

— Et des preuves ?

— Soyez tranquille, j'en puis fournir à toutes mes
allégations.

Nonchalamment la baronne s'était allongée sur un
fauteuil.

— Peut-on les connaître ? demanda-t-elle.

Cette imperturbable assurance de Mme de Thaller
finissait par inquiéter Marius. Qu'espérait-elle ? En-
trevoyait-elle donc une issue à une situation en apparence si désespérée ?

Résolu à lui prouver qu'elle était perdue et qu'elle
n'avait plus qu'à se rendre :

— Oh ! je sais, madame, reprit-il, que vos précautions sont bien prises. Mais quand la Providence s'en
mêle, voyez-vous, la prudence humaine est bien peu
de chose. Voyez plutôt ce qui arrive, pour votre première fille, celle que vous avez eue quand vous n'étiez
encore que la marquise de Javelle.

L'ayant abandonnée avec des maraîchers de Louveciennes, auxquels vous aviez eu la prévoyance de ne
pas donner votre nom, vous pensiez en être à tout
jamais débarrassée, et lorsque mon père vous retrouvait, après des années de séparation, c'est sans l'ombre
d'un soupçon qu'il acceptait comme sienne Mlle Césarine... Mais voilà qu'un jour, près de la porte Saint-
Martin, votre voiture renverse une pauvre servante,
qui s'en allait dans Paris en quête d'une place qui lui
donnât du pain... et il se trouve que cette malheu-

reuse est votre première fille, celle à laquelle mon
père, sur vos instances, avait assuré un capital de
cinq cent mille francs. Vous en êtes-vous doutée sur
e moment ?

Je ne crois pas, car très-certainement, en ce cas,
vous n'eussiez pas laissé votre adresse à un des sergents de ville témoins de l'accident. Mais à quelques
jours de là, cette malheureuse vous ayant adressé de
l'hôpital, où on l'avait transportée, une touchante sup-
plique où elle vous racontait toute son histoire, vous
n'avez plus eu de doutes. En ne répondant pas, vous
espériez que tout serait dit. Non. A quelques mois de
là, elle se présentait ici, l'infortunée, M. de Thaller
l'apercevait, il la devinait sous ses haillons, à sa res·
semblance avec moi, et aussitôt, dans son trouble, il
lui donnait tout l'argent qu'il avait sur lui et recommandait à ses laquais de la chasser, si jamais elle se
présentait.

Mais de cet instant, c'en était fait de votre sécurité,
madame, et de celle de M. de Thaller. Vous compreniez qu'il suffisait d'un hasard pour que cette malheureuse découvrît qui elle était et se dressât soudaine-
nent, réclamant sa fortune. Aussi, pour la faire disparaître, avez-vous tenté l'impossible. C'est un homme à
vous, que vous lui dépêchez d'abord, et qui essaye
de l'entraîner à New-York. Vous vous disiez: « Quand
elle sera en Amérique, elle n'en reviendra pas. » Malheureusement pour votre tranquillité, les promesses
les plus éblouissantes ne la décident pas à quitter
Paris.

Vous cherchez autre chose alors, et l'idée vous
vient de la signaler à la préfecture de police, au bureau des mœurs, espérant ainsi la pousser à l'abîme
et qu'elle roulera si bas que ce sera comme si elle
était morte. On l'arrête, en effet, et elle serait perdue, sans un honnête homme, un officier de paix, qui
prend en pitié sa jeunesse, qui s'assure qu'elle a été
misérablement calomniée et qui la sauve. C'est une
tentative avortée. Et comme il est des pentes fatales,
et sur lesquelles il est impossible de se retenir, vous
finissez par mettre un couteau aux mains d'un vil as-
sassin, que vous envoyez, de nuit, au coin d'une
ruelle déserte, attendre votre fille. Cette fois encore,
elle est miraculeusement préservée.

Allez-vous pardonner ? Non. Au lendemain de la
Commune, vous la dénoncez ; on la jette avec d'im-
mondes pétroleuses dans les prisons de Versailles, et
sans un ami dévoué, elle serait en Calédonie, à cette
heure, ou au fond de quelque prison centrale....

Il s'arrêta, attendant une réponse, une protestation.

Et Mme de Thaller se taisant :

— Vous me regardez, madame, reprit-il, et vous
vous demandez comment j'ai pu découvrir tout cela.
Un mot vous l'expliquera. L'officier de paix qui a
sauvé votre fille et qui depuis a veillé sur elle, est
celui précisément auquel il m'a été donné de rendre un
service autrefois. En complétant les uns par les autres nos renseignements, nous sommes arrivés jusqu'à la vérité, jusqu'à vous, madame... Reconnais-

sez-vous maintenant que j'ai plus de preuves qu'il n'en faut pour m'adresser à la justice ?...

Qu'elle le reconnût ou non, elle ne daigna pas discuter.

— Après? fit-elle froidement.

Mais M. de Trégars était trop sur ses gardes pour s'exposer, en continuant de la sorte, à livrer le secret de ses desseins.

Et d'ailleurs, s'il était absolument fixé quant aux manœuvres employées pour dépouiller son père, il il n'en était encore qu'aux présomptions pour ce qui concernait Vincent Favoral.

— Permettez-moi de n'ajouter plus un mot, madame, répondit Marius. Je vous en ai dit assez pour vous mettre à même de juger de la valeur de mes armes...

Elle dut sentir qu'elle ne le ferait pas changer d'avis, car elle se leva.

— Il suffit, prononça-t-elle. Je vais réfléchir, et, demain, je vous rendrai une réponse...

Elle se disposait à sortir, mais vivement M. de Trégars se jeta entre elle et la porte.

— Excusez-moi, dit-il; mais ce n'est pas demain qu'il me faut une réponse, c'est ce soir, à l'instant...

Ah!... si elle eût pu l'anéantir d'un regard.

— Mais c'est de la violence ! fit-elle d'une voix qui trahissait l'incroyable effort qu'elle faisait pour se maîtriser...

— Elle m'est imposée par les circons ces, madame...

— Vous seriez moins exigeant, si mon mari était là...

Il devait être à portée d'entendre, car brusquement la porte s'ouvrit et il parut sur le seuil.

Il est des gens pour lesquels l'imprévu ne compte pas, que nul événement ne saurait déconcerter. Ayant tout risqué, ils s'attendent à tout.

Tel était le baron de Thaller.

D'un coup d'œil sagace, il examina sa femme et M. de Trégars, et d'un ton de cordiale bonhomie :

— On n'est donc pas d'accord, ici ! fit-il.

— Heureusement te voilà ! s'écria la baronne.

— Qu'y a-t-il donc?

— Il y a que M. de Trégars abuse odieusement de certaines misères de notre passé...

M. de Thaller riait.

— Voilà bien l'exagération des femmes ! dit-il.

Et tendant la main à Marius :

— Je vais faire votre paix, mon cher marquis, ajouta-t-il, c'est dans mes attributions de mari...

Mais, au lieu de prendre cette main qui lui était tendue, M. de Trégars recula.

— Il n'est plus de paix possible, monsieur, je suis un ennemi...

Si la stupeur de M. de Thaller n'était pas réelle, elle était merveilleusement jouée.

— Un ennemi ! répéta-t-il.

— Oui, interrompit la baronne, et il faut que je te parle à l'instant Frédéric. Viens, M. de Trégars t'attendra...

Et elle entraîna son mari dans la pièce voisine, non sans adresser à Marius un regard où étincelait la haine triomphante.

Resté seul, M. de Trégars s'assit.

Loin de le contrarier, cette soudaine intervention du directeur du *Crédit mutuel* lui paraissait un coup de fortune. Elle lui épargnait une explication plus pénible encore que la première, et ce supplice d'avoir a confondre un misérable en lui prouvant son infamie.

— Et d'ailleurs, pensait-il, quand le mari et la femme se seront consultés, ils reconnaîtront qu'il n'y a pas à lutter et que mieux vaut se rendre.

La délibération fut courte.

Dix minutes ne s'étaient pas écoulées quand M. de Thaller reparut, seul. Il était pâle, et son visage exprimait bien cette douleur de l'honnête homme qui reconnaît trop tard qu'il a mal placé sa confiance.

— Ma femme m'a tout dit! monsieur. commença-t-il...

M. de Trégars s'était levé.

— Eh bien? interrogea-t-il.

— Vous me voyez navré. Ah! monsieur le marquis, devais-je m'attendre à cela de vous? Comment imaginer qu'un jour viendrait où vous regreteriez votre conduite si noble et si désintéressée lors de la mort de votre père? C'est cette conduite cependant qui vous avait valu mon estime. Car je vous estimais, monsieur, et beaucoup, et il me semble vous l'avoir prouvé lorsque M. Marcolet vous présenta chez moi. Rappelez-vous l'accueil que je vous fis et mon

empressement à vous ouvrir ma maison et à vous faire
asseoir à ma table'! C'est que je savais combien votre
situation était précaire, depuis l'abandon que vous
aviez fait de tous vos biens. C'est que dès lors je
cherchais un moyen de réparer l'injustice de la fortune à votre égard...

Décidément; M. de Thaller se posait en bienfaiteur
méconnu, et pour bien peu il eût accusé Marius de la
plus noire ingratitude.

Toujours du même ton paterne :

— Ce moyen, poursuivit-il, je l'avais trouvé : c'é-
tait de vous donner ma fille, avec une dot assez
ronde pour vous permettre de porter brillamment votre
nom. Et je pensais que vous aviez pénétré mes intentions. Et je me réjouissais en constatant que ma fille
n'était pas insensible à vos assiduités...

Il était hardi de parler des assiduités de Marius qui,
de tout temps, s'était étudié à garder près de Mlle Césarine une réserve glacée.

— Ainsi donc, continuait le baron, j'avais le droit
de vous croire et je vous croyais mon ami. Et c'est
vous cependant qui, au lendemain du malheur qui me
frappe, essayez de me porter le coup de grâce. C'est
vous qui voudriez m'écraser sous des calomnies ra-
massées au ruisseau...

D'un geste, M. de Trégars l'arrêta.

— Pour que vous prononciez ce mot de calomnie, il
faut que Mme de Thaller ne vous ait pas rapporté exactement mes paroles...

— Elle me les a rapportées sans y rien changer

— C'est qu'alors elle ne vous a pas dit la valeur des preuves que j'ai entre les mains...

Le baron persistait, eût dit Mlle Césarine, à « la faire à l'attendrissement. »

— Il n'est guère de famille, reprit-il, où il ne se trouve quelqu'un de ces secrets douloureux qu'on s'efforce de dérober à la méchanceté du monde. Il en est un, dans la mienne: oui, c'est vrai, ma femme avant notre mariage avait eu une fille que la misère l'avait forcée d'abandonner..... Depuis, tout ce qui est humainement possible, nous l'avons fait pour retrouver cette enfant, mais nos efforts sont demeurés stériles. C'est un grand malheur et qui a pesé sur toute notre vie, ce n'est pas un crime. Si pourtant vous croyez qu'il soit de votre intérêt de divulguer notre secret et de déshonorer une femme, libre à vous, je ne puis vous en empêcher. Mais je vous le déclare, ce fait est tout ce qu'il y a de réel parmi vos accusations. Votre père, dites-vous, a été dupé et dépouillé. De qui vous est venue cette idée?

De Marcolet, sans doute, un homme taré, devenu mon ennemi mortel depuis le jour où, jouant au fin avec moi, il ne s'est pas trouvé le plus fin? De Costeclar, peut-être, qui ne me pardonne pas de lui avoir refusé ma fille et qui me hait parce que je sais qu'il a fait des faux, autrefois, et qu'il serait au bagne sans l'excessive indulgence de votre père? Eh bien! Costeclar et Marcolet vous ont trompé. Si le marquis de Trégars s'est ruiné, c'est qu'il avait entrepris un métier qu'il ignorait, et qu'il a spéculé à tort et à travers.

On perd très-vite une fortune sans que les voleurs y soient pour rien.

Quant à prétendre que j'ai profité des détournements de mon caissier, c'est inepte, et il ne peut y avoir à le soutenir que Jottras et Saint-Pavin, deux mauvais drôles que dix fois j'ai eu l'occasion d'envoyer en police correctionnelle et qui étaient les complices de Favoral. La justice d'ailleurs est saisie de l'affaire, et je prouverai au grand jour de l'audience, comme je l'ai prouvé dans le cabinet du juge d'instruction, que pour sauver le *Crédit mutuel*, j'ai sacrifié plus de la moitié de ma fortune...

Impatienté par ce plaidoyer dont le but manifeste était de l'amener à discuter et à se découvrir :

— Concluez, monsieur, interrompit durement M. de Trégars.

Toujours du même ton placide :

— Conclure est aisé, répondit le baron. Vous allez, m'a dit ma femme, épouser une jeune fille que vous aimez, la fille de mon ancien caissier, qui est d'une exquise beauté, mais qui n'a pas le sou... Il lui faudrait une dot...

— Monsieur !...

— Jouons cartes sur table. Je suis dans une passe difficile. Vous savez ma situation et vous voulez l'exploiter... Eh bien ! nous pouvons nous entendre... Que diriez-vous si je donnais à Mlle Gilberte la dot que je destinais à ma fille...

Tout le sang de M. de Trégars lui sauta à la face.

— Ah! plus un mot! s'écria-t-il avec un geste d'une violence inouïe.

Mais se maîtrisant presque aussitôt :

— Je veux, ajouta-t-il, la fortune de mon père, je veux que vous remettiez dans la caisse du *Crédit mutuel* les douze millions qui y ont été volés...

— Sinon?

— Je m'adressai à la justice.

Ils restèrent un moment face à face, les yeux dans les yeux, puis :

— Avez-vous réfléchi? demanda M. de Trégars.

Sans soupçonner peut-être que son offre était une nouvelle injure :

— J'irai jusqu'à quinze cent mille francs, répondit M. de Thaller..., et je paie comptant.

— C'est votre dernier mot?

— Oui.

— Si je porte plainte, avec les preuves que je puis fournir, vous êtes perdu...

— C'est ce que nous verrons.

Insister eût été puéril.

— Soit nous verrons! dit M. de Trégars.

Et il sortit, et en remontant dans son fiacre qui l'attendait à la porte de l'hôtel, il se demandait d'où pouvait venir l'assurance du baron de Thaller, et s'il ne s'était pas trompé dans ses conjectures...

Il allait être huit heures, et Maxence, Mme Favoral et Mlle Gilberte devaient l'attendre avec une fiévreuse impatience; mais il n'avait rien pris depuis le matin, il se fit arrêter devant un des restaurants du boulevard.

Il venait de se faire servir à dîner, quand à la table
voisine vint s'asseoir un homme d'un certain âge
déjà, mais alerte et vigoureux encore, à tournure militaire, portant moustache et la boutonnière pavoisée
d'ordres multicolores.

En moins d'un quart d'heure M. de Trégars eut
expédié un potage et une tranche de bœuf, et il se
hâtait de sortir, lorsque son pied, sans qu'il pût s'expliquer comment, heurta le pied du dîneur son voisin.

Bien persuadé que la faute ne venait pas de lui, il
s'empressa néanmoins de s'excuser, mais le dîneur se
mit à se fâcher tout rouge, et si haut que tout le
monde se retournait...

Si agacé qu'il fût, Marius renouvela ses excuses...

Mais l'autre, pareil à ces poltrons qui croient avoir
trouvé plus poltron qu'eux, s'était dressé et se répan-
dait en injures grossières.

M. de Trégars levait le bras pour lui infliger la correction méritée, lorsque soudain se représenta à son
esprit la scène du grand salon de l'hôtel de Thaller.
Il revit, comme dans la glace, l'homme de mauvaise
mine écoutant d'un air inquiet les propositions de
Mme de Thaller et se mettant ensuite à écrire...

— C'est cela! s'écria-t-il, éclairé par une foule de
circonstances, qui, sur le moment, lui avaient échappé.

Et sans plus réfléchir, saisissant son adversaire à
la gorge, il le renversa, les reins sur la table, le
maintenant du genou.

— Je suis sûr qu'il a la lettre sur lui, disait-il aux
gens qui l'entouraient,

Et en effet, de la poche de côté du misérable, il
tira une lettre qu'il déplia et qu'il se mit à lire à haute
voix :

« Je vous attends, mon cher commandant; arrivez
« vite, car la chose presse. Il s'agit de faire tenir
« tranquille un monsieur gênant, ce sera pour vous
« l'affaire d'un coup d'épée, et pour nous l'occasion
« de partager une somme assez ronde... »

— Et voilà pourquoi il me provoquait, ajouta
M. de Trégars.

Deux garçons s'étaient emparés du misérable, qui
se débattait furieusement; et on parlait de le livrer
aux sergents de ville...

— A quoi bon!... fit Marius, j'ai sa lettre, cela suffit, la police saura bien où le prendre...

Et l'homme ayant été lâché, M. de Trégars regagna
son flacre :

— Rue Saint-Gilles, commanda-t-il au cocher, et
bon train s'il se peut!...

Rue Saint-Gilles, les heures se traînaient lentes et mornes...

Après le départ de Maxence courant au rendez-vous de M. de Trégars, Mme Favoral et sa fille étaient restées seules avec M. Chapelain et avaient eu à subir le flot de sa colère et de ses interminables doléances.

C'était certes un homme excellent que l'ancien avoué, et trop juste pour faire retomber sur Mlle Gilberte et sa mère la responsabilité des actes de Vincent Favoral. Il ne mentait pas lorsqu'il leur affirmait avoir pour elles une affection sincère et qu'elles pouvaient compter sur son dévouement. Mais il perdait cent soixante mille francs, et quand on perd une si grosse somme on est de méchante humeur et peu disposé à l'optimisme.

Le plus cruel ennemi des pauvres femmes les eût moins impitoyablement torturées que cet ami dévoué.

Il ne leur épargna pas un détail attristant de cette réunion de la rue du Quatre-Septembre d'où il sortait.

Il leur exagérait l'assurance superbe du directeur du
Crédit mutuel, et la bénignité confiante des actionnaires.

— Ce baron de Thaller, leur disait-il, est bien le
plus impudent drôle et le plus habile gredin que j'aie
vu en ma vie. Il s'en tirera, vous verrez, les chausses
nettes et les poches pleines. Qu'il ait ou non des
complices, Vincent sera le bouc émissaire, il faut en
faire notre deuil...

Son intention formelle était de consoler Mme Favoral et Mlle Gilberte. Il eût juré de les désespérer
qu'il ne s'y fût pas pris autrement.

— Pauvres femmes! ajoutait-il, qu'allez-vous devenir! Maxence est un bon et loyal garçon, j'en suis sûr,
mais si faible, si étourdi, si avide de plaisir!... Il a
déjà bien du mal à se tirer seul d'affaire. De quel
secours vous sera-t-il?

Puis venaient les conseils :

Mme Favoral, déclarait-il, ne devait pas hésiter à
demander une séparation que le tribunal lui accorde-
rait certainement. Faute de cette précaution, elle resterait toute sa vie sous le coup des dettes de son
mari, et incessamment exposée aux avanies des
créanciers.

Et toujours son refrain était :

— Qui jamais se fût attendu à cela de Vincent!...
Un ami de vingt ans!... Cent soixante mille francs!
A qui se fier désormais!

De grosses larmes roulaient silencieusement le long
des joues flétries de Mme Favoral.

Mais Mme Gilberte était de celles pour qui la pitié d'autrui est le pire malheur et la plus poignante souffrance.

Vingt fois elle fut sur le point de s'écrier :

— Réservez votre compassion, monsieur, nous ne sommes ni si à plaindre ni si abandonnées que vous le pensez... Notre malheur nous a révélé un ami véritable, qui ne parle pas, lui, qui agit...

Enfin, comme midi sonnait, M. Chapelain se retira, en annonçant qu'il reviendrait le lendemain savoir des nouvelles et apporter encore des consolations.

— Enfin, Dieu merci! nous voilà seules ! dit Mme Gilberte à sa mère.

Elles n'eurent pas la paix pour cela.

Si grand qu'eût été le bruit du désastre de Vincent Favoral, il n'avait pas éveillé sur le coup tous les gens qui lui avaient confié leurs économies. Tant que dura le jour il y eut, pendus à la sonnette, des créanciers prévenus tardivement.

Ils entraient, malgré la servante, rouges de colère, promenant de tous côtés des regards avides, comme s'ils eussent cherché un gage à emporter.

Tous voulaient voir M. Favoral, prétendant qu'il devait être caché quelque part dans la maison, qu'ils le savaient de source sûre, et en se retirant, ils proféraient des injures grossières et toutes sortes de menaces.

Puis le papier timbré pleuvait.

La vieille portière, qui ne se fût pas dérangée pour une lettre pressée, retrouvait ses jambes de vingt ans pour monter les sommations que les huissiers apportaient par trois et quatre à l'heure.

Mme Favoral en perdait tout courage :

— Quelle honte!... gémissait-elle. Sera-ce donc toujours ainsi désormais!

Et elle s'épuisait en conjectures inutiles sur les causes de la catastrophe, cherchant dans le passé les indices qui eussent dû la prévenir et qu'elle n'avait pas discernés.

Car elle était superstitieuse, comme toutes les âmes faibles dont le malheur a brisé les ressorts et qui jamais n'ont essayé de réagir contre la destinée.

Elle rappelait que le mois d'avril lui avait de tout temps été funeste, et que c'était toujours un samedi qu'elle avait eu ses grands sujets d'affliction.

C'était un samedi qu'elle avait perdu sa mère, un samedi qu'elle avait été mariée, un samedi qu'elle avait vu M. de Thaller pour la première fois et que Vincent Favoral était entré au *Crédit mutuel*...

Tels étaient l'affaissement de son esprit et le désordre de sa pensée, qu'elle ne savait plus qu'espérer ni que craindre, et que d'une minute à l'autre elle souhaitait les choses les plus contradictoires.

Elle eût voulu savoir son mari en sûreté à l'étranger, et cependant elle se fût estimée moins malheureuse si elle l'eût su caché près d'elle, dans Paris. Il avait eu bien raison, disait-elle, de s'enfuir, et néanmoins elle en était à envier le sort de ces pauvres femmes dont le mari est à Mazas et qui obtiennent la permission de le visiter plusieurs fois la semaine.

Et obstinément les mêmes questions lui revenaient aux lèvres :

— Où est-il en ce moment ? que fait-il ? à quoi pense-t-il ? Comment a-t-il l'affreux courage de nous laisser sans nouvelles ? Est-il possible que ce soit une femme qui l'ait poussé à l'abîme ?... Et si oui, quelle est cette femme ?...

Bien autres étaient les pensées de Mlle Gilberte...

Le grand malheur qui atteignait sa famille venait d'amener la brusque réalisation de ses espérances. La catastrophe de son père lui avait donné l'occasion d'éprouver l'homme qu'elle aimait et de le trouver supérieur à ce qu'elle eût oser rêver. Le nom de Favoral était à jamais flétri, mais elle allait être la femme de Marius, la marquise de Trégars...

Et dans la candeur de son honnêteté, elle s'accusait de ne pas prendre assez de part à la douleur de sa mère, et elle s'indignait de sentir au dedans d'elle-même des tressaillements de joie...

— Où est Maxence, demandait cependant Mme Favoral, où est M. de Trégars ? Comment ne nous ont-ils rien dit de leurs démarches..

— Ils rentreront sans doute pour dîner, répondait Mlle Gilberte.

C'était si bien sa conviction, qu'elle avait donné des ordres à la servante pour que le dîner fût un peu meilleur que de coutume, et tout ce qu'elle avait de sang lui affluait au cœur à l'idée qu'elle allait être bientôt assise près de Marius, entre sa mère et son frère.

Vers six heures, un violent coup de sonnette re-
tentit.

— C'est lui ! fit la jeune fille, en se levant tout
palpitante.

Non. C'était encore la portière. Elle apportait, cette
fois, une assignation qui enjoignait à Mme Favoral,
sous les peines édictées par la loi, d'avoir à se présenter le lendemain, à une heure précise, devant le
juge d'instruction Barban d'Avranchel, en son cabinet,
au Palais-de-Justice.

La pauvre femme faillit se trouver mal.

— Vincent serait-il arrêté ? balbutia-t-elle.

Et tout de suite :

— Que veut de moi ce juge ? ajouta-t-elle. Il devrait être défendu d'appeler en témoignage une
femme contre son mari, des enfants contre leur père...

— M. de Trégars te dira comment répondre,
maman, fit Mlle Gilberte.

Mais sept heures sonnèrent, puis huit heures, ni
M. de Trégars, ni Maxence ne paraissaient.

L'inquiétude s'emparait de la mère et de la fille,
quand enfin, un peu avant neuf heures, elles entendirent des pas dans l'antichambre.

Marius de Trégars parut presque aussitôt.

Il était pâle, et son visage portait les traces des
écrasantes fatigues de la journée, des soucis qui
l'agitaient et des réflexions que lui avait inspirées
la provocation dont il avait failli être dupe l'instant
d'avant.

— Maxence n'est pas ici ? demanda-t-il tout d'abord.

— Nous ne l'avons pas vu, répondit Mlle Gilberte

Il parut si surpris que Mme Favoral, épouvantée, s
dressa.

— Qu'est-ce encore, mon Dieu! s'écria-t-elle.

— Rien, madame, dit M. de Trégars, rien qui doiv.
vous inquiéter. Forcé il y a une couple d'heures de
me séparer de Maxence, je lui avais donné rendez
vous ici... S'il n'y est pas, c'est qu'il aura été retenu..
je sais où, et je vous demande la permission d'y
courir...

Il sortit, en effet, mais Mlle Gilberte le suivit dans
l'antichambre, et lui prenant la main :

- Que vous êtes bon, commença-t-elle, et comment vous remercier jamais...

Il l'arrêta :

— Oh! vous ne me devez pas de remercîments, ma
bien-aimée, car il y a dans mon fait plus d'égoïsme
que vous ne croyez. C'est ma cause encore plus que la
vôtre que je défends... Du reste, tout va bien, ayez
confiance !...

Et sans vouloir s'expliquer davantage, il reprit sa
course.

C'est qu'en effet il croyait bien savoir où retrouver
Maxence. Il ne doutait pas que Maxence en le quittan
n'eût couru à l'*Hôtel des Folies*, rendre compte à
Mlle Lucienne des démarches de la journée. Et s'il était
contrarié qu'il s'y fût attardé, à la réflexion il ne s'en
étonnait pas.

C'est donc à l'*Hôtel des Folies* qu'il se rendait.
Maintenant qu'il avait démasqué ses batteries et en-

gagé la lutte, il ne lui déplaisait pas de se trouver en face de Mlle Lucienne.

En moins de cinq minutes il eut atteint le boulevard du Temple.

Devant l'étroit couloir des honorables époux Fortin, une douzaine de badauds stationnaient et causaient le nez en l'air.

M. de Trégars s'avança, prêtant l'oreille.

— C'est un épouvantable accident, disait l'un, une si jolie fille, toute jeune !...

— Moi, déclarait un autre, c'est le cocher que je plains, car enfin, si cette jolie coquine était dans cette voiture, c'était pour son plaisir, tandis que le pauvre cocher faisait son état, lui !...

De tout temps le Parisien a été curieux et quelque peu badaud.

Huit jours après qu'une femme s'est jetée par la fenêtre, il y a encore des groupes devant la maison, des gens qui restent des heures, plantés sur leurs jambes, mesurant de l'œil la hauteur de l'étage, tâtant le pavé du bout de leur canne et épiloguant sur les circonstances du drame.

M. de Trégars savait cela, mais un pressentiment confus lui serrait le cœur.

S'adressant à l'un de ces braves bourgeois :

— Avez-vous des détails ? lui demanda-t-il.

Flatté de la confiance :

— Certes, j'en ai, répondit-il, étant négociant du quartier... Je n'ai pas vu la chose personnellement de mes yeux, mais ma femme l'a vue... C'était terrible...

La voiture, une superbe voiture de maître, ma foi
venait du côté de la Madeleine. Les chevaux étaient
emportés et déjà il y avait eu un malheur, place du
Château-d'Eau, une vieille femme avait été renver-
·ée... Tout à coup, tenez, là-bas, en face du magasin
de jouets, qui est le mien, voilà que la roue de la voiture
accroche la roue d'un énorme camion, et aussitôt, pata-
tras ! le cocher est jeté à terre et aussi la dame qu'il
conduisait, qui est une belle fille qui demeure dans
cet hôtel...

—·Plantant là le complaisant narrateur, M. de Trégars
se précipita dans l'étroit couloir de l'*Hôtel des Folies*

Et·au moment où il arriva dans la cour, il se trouva
en présence de Maxence...

Blême, la tête nue, les yeux égarés, secoué par un
horrible tremblement nerveux, le pauvre garçon semblait un fou...

Apercevant M. de Trégars :

— Ah ! mon ami, s'écria-t-il, quel malheur !...

— Lucienne ?

— Morte, peut-être... Le médecin ne répond pas
d'elle... Je cours chez le pharmacien faire exécuter
une ordonnance...

Il fut interrompu par le commissaire de police dont
la bienveillante protection avait jusqu'à ce jour pré-
servé Mⁱˡᵉ Lucienne.

Il sortait de la petite pièce du rez-de-chaussée qui
servait aux époux Fortin de chambre, de bureau et de
salle à manger...

A la lueur du bec de gaz qui éclairait la cour, il avait

reconnu Marius de Trégars. Il vint à lui, et lui serrant la main :

— Eh bien! fit-il, vous savez...

— Oui.

— C'est ma faute, monsieur le marquis, c'est ma très-grande faute, car nous étions prévenus... Je savais si bien que l'existence de Lucienne était menacée, j'attendais si positivement une nouvelle tentative, que chaque fois qu'elle sortait en voiture, c'était un de mes hommes, revêtu d'une livrée de valet de pied, qui montait sur le siége, près du cocher... Aujourd'hui, mon homme avait tant de besogne, que je me suis dit: « Bast, pour une fois!... » Vous voyez ce qui en est résulté...

C'est avec un inexprimable étonnement que Maxence écoutait. C'est avec une stupeur profonde qu'il découvrait entre Marius et le commissaire cette intimité sérieuse qui résulte de longues relations, d'une estime réelle et d'espérances communes.

— Ainsi, reprit M. de Trégars, ce n'est pas un accident ?

— Non.

— Le cocher a parlé, sans doute?

— Non, le misérable a été tué sur le coup...

Et sans attendre une nouvelle question :

— Mais ne restons pas là, reprit le commissaire. Pendant que Maxence va courir chez le pharmacien, entrons dans le bureau des époux Fortin.

Il ne s'y trouvait que le mari, la femme étant en ce moment près de Mlle Lucienne.

— Faites-moi le plaisir d'aller vous promener un quart d'heure, lui dit le commissaire de police, nous avons à causer, monsieur et moi...

Humblement, sans souffler mot, en homme qui se rend justice et qui a conscience des égards qui lui sont dus, le sieur Fortin s'esquiva.

Et tout aussitôt :

— Il est clair, monsieur le marquis, reprit le commissaire, il est manifeste qu'un crime a été commis. Écoutez et jugez :

Je sortais de table, lorsqu'on est venu me prévenir de ce qu'on appelait l'accident de notre pauvre Lucienne. Sans même prendre le temps de changer de vêtements, j'accours. La voiture gisait en mille pièces sur la chaussée. Deux sergents de ville maintenaient les chevaux dont ils s'étaient rendus maîtres. Je m'informe : on m'apprend que Lucienne, relevée par Maxence, a pu se traîner jusqu'à l'*Hôtel des Folies*, et que le cocher a été porté chez le pharmacien le plus proche. Désespéré de ma négligence et tourmenté de vagues soupçons, c'est chez le pharmacien que je me rends en toute hâte. Le cocher était dans l'arrière-boutique, étendu sur un matelas.

Sa tête ayant porté contre l'angle du trottoir, il avait le crâne ouvert et venait de rendre le dernier soupir. C'était, en apparence, l'anéantissement de l'espoir que j'avais de m'éclairer en interrogeant cet homme. Cependant, j'ordonne qu'on le fouille. On ne découvre sur lui aucun papier de nature à établir son identité. Mais dans une des poches de son pantalon,

savez-vous ce qu'on trouve? Vingt billets de banque
de cent francs soigneusement enveloppés dans un
fragment de journal.

M. de Trégars avait tressailli.

— Quelle révélation !... murmura-t-il.

Ce n'était pas aux circonstances actuelles que s'appliquait ce mot.

Mais le commissaire de police devait s'y méprendre.

— Oui, c'était une révélation, reprit-il. Pour moi,
ces deux mille francs valaient un aveu ; ils ne pouvaient être que les arrhes d'un crime. Aussi, sans perdre
une minute, je saute dans un fiacre et je me fais conduire
chez Brion. Tout le monde y était sens dessus dessous,
car on venait d'y ramener les chevaux. J'interroge, et
dès les premiers mots la justesse de mes présomptions m'est démontrée. Le misérable qui venait de
mourir n'était pas un cocher de Brion. Voici ce qui
était arrivé. A deux heures, lorsque la voiture com-
mandée par M. Van-Klopen avait dû sortir pour venir
prendre Lucienne, on avait dû envoyer chercher le
cocher et le valet de pied, qui s'étaient attardés à
boire dans un cabaret voisin, avec un individu qui était
venu les voir dans la matinée. Ils étaient un peu avinés, mais pas assez pour qu'il fût imprudent de leur
confier des chevaux, et même on devait croire que le
grand air les dégriserait. Ils étaient donc partis, mais
ils n'étaient pas allés fort loin, car un de leurs camarades les avait vus arrêter la voiture devant un mar-

chand de vins et y rejoindre ce même individu avec
lequel ils avaient riboté toute la matinée...

— Et qui n'était autre que l'homme qui est mort?

— Attendez. Ces renseignements obtenus, je me fais
indiquer le marchand de vins, j'y cours et je demande
le cocher et le valet de pied de Brion. Ils y étaient
encore, et on me les montre, dans un cabinet particulier, étendus à terre et dormant... J'essaie de les réveiller, inutile! Je commande de les arroser largement,
peine perdue! Un broc d'eau fraîche qu'on leur lance
à la face ne leur arrache qu'un grognement inarticulé...
Je devine sur-le-champ ce qu'on leur a fait prendre.
J'envoie chercher un médecin et je demande au marchand de vins des explications. C'est son garçon et sa
femme qui me répondent. Ils me racontent que vers
deux heures est entré chez eux un homme qui leur a
dit être un employé de Brion, et qui leur a commandé
de servir trois verres pour lui et deux camarades qui
vont venir.

Ils servent, et l'instant d'après, une voiture s'arrête
à la porte et un cocher et un valet de pied en descen-
dent. Ils étaient, prétendaient-ils, très-pressés et ne
voulaient qu'avaler une tournée. Ils en avalent trois
coup sur coup, puis ils font venir un litre... Ils oubliaient
évidemment leurs chevaux qu'ils avaient donné à tenir
au commissionnaire du coin. Bientôt l'homme propose
une partie. Les autres acceptent, et les voilà installés
dans le cabinet, tapant du poing sur la table pour
demander du vin bouché. La partie dura bien vingt
minutes. Au bout de ce temps, l'homme qui s'est pré-

senté le premier reparaît, l'air très-contrarié, disant
que c'est bien désagréable, ce qui arrive, que ses camarades sont ivres-morts, qu'ils vont manquer leur service et que le patron, qui tient à contenter ses pratiques,
les chassera certainement. Bien qu'il eût bu autant et
même plus que les autres, il avait tout son sang-froid.
Après avoir réfléchi un moment :

— « Il me vient une idée, fait-il... Entre amis on
« doit s'entr'aider, n'est-ce pas ?... Je vais prendre la
« livrée du cocher et conduire à sa place... Justement
« je connais la pratique qu'il allait chercher, c'est une
« vieille dame très-bonne, et je lui conterai un men-
« songe pour expliquer l'absence du valet de pied... »

Persuadés qu'ils ont affaire à un employé de Brion,
la femme du marchand de vins et son garçon ne trouvent rien à redire à ce beau projet.

Le bandit revêt la livrée du cocher endormi, monte
sur le siége à sa place et part après avoir dit qu'il
reviendra prendre ses camarades dès que son service
sera fini, que sans doute à ce moment ils seront dégri-
sés.

M. de Trégars connaissait assez le savoir-faire du
commissaire de police pour ne pas s'étonner de sa
promptitude à obtenir des renseignements précis.

Déjà il poursuivait :

— Juste comme je terminais mon interrogatoire, le
médecin arrive. Je lui montre mes ivrognes, et immédiatement il reconnaît que j'ai deviné juste et que ces
hommes ont été endormis avec un de ces narcotiques
dont se servent certains voleurs pour dépouiller leurs

victimes. Une potion qu'il leur administre, en leur
desserrant les dents avec une lame de couteau, les tire
de leur léthargie. Ils ouvrent les yeux et bientôt sont
en état de répondre à mes questions. Ils sont furieux
du tour qui leur a été joué, mais ils ne connaissent
pas l'homme. Ils l'ont vu, me jurent-ils, pour la première fois le matin même, et ils ignorent jusqu'à son
nom...

Il n'était plus de doute possible après de si com-
plètes explications.

Le commissaire de police avait bien vu et il le prou-
vait.

Ce n'était pas d'un vulgaire accident que venait
d'être victime Mlle Lucienne, mais d'un crime labo-
rieusement conçu et exécuté avec une audace inouïe,
d'un de ces crimes comme il ne s'en commet que trop,
dont les combinaisons, neuf fois sur dix, écartent jusqu'au soupçon et déjouent tous les efforts de la justice
humaine.

Comment les choses s'étaient passées, M. de Trégars désormais le discernait aussi clairement que s'il
lui eût été donné de recueillir l'aveu des coupables.

Un homme s'était trouvé pour exécuter ce périlleux
rogramme :

Lancer des chevaux à fond de train, jusqu'à les
aire s'emporter, et accrocher quelque lourde charrette.

Le misérable jouait sa vie, à ce jeu, la légère voiture devant infailliblement être brisée en mille pièces.
Mais il avait dû compter sur son adresse et son sang-

froid pour éviter le choc, pour sauter à terre sain et
sauf, pendant que Mlle Lucienne, lancée sur le pavé,
serait probablement tuée sur le coup...

L'événement avait trompé ses calculs, et il avait été
victime de sa scélératesse, mais sa mort était un malheur.

— Car maintenant, reprit le commissaire de police,
voilà rompu entre nos mains le fil qui infailliblement
nous eût conduit à la vérité. Qui a commandé et payé
le crime? Nous le savons, puisque nous savons à qui
le crime profite. Cela ne nous suffit pas : il faut à la
justice plus que des preuves morales. Vivant, ce bandit eût parlé. Sa mort assure l'impunité des misérables
dont il n'était que l'instrument.

— Peut-être! dit M. de Trégars.

Et ce disant, il sortait de sa poche et montrait le
billet trouvé dans le portefeuille de Vincent Favoral,
ce billet si obscur la veille, et à cette heure si terriblement clair :

« Je ne conçois rien à votre négligence. Il faudrait
« en finir avec l'affaire Van-Klopen... là est le dan-
« ger... »

Le commissaire de police n'y jeta qu'un coup d'œil,
et répondant aux objections de sa vieille expérience,
bien plus qu'il ne s'adressait à M. de Trégars :

— On ne saurait le contester, murmura-t-il, c'est
au crime d'aujourd'hui qu'ont trait ces recommandations si pressantes; et adressées à Vincent Favoral,
elles attestent sa complicité. C'est lui qui s'était chargé
d'en finir avec l'affaire Van-Klopen, c'est-à-dire avec

Lucienne. C'est lui, j'en mettrais la main au feu, qui avait traité avec le faux cocher.

Il demeura plus d'une minute plongé dans ses réflexions, puis :

— Mais qui adressait ces recommandations à Vincent Favoral ? reprit-il. Le savez-vous, monsieur le marquis ?...

Ils se regardaient, et le même nom leur montait aux lèvres :

— La baronne de Thaller...

Ce nom, cependant, ils ne le prononcèrent pas...

Le commissaire de police s'était rapproché du bec de gaz qui éclairait le bureau des époux Fortin, et chaussant ses lunettes, il examinait le billet avec la plus méticuleuse attention, étudiant le grain et la transparence du papier, l'encre, les caractères...

Et à la fin :

— Ce billet, déclara-t-il, ne saurait constituer une preuve manifeste, matérielle, telle qu'il nous la faut pour obtenir, d'un juge d'instruction, un mandat d'amener...

Et Marius se récriant :

— Ce billet, insista-t-il, est écrit de la main gauche, avec de l'encre ordinaire, sur du papier écolier, tel qu'il s'en trouve partout... Or, toutes les écritures de la main gauche se ressemblent... Concluez.

Mais M. de Trégars ne se tenait pas pour battu.

— Attendez ! interrompit-il.

Et brièvement, bien qu'avec la dernière exactitude, il se mit à raconter sa visite à l'hôtel de Thaller, son

entretien avec Mlle Césarine, avec la baronne ensuite,
et enfin avec le baron.

C'est d'une façon saisissante qu'il retraçait la scène
qui avait eu lieu dans le grand salon, entre Mme de
Thaller et un homme de mine plus que suspecte, cette
scène dont une glace lui avait livré jusqu'au moindre
détail...

Le sens en éclatait, désormais, plus clair que le
jour.

Cet homme de mine suspecte avait été un des entre-
metteurs du meurtre, de là le trouble de la baronne
quand il lui avait fait passer sa carte, et sa précipitation
à le rejoindre. Si elle avait eu un mouvement d'effroi
lorsqu'il lui avait adressé la parole, c'est qu'il lui annonçait l'accomplissement du crime. Si elle avait eu
ensuite un geste de joie, c'est qu'il lui apprenait que
le cocher avait été tué du même coup et qu'elle se
trouvait ainsi débarrassée d'un complice dangereux...

Le commissaire de police hochait la tête.

— Tout cela est probable, murmurait-il, mais ce
n'est que probable...

De nouveau M. de Trégars l'arrêta.

— Je n'ai pas terminé, fit-il.

Et il poursuivit plus vite, disant à quel guet-apens
il venait d'échapper, comment tout à coup, dans un
restaurant, il avait été brutalement provoqué par un
inconnu, comment il s'était précipité sur cet abject
drôle et lui avait arraché une lettre accablante et qui
ne pouvait laisser de doutes sur la mission dont il
s'était chargé.

Les yeux du commissaire de police étincelaient.

— Cette lettre ! s'écria-t-il, cette lettre !...

Et dès qu'il l'eut parcourue :

— Ah ! cette fois, reprit-il, je crois que nous l'emportons... « Il s'agit de faire tenir tranquille un monsieur gênant... » Le marquis de Trégars, parbleu ! qui est sur la bonne piste... « Ce sera pour vous « l'affaire d'un coup d'épée... » Naturellement, les morts ne gênent personne... « Ce sera pour nous « l'occasion de partager une somme assez ronde... » Honnête commerce, en vérité !...

L'excellent homme se frottait les mains à s'enlever l'épiderme.

— Enfin, nous tenons un fait positif, continuait-il, une base où asseoir nos accusations... Soyez tranquille : cette lettre va nous livrer le gredin qui vous a provoqué, qui nous livrera l'entremetteur, qui ne manquera pas de nous livrer la baronne de Thaller... Lucienne sera vengée !... Si avec cela nous pouvions mettre la main sur Vincent Favoral !... Mais bast ! on finira bien par le dénicher. J'ai vu ce tantôt le juge d'instruction chargé de l'affaire du *Crédit mutuel*, et sur un mot de lui, la préfecture a mis en campagne deux gaillards qui ont un flair supérieur et qui savent leur métier...

Mais il fut interrompu par Maxence qui rentrait hors d'haleine, tenant à la main les médicaments qu'il était allé chercher...

— J'ai cru, dit-il, que ce pharmacien n'en finirait jamais !

Et désolé d'être resté si longtemps absent, inquiet et pressé de remonter :

— Ne voulez-vous pas voir Lucienne ? ajouta-t-il, s'adressant à M. de Trégars bien plus qu'au commissaire de police.

Pour toute réponse, ils le suivirent.

C'était un pauvre logis que la chambre de Mlle Lucienne, sans autres meubles qu'un étroit lit de fer, une commode boiteuse, quatre chaises de paille et une petite table. Au lit et aux fenêtres étaient des rideaux de calicot blanc, dont la bordure, jadis bleue, était devenue jaune à la lessive.

Souvent Maxence avait supplié son amie de prendre un logement plus confortable, toujours elle avait refusé.

— Il faut économiser, répondait-elle; cette chambre me suffit, et d'ailleurs j'y suis habituée.

Lorsque M. de Trégars et le commissaire y arrivèrent, la maîtresse de l'*Hôtel des Folies*, l'estimable Mme Fortin, était accroupie devant la cheminée où elle avait allumé du feu et où elle surveillait une tisane.

Entendant des pas, elle se dressa, et le doigt sur les lèvres :

— Chut ! fit-elle, prenez garde de la réveiller !

Précaution inutile :

— Je ne dors pas, fit Mlle Lucienne d'une voix faible; mais qui donc est là ?

— Moi, répondit Maxence en s'avançant vers le lit.

Il ne fallait que voir la pauvre jeune fille pour comprendre les épouvantables angoisses de Maxence.

Elle était plus blanche que le drap, et la fièvre, cette
fièvre horrible qui suit les graves blessures, donnait
à ses yeux un éclat sinistre.

— Vous n'êtes pas seul, Maxence, reprit-elle.

— Je suis avec lui, mon enfant, répondit le commissaire. Je viens vous demander pardon de vous
avoir si mal protégée...

D'un geste triste et doux, elle hochait la tête :

— C'est moi qui ai manqué de prudence, interrompit-elle, car aujourd'hui, en route, il m'avait semblé m'apercevoir de quelque chose... J'ai eu peur
d'avoir peur pour rien !... Mais bast! ce qui est arrivé ce soir serait quand même arrivé un jour ou
l'autre... Les misérables qui depuis tant d'années
s'acharnent après moi doivent être contents... Ils
vont être débarrassés de moi...

— Lucienne !... fit douloureusement Maxence.

M. de Trégars, à son tour, s'était approché.

— Vous vivrez, mademoiselle, prononça-t-il d'une
voix émue, vous vivrez pour apprendre à aimer la
vie...

Et comme elle arrêtait sur lui ses grands yeux surpris :

— Vous ne me connaissez pas, ajouta-t-il.

Timidement, et comme si elle eût douté de la réalité :

— Vous, fit-elle, le marquis de Trégars...

— Oui, mademoiselle... votre frère...

Arbitre des événements, Marius de Trégars ne se
fût, certainement, ni si vite, ni si complétement découvert.

Mais comment demeurer maître de soi, devant ce lit
où une pauvre fille allait mourir peut-être, sacrifiée
aux terreurs et aux convoitises de la misérable qu
était sa mère, mourir à vingt ans, victime du plus
lâche et du plus odieux des crimes! Comment se défendre d'une immense pitié, à la vue de cette infortunée qui avait enduré tout ce que peut souffrir une
créature humaine, dont la vie n'avait été qu'une lutte
douloureuse, dont le courage s'était haussé au-dessus
de toutes les adversités, et qui avait su traverser sans
une souillure toutes les fanges parisiennes!...

Marius d'ailleurs n'était pas de ces hommes qui se
défient de leur premier mouvement; qui ne s'émeu-
vent qu'à bon escient; qui réfléchissent et calculent
avant de s'abandonner aux inspirations de leur cœur.

Lucienne était bien la fille du marquis de Trégars,
il en avait acquis la certitude absolue; il savait que le
même sang coulait dans leurs veines... Il le lui dit.

Et il le lui dit surtout parce qu'il la jugeait en danger
et qu'il voulait, si elle venait à mourir, qu'elle eût eu
du moins cette joie suprême.

Pauvre Lucienne... Jamais elle n'avait osé rêver
un tel bonheur. Tout son sang afflua à ses joues, et
d'un accent où vibrait toute son âme :

— Ah! maintenant, oui, prononça-t-elle, oui, je
voudrais vivre !

Le commissaire de police, lui aussi, était ému :

— Soyez sans inquiétude, mon enfant, dit-il de sa
bonne voix, avant quinze jours vous serez sur pieds ;
M. de Trégars est un fameux médecin !

Cependant elle avait essayé de se soulever sur ses oreillers, et ce seul mouvement lui avait arraché un cri de douleur :

Mon Dieu! que je souffre!

—Voilà ce que c'est que de ne pas vous tenir tranquille, ma chérie, fit la Fortin, d'un ton de gronderie maternelle. Oubliez-vous donc que le docteur vous a expressément défendu de bouger ?

C'est que c'était une femme de tête, que l'hôtesse de l'*Hôtel des Folies*, et dont rien n'était capable d'altérer l'admirable sang-froid. En ce moment même, elle se creusait la cervelle à chercher quel profit elle pourrait bien tirer de cette aventure.

Appelant dans l'embrasure de la fenêtre le commissaire de police, M. de Trégars et Maxence, elle se mit à leur expliquer avec force soupirs qu'il était fort imprudent de troubler le repos de Mlle Lucienne. Elle était bien malade, la chère fille, affirmait l'estimable hôtelière, bien plus malade que ces messieurs ne l'imaginaient. Elle avait été horriblement meurtrie, une de ses épaules était luxée, et le médecin redoutait quelqu'une de ces lésions internes dont les symptômes mortels ne se révèlent que plus tard...

Son avis était donc qu'on se hâtât d'envoyer chercher une garde-malade.

Certes, il lui eût été doux de passer la nuit au chevet de sa chère locataire; mais elle n'y devait pas songer, réclamée qu'elle était par les soins de son hôtel, car elle ne pouvait se reposer en rien sur son mari, le sieur Fortin étant d'une santé très-délicate et ayant un sommeil si profond qu'on pouvait bien

briser toutes les sonnettes sans l'éveiller assez pour
tirer le cordon.

Heureusement elle connaissait dans le voisinage
une veuve qui était l'honnêteté même, et qui n'avait
pas sa pareille pour soigner les malades... Devait-elle
la faire prévenir?... Car il était absolument nécessaire
que Mlle Lucienne eût une femme près d'elle...

C'est d'un regard inquiet et suppliant que Maxence
consultait M. de Trégars. Dans ses yeux se lisait la
proposition qui lui brûlait les lèvres:

— Si j'allais chercher Gilberte?

Cette proposition, il n'eut pas le temps de la formuler.

Si bas qu'on eût parlé, Mlle Lucienne avait entendu.

— J'ai une amie, dit-elle, qui, certainement, me ren-
drait ce triste service de me veiller.

Les autres se rapprochèrent.

— Quelle amie? interrogea le commissaire de police.

— Vous la connaissez bien, monsieur, c'est cette
pauvre fille qui m'avait recueillie chez elle, aux Batignolles, à ma sortie de l'hôpital, qui m'est venue en
aide pendant la Commune, et que vous avez tirée des
prisons de Versailles...

— Savez-vous donc ce qu'elle est devenue?...

— Je le sais depuis hier que j'ai reçu une lettre
d'elle. Oh! une lettre bien amicale. Elle m'écrit qu'elle
a trouvé de l'argent pour monter un atelier de couturière et qu'elle compte sur moi pour l'aider et surveiller ses ouvrières. C'est rue Saint-Lazare qu'elle va

s'établir, ces jours-ci, et en attendant, elle demeure rue du Cirque...

M. de Trégars et Maxence avaient tressailli.

— Comment donc s'appelle votre amie ? demandèrent-ils vivement.

— Zélie Cadelle.

Ignorant les détails de la visite des deux jeunes gens rue du Cirque, le commissaire de police ne pouvait s'expliquer leur trouble.

— Je crois, dit-il, qu'il serait peu convenable de s'adresser maintenant à cette fille.

— C'est à elle seule, au contraire, que nous devons recourir, interrompit M. de Trégars.

Et comme il avait ses raisons de se défier de la Fortin, il entraîna le commissaire hors de la chambre, sur le palier, et là, en deux mots, il lui expliqua que cette Zélie était précisément la femme qu'il avait trouvée rue du Cirque, dans ce somptueux hôtel où Vincent Favoral, sous le nom de M. Vincent, menait, au dire des voisins, un train de prince.

Le commissaire de police était confondu.

Comment n'avait-il pas su cela plus tôt !... A quoi tiennent cependant les destinées !... Enfin, mieux valait tard que jamais.

— Ah ! vous avez raison cent fois, monsieur le marquis, déclara-t-il. Cette fille, évidemment, doit connaître le secret de Vincent Favoral, le mot de l'énigme que nous cherchons en vain... Ce qu'elle n'a pas dit à vous, un étranger, elle le dira à Lucienne, son amie...

Maxence s'offrait pour courir chercher Zélie Cadelle.

— Non, lui répondit Marius, elle n'aurait qu'à vous connaître, elle se défierait, elle refuserait de venir.

C'est donc le sieur Fortin qui fut expédié rue du Cirque, et qui partit en maugréant, encore bien qu'on lui eût donné cent sous pour sa course et cent sous pour prendre une voiture...

— Et maintenant, dit le commissaire de police à Maxence, nous allons, vous et moi, nous retirer, moi parce que ma qualité de commissaire effaroucherait Mme Cadelle, vous parce qu'étant le fils de Vincent Favoral vous la gêneriez certainement...

Ils sortirent donc, mais M. de Trégars ne resta pas longtemps seul avec Mlle Lucienne.

Le sieur Fortin avait eu la délicatesse de ne pas muser en route.

Onze heures sonnaient, lorsque Zélie Cadelle entra comme un tourbillon dans la chambre de son amie.

Telle avait été sa hâte d'accourir, qu'elle n'avait pas pensé à sa toilette. Elle avait campé sur ses cheveux dépeignés le premier chapeau qui lui était tombé sous la main, et jeté un châle sur le vieux peignoir que Marius lui avait vu le tantôt.

— Comment, ma pauvre Lucienne, s'écria-t-elle, tu serais si malade que cela !...

Mais elle s'arrêta court ; elle venait de reconnaître M. de Trégars ; et d'un ton soupçonneux :

— Voilà une rencontre !... fit-elle.

Marius s'inclina.

— Vous connaissez Lucienne ?

Ce qu'elle entendait par là, il le comprit.

— Lucienne est ma sœur, madame, dit-il froidement.

Elle haussa les épaules.

— Quelle blague!...

— C'est la vérité, affirma Mlle Lucienne, je te le jure, et tu sais que je ne mens jamais...

Mme Zélie tombait des nues.

— Puisque tu le dis!... grommela-t-elle... Mais c'est égal, c'est raide...

D'un geste, M. de Trégars lui imposa silence :

— C'est même parce que Lucienne est ma sœur, reprit-il, que vous la voyez là, sur ce lit... On a tenté aujourd'hui de l'assassiner...

— Oh!...

— C'est sa mère qui a essayé de se défaire d'elle, pour s'emparer de la fortune que mon père lui avait léguée... Et il y a tout lieu de croire que le guet-apens a été combiné par Vincent Favoral...

Mme Zélie ne comprenait pas bien, mais lorsque Marius et Mlle Lucienne lui eurent appris ce qu'il était utile qu'elle sût :

— Ah ça, mais, s'écria-t-elle, c'est une affreuse canaille que le papa Vincent !

Et comme M. de Trégars restait muet :

— Ce tantôt, reprit-elle, je ne vous ai pas menti, mais je ne vous ai pas tout dit...

Elle s'arrêta, et après un moment de délibération :

— Tant pis pour le père Vincent ! poursuivit-elle, Ah ! il a voulu tuer Lucienne. Eh bien ! vous allez savoir

tout ce que je sais. Primo, il ne m'était rien de rien...
Dame! ce n'est pas très-flatteur pour moi, mais c'est
comme cela... Jamais il ne m'a seulement embrassé le
bout du doigt... Il disait comme cela qu'il m'aimait, mais
qu'il me respectait encore plus parce que je ressemblais
à une fille qu'il avait perdue... Vieux farceur ! Et moi
qui le croyais ! Car je le croyais, parole d'honneur ! dans
les commencements... Mais on n'est pas si bête qu'on
en a l'air... Je n'ai pas tardé à reconnaître qu'il se
moquait de moi, et qu'il ne m'avait que pour détourner
les soupçons d'une autre femme...

— De quelle femme?...

— Ah! dame, ni moi non plus! Tout ce que je sais,
c'est qu'elle est mariée, qu'il en est fou, et qu'elle doit
filer avec lui...

— Il n'est donc pas parti?

Le visage de Mme Cadelle s'était assombri, et pendant une bonne minute elle parut hésiter.

— Savez-vous, dit-elle enfin, que ma réponse va
me coûter gros. On m'a promis le Pérou, mais je ne
le tiens pas... si je parle, bonsoir, je n'aurai rien.

M. de Trégars ouvrait la bouche pour la rassurer,
elle lui coupa la parole :

— Eh bien! non, fit-elle, le père Vincent n'est pas
parti. Il a monté une comédie pour dépister, à ce qu'il
m'a dit, le mari de sa belle, il a fait filer des tas de
bagages à l'étranger, mais il est resté à Paris.

— Et vous savez où il se cache ?

— Rue Saint-Lazare, parbleu! dans le logement
que j'ai loué il y a quinze jours...

D'une voix que faisait trembler l'émotion d'un succès presque certain :

— Consentiriez-vous à m'y conduire ? demanda M.
de Trégars.

— Quand vo us le voudrez... dès demain.

XI

En sortant de la chambre de Mlle Lucienne :

— Rien ne me retient plus à l'*Hôtel des Folies,*
dit le commissaire de police à Maxence. Tout ce qui
est possible sera fait et bien fait par le marquis de
Trégars. Donc, je regagne mon logis et je vous em-
mène, j'ai de la besogne par-dessus la tête, vous
me donnerez un coup de main...

Ce n'était rien moins qu'exact, ce qu'il disait là ;
mais il craignait que Maxence, dont la tête était absolument perdue, ne commît quelque imprudence et
ne compromît le succès de la mission de M. de
Trégars.

Il s'efforçait de penser à tout, de livrer au hasard
le moins possible, en homme qui a vu les entreprises
les mieux combinées échouer faute d'une futile précaution.

Une fois dans la cour, il ouvrit la porte de la loge
où les honorables époux Fortin délibéraient et échangeaient leurs conjectures au lieu de songer à se

mettre au lit. Car ils étaient extraordinairement~intrigués de tous ces événements qui se succédaient, et inquiets de tant d'allées et de venues. Et leur locataire, Lucienne, qui tout à coup se trouvait la sœur d'un marquis !...

— Je rentre chez moi, leur dit le commissaire, mais avant, écoutez une recommandation : vous ne laisserez monter personne, vous m'entendez bien, personne d'étranger près de Mlle Lucienne. Et rappelez-vous que je n'admettrais aucune excuse, et qu'il ne s'agirait pas de venir me dire après : « Ce n'est pas notre faute, on ne voit pas tous les gens qui entrent, » et autres niaiseries...

Il s'exprimait de ce ton dur et impérieux dont les hommes de police ont le secret, lorsqu'ils s'adressent à des gens que leur conduite a fait tomber sous leur dépendance...

— Nous allons fermer notre porte, répondirent les estimables hôteliers. Monsieur le commissaire peut être tranquille...

— Je le suis, parce que si vous veniez à me désobéir j'en serais averti, et qu'il en résulterait pour vous les plus graves désagréments... Outre que votre hôtel serait fermé sans miséricorde, vous vous trouveriez impliqués dans une très-mauvaise affaire...

La plus ardente curiosité flambait dans les petits yeux de la Fortin.

— J'ai bien compris tout de suite, commença-t-elle. qu'il se passait quelque chose d'extraordinaire...

Mais le commissaire lui coupa la parole.

— Je n'ai pas fini. Il se peut que ce soir ou demain il se présente quelqu'un qui vous demande des nouvelles de Mlle Lucienne...

— Et alors ?

— Vous répondrez qu'elle est au plus mal, et qu'elle n'a ni prononcé une parole ni repris connaissance depuis sa chute, et que certainement elle ne passera pas la journée...

L'effort que s'imposait la Fortin, pour garder le silence, donnait mieux que tout la mesure de la frayeur que lui inspirait le commissaire.

— Ce n'est pas tout, poursuivit-il. Dès que le quelqu'un en question se retirera, vous le suivrez sans affectation jusqu'à la porte de la rue, et vous le désignerez du doigt, tenez, comme cela, à un de mes agents qui se trouvera par hasard sur le boulevard...

— Et s'il.ne s'y trouvait pas?...

— Il s'y trouvera, rassurez-vous...

Les regards de détresse qu'échangeaient les honorables hôteliers n'annonçaient pas une conscience bien tranquille.

— C'est-à-dire que nous voilà en surveillance, gémit le sieur Fortin. Qu'avons-nous fait pour qu'on se défie ainsi de nous?...

Lui répondre eût été plus long que difficile.

— Faites ce que je vous dis, insista durement le commissaire, et ne vous occupez pas du reste. Et sur ce, bonne nuit !...

Il avait raison de se porter garant de l'exactitude de son agent, car aussitôt qu'il sortit de l'étroit couloir

de l'*Hôtel des Folies*, un homme passa près de lui
qui, sans paraître s'adresser à lui ni seulement le connaître, dit à demi-voix :

— Quoi de nouveau ?

— Rien, répondit-il, sinon que la Fortin a le mot.
La souricière est bien tendue, à toi d'ouvrir l'œil et
de filer quiconque viendrait s'informer de Mlle Lucienne.

Et il pressa le pas, toujours suivi de Maxence, qui
s'en allait comme un corps sans âme, torturé par les
plus effroyables angoisses.

Comme le commissaire avait été absent toute la soirée,
quatre ou cinq personnes l'attendaient à son bureau
pour des affaires courantes. Il les expédia en moins de
rien, après quoi, s'adressant à un agent de service :

— Ce soir, lui dit-il, vers neuf heures, dans un
des restaurants du boulevard, une rixe a eu lieu...
Un consommateur en a provoqué grossièrement un
autre...

Vous allez vous rendre dans ce restaurant ; vous
vous ferez expliquer ce qui s'est passé, et vous me
saurez qui est au juste ce provocateur, son nom,
sa profession, son domicile...

En homme accoutumé à de telles commissions :

— Peut-on avoir son signalement ? demanda
l'agent.

— Oui. C'est un homme d'un certain âge déjà,
tournure militaire, grosses moustaches, chapeau sur
l'oreille...

— Un « crâneur », quoi ! Je vois ça d'ici.

— Eh bien ! allez, je ne me coucherai pas que
vous ne soyez de retour... Ah ! j'oubliais : sachez
aussi ce qu'on pensait ce soir à la petite Bourse de
l'affaire du *Crédit mutuel,* et ce qu'on disait de l'arrestation du sieur Saint-Pavin, directeur du *Pilote
financier,* et d'un banquier nommé Jottras...

— Peut-on prendre une voiture ?

— Prenez.

L'agent prit ses jambes à son cou, et il n'était pas
hors de la maison, que le commissaire ouvrant une
porte qui donnait dans un petit cabinet de travail,
appela :

— Félix !

C'était son secrétaire, un garçon d'une trentaine
d'années, blond, à l'air doux et timide, ayant dans
sa longue redingote les allures d'un ancien séminariste. Il parut tout aussitôt.

— Vous m'appelez, monsieur ?

— Mon cher Félix, reprit le commissaire, je vous
ai vu autrefois imiter fort joliment toutes sortes d'écritures...

Le secrétaire rougit, beaucoup sans doute à cause
de Maxence, qu'il voyait assis près de son patron.
C'était un garçon très-honnête, mais il est de ces
petits talents dont on n'aime pas à s'entendre louer, et
le talent de contrefaire l'écriture d'autrui est de ce nombre, par la raison que, fatalement et tout de suite, il
éveille des idées de faux...

— C'est en m'amusant que je faisais cela, monsieur !
balbutia-t-il.

— Seriez-vous ici s'il en était autrement? fit le commissaire. Seulement il s'agit cette fois non de vous amuser, mais de me rendre service.

Et tirant de son portefeuille la lettre arrachée par M. de Trégars à l'homme du restaurant :

— Examinez-moi cette écriture, reprit-il, et dites-moi si vous êtes de force à l'imiter passablement

Étalant la lettre sous la lampe, en pleine lumière, le secrétaire resta bien deux minutes à l'étudier avec la minutieuse attention d'un expert. Et en même temps, il grommelait :

— Pas commode du tout!... Fichue écriture à contrefaire... Pas un trait saillant, pas un signe caractéristique!... Rien qui frappe l'œil et saisisse l'attention!... Ce doit être quelque ancien huissier qui a griffonné cela...

En dépit de ses préoccupations, le commissaire souriait.

— Vous pourriez bien avoir deviné, dit-il.

Ainsi encouragé :

— Enfin, je vais essayer, déclara Félix.

Il prit une plume, et après une douzaine de tentatives :

— Est-ce cela? demanda-t-il, en tendant une feuille de papier.

Soigneusement le commissaire compara l'original et la copie.

— Ce n'est pas parfait, murmura-t-il, mais la nuit, l'imagination troublée par un grand péril... Ne faut-il pas risquer quelque chose, d'ailleurs...

— Si j'avais quelques heures pour m'exercer...

— Vous ne les avez pas... Allons, reprenez la plume, et écrivez de cette même écriture ce que je vais vous dire.

Et après un moment de réflexion, il dicta :

« Tout va bien. T... provoqué, se bat demain à
« l'épée. Seulement, notre homme, que je ne quitte
« pas, refuse de marcher si on ne lui compte pas
« deux mille francs avant l'affaire. Je ne les ai pas.
« Remettez-les au porteur, qui a l'ordre de vous at-
« tendre. »

Le commissaire suivait, penché sur l'épaule de son secrétaire, et le dernier mot écrit :

— Parfait ! s'écria-t-il, Vite l'adresse : Madame la baronne de Thaller, rue de la Pépinière...

Il est des professions qui éteignent chez ceux qui les exercent, toute curiosité. C'est avec la plus profonde indifférence et sans une question, que le secrétaire avait fait ce qu'on lui avait demandé.

— Maintenant, reprit le commissaire, vous allez, mon cher Félix, vous donner autant que possible la tournure d'un garçon de restaurant, et porter cette lettre à son adresse...

— A cette heure...

— Oui. La baronne de Thaller est en soirée. Vous direz à ses domestiques que vous lui apportez la réponse de l'affaire de tantôt. Ils ne comprendront pas, mais ils vous permettront d'attendre leur maîtresse chez le concierge. Dès qu'elle rentrera, vous lui remettrez la lettre, en disant que la réponse est attendue

par deux messieurs qui soupent dans votre restaurant.
Il se peut qu'elle s'écrie que vous êtes un drôle, qu'elle
ne sait pas ce que cela signifie... c'est que nous aurions été prévenus.

En ce cas, déguerpissez sans demander votre reste.
Mais il y a bien des chances pour qu'elle vous donne
les deux mille francs, et alors il faudra vous arranger de
façon à ce qu'on la voie bien vous les donner... C'est
bien entendu?

— Très-bien.

— En route alors, et ne perdez une minute. J'attends...

· Loin de Mlle Lucienne, Maxence, peu à peu, avait
été rappelé au sentiment de la situation, et c'est avec
une curiosité mêlée d'étonnement qu'il regardait agir
et s'empresser le commissaire de police.

L'excellent homme retrouvait son activité de vingt
ans et cette fièvre d'espoir et cette impatience du succès qu'éteignent les années.

Il y avait si longtemps que cette affaire était sa
constante préoccupation !...

Il n'était encore qu'officier de paix lorsqu'il avait eu
l'occasion de soustraire Mlle Lucienne aux suites désastreuses d'une dénonciation infâme. De ce jour, il
s'y était attaché, à mesure qu'il l'avait mieux connue.

Pour un homme de sa profession, confident obligé
de toutes les hontes secrètes et de toutes les flétris-
sures ignorées, condamné à laver le linge sale d'une
société corrompue, c'était un rare phénomène et digne
d'étude que cette jeune fille d'une exquise beauté,

livrée à elle-même, et qui conservait intact le pur sentiment de l'honneur, qui savait se défendre de toutes les séductions, résister à des tentations presque irrésistibles et repousser même les épouvantables suggestions de la misère et de la faim.

Dès cette époque, il s'était demandé :

— Qui donc peut lui en vouloir? Qui donc gêne-t-elle ?

Mais il n'avait que de vagues soupçons. Plus tard seulement, lors de l'attaque de nuit, il avait eu la certitude d'une machination ayant pour but de se défaire de Mlle Lucienne.

Qu'y avait-il au fond de ce crime avorté?..

— Je le saurai, dit-il, je saurai quels gens ont un si puissant intérêt à supprimer ma protégée.

Ce devint, en effet, sa préoccupation habituelle, quelque chose comme une de ces innocentes manies qui bouchent tous les vides de l'existence.

Quand il avait fait son métier, comme il disait, expédié toutes ces affaires banales, stupides, ridicules ou ignobles, qui sont du ressort d'un commissaire, c'est à l'énigme qu'il s'était juré de déchiffrer qu'il songeait.

Pour guider ses recherches, il n'avait rien que le récit que lui avait fait de sa vie Mlle Lucienne. C'était assez pour qu'il en tirât des déductions dont l'événement devait démontrer la justesse.

Aisément les hommes de police se laissent aller aux conjectures les plus aventurées. Ils ont vu si souvent l'impossible se réaliser, qu'il n'est pas pour

eux de combinaisons inadmissibles. Les plus bizarres
conceptions des romanciers ne sauraient surprendre
des gens qui ont étudié les complications des intérêts,
les écarts des passions, tous les vertiges de l'esprit
et des sens.

— Lucienne a été abandonnée par ses parents, pensait le digne homme, c'est eux qu'elle gêne, et c'est
eux qu'il s'agit de retrouver.

C'était aisé à dire, non à exécuter. Où prendre le
bout de fil qui pouvait conduire à la vérité?

· Des recherches qu'il fit à Louveciennes n'amenèrent
aucun résultat.

Après la Commune, lorsque Lucienne fut dénoncée
en même temps que son amie Zélie et conduite à Versailles, alors seulement le brave commissaire eut un
indice. On lui confia la lettre qui avait motivé l'arrestation. C'était peu de chose, pour le moment ; ce pouvait devenir décisif, car c'était un moyen de vérifi-
cation.

C'est pourquoi, lorsque Van-Klopen proposa à
Mlle Lucienne de devenir en quelque sorte l'enseigne
vivante de sa maison, le commissaire de police, com-
battant ses répugnances, la détermina à accepter cette
offre.

Il était persuadé que parmi le « beau monde » qu.
fréquente le bois de Boulogne, elle rencontrerait ses
parents, et qu'un mouvement de physionomie les trahirait.

Et chaque fois que Mlle Lucienne se rendait au bois,
il faisait monter sur le siége, vêtu d'une livrée de

valet de pied, un homme à lui, un observateur intelligent et subtil.

L'expérience ne devait pas être inutile.

Dès la fin de la seconde semaine, cet observateur était venu lui dire.

— Il est une femme qui, toutes les fois que sa voiture croise la nôtre, détourne la tête ou regarde Mlle Lucienne avec des yeux enflammés de haine et de colère... Cette femme est la baronne de Thaller.

Le commissaire, aussitôt, s'était procuré des lettres de la baronne et de son mari. Déception cruelle ! Leur écriture ne se rapprochait en rien de celle de la dénonciation.

Voilà exactement où il en était de ses investigations, lorsque Marius de Trégars, qu'il avait perdu de vue depuis plus de deux ans, vint lui confier la résolution qu'il avait prise de revendiquer la fortune de son père, et lui demander conseil.

En le revoyant, éclairé soudainement par sa ressemblance avec Mlle Lucienne :

— J'ai trouvé ! s'écria-t-il.

Et, en effet, grâce aux renseignements que lui apportait Marius, ce n'avait été qu'un jeu, pour lui, de remonter jusqu'à la marquise de Javelle, et de reconstituer le passé de Mme de Thaller.

Maître de la vérité, il n'avait plus qu'à rechercher les moyens de la démontrer, lorsque arriva le désastre du *Crédit mutuel*.

Il ne crut pas une minute à l'innocence de Vincent Favoral, mais il fut persuadé qu'il n'était pas seul cou-

pable, que ce n'était pas à lui qu'était revenue la plus
,grosse part des douze millions volés, et qu'enfin il
avait été dupe des mêmes gredins qui avaient, si audacieusement autrefois, dépouillé le marquis de Trégars...

— Et je le prouverai !. s'était-il écrié..

Il se voyait à la veille de tenir parole, et de là lui
venait cette exaltation joyeuse dont Maxence s'étonnait.

— Maintenant que nous voilà seuls, reprit-il, exami-
nons un peu nos pièces de conviction.

Ayant dit, il tira d'un carton la dénonciation qui lui
avait été confiée, et il la rapprocha de la lettre arrachée par M. de Trégars à son adversaire.

Manifestement l'écriture était la même.

— Ce qui prouve, s'écria le commissaire, que ce
n'est pas d'hier que l'homme suspect du grand salon
est l'âme damnée de Mme de Thaller... Aux mêmes
procédés, il m'avait bien semblé reconnaître les mêmes
intrigants... Si M. de Trégars pouvait réussir !...
D'un seul coup de filet, nous prendrions toute la
bande !...

Le claquement de la porte brusquement ouverte lui
coupa la parole. M. de Trégars entrait, tout essoufflé
d'avoir couru :

— Zélie a parlé! dit-il.

Et tout de suite, s'adressant à Maxence :

— Vous, mon cher ami, reprit-il, vous allez courir
l'*Hôtel des Folies*...

— Lucienne serait-elle plus mal !..

— Non. Ce n'est pas de Lucienne qu'il s'agit. Zélie a parlé, mais rien ne nous prouve qu'à la réflexion elle ne s'en repentira pas. Rien ne nous dit que l'idée ne lui viendra pas d'aller donner l'éveil. Donc, vous allez rentrer et ne pas la perdre de vue jusqu'au moment où j'irai la prendre, demain matin. Si elle voulait sortir, vous l'en empêcheriez.

Le commissaire avait compris l'importance de la précaution.

— Vous l'en empêcherez, fût-ce de force, insista-t-il. Et au besoin, je vous autorise à requérir l'agent que j'ai en observation devant l'*Hôtel des Folies*, et que je vais faire prévenir.

Maxence sortit en courant.

— Pauvre garçon, murmura Marius, je sais où est ton père; maintenant qu'allons-nous apprendre?...

Il avait à peine eu le temps de rapporter les renseignements qu'il venait d'obtenir de Mme Cadelle, lorsque reparut le premier des émissaires du commissaire de police.

— La commission est faite, dit-il, du ton de suffisance d'un homme qui a mené à bien une tâche difficile.

— Vous avez le nom de l'individu qui a provoqué M. de Trégars?

— C'est un nommé Corvi, dont la réputation est faite dans toutes les tables d'hôte où il y a des femmes et où on taille un petit bac de santé après le dîner. Je ne connais que lui. C'est un mauvais gars, qui se donne pour un ancien officier supérieur de l'armée italienne...

— Son adresse ?

— Il demeure rue de la Michodière..., chez ur
dame qui loue des chambres meublées. J'y suis all
le portier m'a répondu que mon homme venait de so:
tir avec un particulier de mauvaise mine, et qu'ils dr
vaient être à un petit café borgne au coin de la ru'
J'y ai couru, et, en effet, j'ai vu mes deux gaillarc
attablés devant des bocks...

— Ne nous glisseront-ils pas entre les doigts ?...

— Pas de danger, ils sont bouclés !...

— Comment cela ?...

— C'est une idée qui m'est venue. Je me suis dit
s'ils allaient filer ! Et tout de suite, je suis allé averti
des sergents de ville. Je suis alors revenu m'embus
quer près du café. Justement on le fermait. Mes deu
particuliers sont sortis, je leur ai cherché une que
relle d'Allemand... et maintenant ils sont au poste
bien recommandés...

Le commissaire fronçait les sourcils.

— C'est peut-être beaucoup de zèle, murmura-t-i.
Enfin, puisque c'est fait !... Vous êtes-vous inform'
de M. Saint-Pavin et du banquier Jottras ?...

— Je n'ai pas eu le temps, il était trop tard... Mon
sieur le commissaire 'oublie qu'il est près de deu
neures.

Comme il finissait, le secrétaire qui avait été envoy
rue de la Pépinière reparut.

— Eh bien ? interrogea le commissaire de police, no
sans une visible anxiété.

— J'ai attendu Mme de Thaller plus d'une heure, ré-

pondit-il. Quand elle est rentréé en voiture, je lui ai
remis la lettre, elle l'a lue et m'a donné les deux mille
francs que voici, en présence de plusieurs domestiques...

A la vue des billets de banque, le commissaire de
police s'était dressé d'un bond.

— C'est fini ! s'écria-t-il de l'accent du triomphe, voilà
la preuve qui nous manquait !...

XII

Il était plus de quatre heures, lorsqu'il fut enfin permis à Marius de Trégars de regagner son logis

Il s'était longuement et minutieusement concerté avec le commissaire de police, il s'était efforcé de prévoir toutes les éventualités, sa conduite était parfaitement tracée, et il emportait cette certitude qu'en ce jour, qui se levait, serait définitivement **gagnée** ou perdue l'étrange partie qu'il jouait.

Lorsqu'il arriva chez lui :

— Enfin, vous voici, monsieur! s'écria son fidèle domestique.

C'était l'inquiétude, évidemment, qui avait tenu ce brave homme sur pied toute la nuit, mais telle était la préoccupation de Marius, qu'il n'y prit pas garde.

— Personne n'est venu en mon absence? interrogea-t-il.

— Pardonnez-moi... Un monsieur s'est présenté dans la soirée, M. Costeclar, qui a paru très-contrarié de ne pas trouver monsieur... Il venait, à ce qu'il m'a

dit, pour une affaire très-importante que monsieur sait
bien, et il m'a chargé de prier monsieur de l'attendre
demain... c'est-à-dire aujourd'hui, avant midi...

M. Costeclar était-il envoyé par M. de Thaller?

Le directeur du *Crédit mutuel* avait-il réfléchi et se
décidait-il à accepter les conditions qu'il avait d'abord
refusées?...

Il était, en ce cas, trop tard. Il n'était plus au pouvoir de qui que ce fût de suspendre l'action de la justice.

Sans plus s'inquiéter de cette visite :

— Je suis écrasé de fatigue, dit M. de Trégars à son
domestique, et je vais me jeter sur mon lit. A huit
heures précises, tu m'éveilleras...

Mais c'est en vain qu'il demanda au sommeil quelques instants de répit.

Depuis quarante-huit heures que son esprit restait
tendu outre mesure, ses nerfs s'étaient montés à un
degré d'exaltation presque intolérable. Dès qu'il fermait les yeux, c'est avec une implacable précision que
son imagination lui représentait tous les événements
qui s'étaient succédé depuis cette après-midi de la
place Royale, où il avait osé avouer son amour à
Mlle Gilberte.

Qui lui eût dit, alors, qu'il engagerait cette lutte,
dont l'issue fatalement allait être quelque scandale
abominable où son nom serait mêlé !...

Qui lui eût dit qu'insensiblement, et par la force
même des choses, il en arriverait à surmonter toutes
ses répugnances et à rivaliser de ruses et de combi-

naisons tortueuses avec les misérables qu'il prétendait atteindre !

Mais il n'était pas de ceux qui, une fois engagés, re-grettent, hésitent et reculent. Sa conscience ne lui re-prochait rien, c'était pour la justice et le droit qu'il combattait, et Mlle Gilberte devait être la récompense du succès...

Huit heures sonnèrent; son domestique entra.

— Cours me chercher une voiture, commanda-t-il, en un tour de main je suis prêt...

Il était prêt, en effet, quand le vieux serviteur repa-rut, et comme il avait en poche de ces arguments qui donnent des jambes aux pires chevaux de fiacre, moins de dix minutes plus tard, il arrivait à l'*Hôtel des Folies*.

— Comment va Mlle Lucienne? demanda-t-il tout d'abord aux honorables hôteliers.

L'intervention du commissaire de police avait rendu le sieur Fortin et son épouse plus souples que des gants et plus doux que miel.

— La pauvre chère fille va beaucoup mieux, ré-pondit la Fortin, et le médecin, qui sort d'ici, répond d'elle désormais. Seulement, il y a du grabuge là-haut !...

— Du grabuge?

— Oui. Cette dame que vous avez envoyé chercher, nier soir, par mon mari, voudrait absolument s'en aller et M. Maxence la retient, de sorte qu'ils sont en train de se disputer. Écoutez plutôt !...

On entendait, en effet, les éclats de voix d'une vio-lente altercation.

M. de Trégars s'élança dans l'escalier, et sur le palier du second étage, il trouva Maxence obstinément cramponné à la rampe, tandis que Mme Zélie Cadelle, plus rouge qu'une pivoine, prétendait le forcer à lui livrer passage et l'accablait des injures les plus salées de son riche répertoire.

Apercevant Marius :

— Est-ce vous, lui cria-t-elle, qui avez ordonné qu'on me retînt ici malgré moi?... De quel droit? Suis-je votre prisonnière?...

L'irriter encore eût été imprudent.

— Pourquoi vouloir partir, fit doucement M. de Trégars, juste au moment où vous saviez que j'allais venir vous prendre?

Mais elle lui coupa la parole, et haussant les épaules :

— Avouez donc la vérité, fit-elle, avouez donc que vous vous êtes défiés de moi!...

— Oh!

— Vous avez eu tort! Quand j'ai promis, je tiens. Si je voulais rentrer chez moi, c'était pour m'habiller. Puis-je me montrer dans la rue telle que je suis?

Et elle étalait son peignoir, tout passé en effet, et tout couvert de taches.

— J'ai une voiture en bas, dit Marius, personne ne nous verra.

Sans aucun doute, elle comprit qu'hésiter serait inutile.

— Comme vous voudrez!... fit-elle.

M. de Trégars attira Maxence un peu à l'écart, et à voix basse et très-vite :

— Vous allez, lui dit-il, vous rendre rue Saint-Gilles, et, de ma part, prier votre sœur de vous accompagner... Vous prendrez une voiture fermée, et vous irez attendre rue Saint-Lazare, en face du numéro 25... Il se peut que le secours de Gilberte me devienne indispensable... Et comme Lucienne ne doit pas rester seule, vous demanderez à Mᵐᵉ Fortin de monter près d'elle.

Et sans attendre une réponse :

— Partons, dit-il à Mᵐᵉ Cadelle.

Ils se mirent en route, mais la verve effrontée de la jeune femme s'était absolument éteinte. Il était clair qu'elle regrettait amèrement de s'être tant engagée et de n'avoir pu s'esquiver au dernier moment. A mesure que le fiacre roulait, elle pâlissait, et ses sourcils se fronçaient.

— C'est égal, commença-t-elle, ce n'est pas propre, ce que je fais.

— Vous repentez-vous donc de m'aider à punir les assassins de votre amie ? fit M. de Trégars.

Elle secoua la tête :

— Je sais bien que le père Vincent est une vieille canaille, mais il s'était fié à moi, et je le trahis, je le livre...

— Vous vous trompez, madame... Me fournir le moyen de parler à M. Favoral est si peu le livrer, que je ferai tout au monde pour qu'il puisse se soustraire aux recherches de la police et passer à l'étranger...

— Quelle plaisanterie !...

— C'est l'exacte vérité, je vous en donne ma parole
d'honneur.

Elle parut un peu rassurée, et lorsque la voiture
tourna rue Saint-Lazare :

— Faites arrêter, dit-elle à M. de Trégars.

— Pourquoi ?

— Pour que j'achète le déjeuner du père Vincent.
Il ne peut pas descendre au restaurant, cet homme, et
il a été convenu que je lui porterais à manger...

Les défiances de Marius étaient loin d'être dissipées
et cependant il ne crut pas devoir refuser, se promet-
tant bien de ne pas quitter Mme Zélie d'une semelle.
Il la suivit donc chez le boulanger et chez le charcu-
tier, et lorsqu'elle eut fini son marché, il entra avec
elle dans la maison de modeste apparence où elle avait
son appartement.

Déjà ils montaient l'escalier, lorsque la portière
sortit en courant de sa loge.

— Madame ! appelait-elle, madame !..

Mme Cadelle s'arrêta.

— Qu'est-ce qu'il y a ?

— Une lettre pour vous.

— Pour moi?

— La voilà ! C'est une dame qui l'a apportée, il n'y
a pas cinq minutes. Vrai, elle avait l'air bien contrariée
de ne pas vous rencontrer. Mais elle va repasser.
Elle savait que vous deviez venir ce matin.

M. de Trégars lui aussi s'était arrêté.

— Comment est cette dame ? interrogea-t-il.

— Tout en noir, avec une voilette épaisse sur la figure.

— Je vous remercie, c'est bien.

La portière ayant regagné sa loge, Mme Zélie rompit le cachet. La première enveloppe en contenait une autre, sur laquelle elle épela, car elle ne lisait pas très-couramment :

Pour remettre à M. Vincent.

— On sait qu'il se cache chez moi! murmura-t-elle abasourdie. Qui peut le savoir?...

— Qui? la femme dont M. Favoral tenait si fort à ménager la réputation, quand il vous a installée rue du Cirque.

Il n'était pas de souvenir qui irritât plus violemment la jeune femme.

— Vous avez raison, fit-elle. M'a-t-il assez fait poser, le vieux scélérat ! Mais il va me le payer.

Ce qui n'empêche qu'en arrivant à son étage, le troisième, au moment de glisser la clef dans la serrure, ses perplexités la reprirent.

— S'il allait arriver un malheur! gémit-elle.

— Que craignez-vous?

— Le père Vincent a toutes sortes d'armes. Il m'a juré que le premier qui pénétrerait dans l'appartement, il le tuerait comme un chien. S'il allait tirer sur nous !...

Elle avait peur, une peur terrible, elle était blême et ses dents claquaient.

— Voulez-vous que je passe le premier? proposa M. de Trégars.

— Non... Seulement, si vous étiez un bon garçon, vous feriez ce que je vais vous demander... dites voulez-vous?...

— Si c'est faisable...

— Oh! certainement... Voilà la chose. Nous entrons ensemble, n'est-ce pas, seulement vous ne faites aucun bruit... Moi, j'avance seule, j'attire le père Vincent dans la grande pièce qui sera mon atelier, je lui remets ses provisions et la lettre, et je le prépare à vous recèvoir... Vous, pendant ce temps, vous restez dans un grand cabinet vitré, d'où on peut tout voir et tout entendre, et au bon moment, v'lan, vous paraissez...

C'était, en somme, fort raisonnable.

— Accepté! fit Marius.

— Alors, dit-elle, tout ira bien. La porte du cabinet vitré est à droite en entrant. Marchez doucement, surtout!...

Et elle ouvrit.

XIII

L'appartement était bien tel que le faisaient supposer les indications de Mᵐᵉ Cadelle.

Dans l'antichambre étroite et à demi-obscure, trois portes s'ouvraient : à gauche, celle de la salle à manger, au milieu, celle d'un salon et d'une chambre à coucher qui se commandaient; à droite, celle du cabinet vitré.

C'est par cette dernière que M. de Trégars se glissa sans bruit, et immédiatement, il reconnut que Mᵐᵉ Zélie ne l'avait pas trompé, et qu'il allait tout voir et tout entendre de ce qui se passerait dans le salon.

Il vit la jeune femme y entrer. Elle posa ses provisions sur une table et appela :

— Vincent !

L'ancien caissier du *Crédit mutuel* parut aussitôt, sortant de la chambre à coucher.

Il était changé à ce point que sa femme et ses enfants eussent hésité à le reconnaître. Il avait abattu

sa barbe, épilé presque complétement ses épais sourcils et caché ses cheveux plats et rudes sous une
perruque brune. A sa redingote de marguillier de
campagne — selon l'expression de Mlle Césarine — à
ses pantalons trop courts et à ses souliers lacés, il
avait substitué des bottes vernies, le pantalon à la
prussienne, très-évasé par le bas, et un de ces ves-
tons à longs poils, courts et à larges manches, emprun-
tés par l'élégance française aux palefreniers anglais.

Il faisait effort pour paraître calme; insouciant,
enjoué... Mais la contraction de ses lèvres trahissait d'horribles angoisses et son regard avait l'étrange
mobilité de l'œil des bêtes fauves, quand, à demi
forcées, elles s'arrêtent un instant, écoutant les hur-
lements de la meute.

— Je commençais à craindre que vous ne me fis-
siez faux-bond, dit-il à Mme Zélie...

— Il m'a fallu. du temps pour acheter votre déjeuner...

— Et c'est la seule cause de votre retard?

— La portière aussi m'a retardée... Elle m'a remis
une lettre dans laquelle j'en ai trouvé une pour vous,
que voici...

— Une lettre!... s'écria Vincent Favoral.

Et se jetant dessus, comme sur une proie, il en
arracha l'enveloppe.

Mais à peine l'eut-il parcourue:

— C'est monstrueux! reprit-il en froissant le papier
entre ses mains crispées, c'est une trahison infâme,
ignoble !...

Un violent coup de sonnette, à la porte d'entrée, l'interrompit.

— Qui peut venir?... balbutia Mme Cadelle.

— Je le sais, répondit l'ancien caissier, je le sais, ouvrez vite...

Elle obéit et presque aussitôt une femme se précipita dans le salon, pauvrement vêtue d'une robe de laine noire.

D'un mouvement brusque elle arracha sa voilette, et M. de Trégars reconnut la baronne de Thaller.

— Laissez-nous! commanda-t-elle à Mme Zélie, d'un ton qu'on n'oserait prendre pour parler à une servante de cabaret...

L'autre en fut révoltée :

— Hein! de quoi! commença-t-elle, je suis chez moi, ici...

— Sortez! répéta M. Favoral avec un geste menaçant, sortez ! sortez !...

Elle sortit, mais ce fut pour venir se réfugier près de M. de Trégars.

— Vous entendez comme ils me traitent!... lui dit-elle d'une voix sourde.

Il ne lui répondit pas. Tout ce qu'il avait d'attention se concentrait sur le salon.

La baronne de Thaller et l'ex-caissier du *Crédit mutuel* se tenaient debout, l'un devant l'autre, immobiles, se mesurant du regard comme deux adversaires au moment d'un duel.

— Je viens de lire votre lettre, commença enfin Vincent Favoral.

Froidement la baronne fit :

— Ah !...

— C'est une raillerie, sans doute ?

— Non.

— Vous refusez de partir avec moi ?

— Formellement.

— C'était bien convenu, cependant. Je n'ai agi comme je l'ai fait que conseillé, poussé, harcelé par vous. Combien de fois m'avez-vous répété que vivre près de votre mari vous était devenu un supplice intolérable ! Combien de fois m'avez-vous juré que vous vouliez n'être plus qu'à moi seul, me conjurant de me procurer une grosse somme et de fuir avec vous...

— J'étais de bonne foi, alors. J'ai reconnu, au dernier moment, qu'il me serait impossible d'abandonner ainsi mon pays, mes relations, ma fille...

— Nous pouvons emmener Césarine.

— N'insistez pas...

Il la considérait d'un air de morne hébêtement, tel qu'un homme qui soudainement verrait tout s'effondrer autour de lui.

— Alors, bégaya-t-il, ces larmes, ces prières, ces serments...

— J'ai réfléchi...

— Ce n'est pas possible !... Si vous disiez vrai, vous ne seriez pas ici...

— J'y suis, pour vous faire comprendre qu'il nous faut renoncer à des projets irréalisables. Il est de ces conventions sociales qu'on ne déchire pas.

Comme si ce qu'elle disait n'eût pu lui entrer dans l'entendement, il répéta :

— Des conventions sociales !...

Et tout à coup s'abattant aux pieds de Mme de Thaller, la tête rejetée en arrière et les mains jointes :

— Tu mens, reprit-il, avoue-moi que tu mens et que c'est une dernière épreuve que tu m'imposes!... Tu ne m'aurais donc jamais aimé!... C'est impossible, tu me le dirais que je ne te croirais pas.... Une femme qui n'aime pas un homme n'est pas pour lui ce que tu as été pour moi; elle ne se donne ni si joyeusement ni si complétement! As-tu donc tout oublié? Se peut-il que tu ne te souviennes plus de nos soirées divines de la rue du Cirque, des nuits dont le seul souvenir allume des flammes dans mes veines et dans mon cerveau?

Il était épouvantable à voir, effrayant et en même temps ridicule. Comme il voulait prendre les mains de Mme de Thaller, elle reculait, et il la poursuivait, se traînant sur les genoux.

— Où trouverais-tu, continuait-il, un homme qui t'adore comme moi, d'une passion ardente, absolue, aveugle, folle?... Qu'as-tu à me reprocher?... Ne t'ai-je pas, sans un murmure, sacrifié tout ce qu'un homme peut sacrifier ici-bas, fortune, famille, honneur?... Pour subvenir à ton luxe, pour prévenir tes moindres fantaisies, pour te donner de l'or à répandre à flots, n'ai-je pas laissé les miens aux prises avec la misère?... J'aurais arraché le pain de la bouche de mes enfants pour acheter des roses à effeuiller sous

tes pas! Et pendant des années, est-ce que jamais
un mot de moi a trahi le secret de nos amours?...
Que n'ai-je pas enduré!... Tu me trompais, je le savais et je me taisais. Sur un mot de toi, je m'effaçais
devant l'heureux que faisait ton caprice d'un jour. Tu
m'as dit : vole, j'ai volé. Tu m'as dit : tue, j'ai essayé
de tuer...

Il venait de saisir une des mains de la baronne,
mais elle se dégagea vivement, et d'un accent d'insurmontable dégoût :

— Oh!... assez! fit-elle.

Dans le cabinet vitré, Marius de Trégars sentait
frissonner à ses côtés Mᵐᵉ Zélie Cadelle.

— Quelle misérable, que cette femme! murmura-
t-elle, et lui, quel lâche!...

L'ancien caissier restait prosterné, battant le parquet de son front.

— Et tu voudrais m'abandonner, gémissait-il, quand
nous sommes liés par un passé tel que le nôtre!...
Comment me remplacerais-tu? Où trouverais-tu un
esclave plus dévoué de toutes tes volontés?...

L'impatience semblait gagner la baronne.

— Cessez, interrompit-elle, cessez ces démonstra-
tions inutiles et ridicules...

Cette fois il se redressa comme sous un coup de fouet.

— Que voulez-vous donc que je devienne? demanda-
t-il.

— Fuyez. On n'est jamais embarrassé, quand on a,
comme vous, douze cent mille francs en or, en billets
de banque et en bonnes valeurs...

— Et ma femme, et mes enfants !...

— Maxence est en âge d'aider sa mère. Gilbertᵉ trouvera un mari, soyez tranquille. Rien ne vous em pêche d'ailleurs de leur envoyer de l'argent.

— Ils n'en voudraient pas.

— Vous serez toujours naïf, mon cher !...

A la stupeur première de Vincent Favoral et à soᵣ indigne faiblesse, une colère terrible succédait. Tou son sang s'était retiré de son visage, ses yeux flam. boyaient :

— Alors, reprit-il, tout est bien fini ?

— Eh ! oui !

— Alors je suis joué misérablement, comme tou les autres, comme ce pauvre marquis de Trégars, qu vous aviez rendu fou, lui aussi !... Malheureux ! Il du moins sauvé son honneur, lui !... Tandis que moi!. Et je suis sans excuse, car je devais bien savoir', cᵢ je savais bien que vous étiez l'amorce que le barᵣ de Thaller tendait à ses dupes...

Il attendait une réponse, mais elle gardait un déda gneux silence.

— Alors vous croyez, fît-il, avec un rire menaçaₙ que tout est dit comme cela !

— Que pouvez-vous ?...

— Il y a une justice, j'imagine, et des juges. puis me constituer prisonnier et tout révéler...

Elle haussait les épaules.

— Ce serait vous jeter bien inutilement dans gueule du loup, prononça-t-elle. Vous devez savᵣ mieux que personne ᵣⁿᵉ les précautions ont été asₛ

habilement prises pour défier toutes les dénonciations... Je n'ai rien à craindre !...

— En êtes-vous bien sûre ?...

— Fiez-vous à moi ! fit-elle avec le sourire de la
sécurité parfaite.

L'ancien caissier du *Crédit mutuel* eut un geste
terrible, mais tout aussitôt, se maîtrisant :

— C'est ce que nous allons voir, dit-il.

Et fermant à double tour la porte du salon qui donnait sur l'antichambre, il mit la clef dans sa poche, et,
d'un pas roide comme celui d'un automate, il disparut
dans la chambre à coucher.

— Il va chercher une arme ! murmura Mme Cadelle.

C'est ce que Marius avait cru comprendre.

— Descendez vite, dit-il à Mme Zélie, dans un flacre,
en face du n° 25, Mlle Gilberte Favoral attend... Qu'elle
vienne...

Et se précipitant dans le salon :

— Fuyez ! dit-il à Mme de Thaller.

Mais elle était comme pétrifiée de cette apparition.

— M. de Trégars...

— Oui, moi, mais partez, hâtez-vous.

Et il la poussa dans le cabinet vitré.

Il était temps. Vincent Favoral reparaissait sur le
seuil de la chambre à coucher.

Si c'était une arme qu'il était allé chercher, ce
n'était pas celle que supposaient Marius et Mme Cadelle
C'était une liasse de papiers qu'il tenait à la main.

Apercevant M. de Trégars et non plus Mme de Thal

ler, un cri d'étonnement et de terreur s'étouffa dans sa gorge.

Il démêlait si vaguement ce qui s'était passé, qu'il avait oublié le cabinet vitré et que l'homme qu'il voyait là s'y tenait caché et venait de faire évader la baronne.

— Ah! la misérable! bégaya-t-il d'une langue épaissie par la rage, l'infâme! Elle me trahissait, elle m'a livré, je suis perdu!

Maîtrisant la plus terrible émotion qu'il eût jamais ressentie :

— Non, vous n'êtes pas livré, prononça M. de Trégars.

Rassemblant tout ce que lui avait laissé d'énergie la dévorante passion qui avait dévasté son existence, l'ancien caissier du *Crédit mutuel* fit quelques pas en avant.

— Qui donc êtes-vous? demanda-t-il.

— Ne me connaissez-vous pas?... Je suis le fils de ce malheureux marquis de Trégars dont vous parliez il n'y a qu'un instant. Je suis le frère de Lucienne.

Tel qu'un homme qui reçoit un coup de massue, Vincent Favoral s'affaissa lourdement sur une chaise.

— Il sait tout!... gémit-il.

— Oui, tout!

— Vous devez me haïr mortellement...

— Je vous plains.

L'ancien caissier en était à cet instant où toutes les facultés exaltées à un degré insoutenable défaillent ;

où l'homme le plus fort s'abandonne et pleure comme un enfant.

— Ah ! je suis le dernier des misérables ? s'écria-t-il.

Il avait caché son visage entre ses mains et en une seconde, comme il arrive, dit-on, aux mourants, sur le seuil de l'éternité, il revit son existence tout entière.

— Et cependant, reprit-il, je n'avais pas l'âme d'un scélérat... Je voulais m'enrichir, mais honnêtement, par mon travail et à force de privations... Et j'y serais parvenu. J'avais cent cinquante mille francs à moi, lorsque j'ai rencontré le baron de Thaller. Hélas ! pourquoi l'ai-je rencontré ! C'est lui qui, le premier, m'a fait entendre que travailler et économiser est stupide, quand, à la Bourse, avec un peu de bonheur, on peut en six mois devenir millionnaire...

Il s'interrompit, secoua la tête, et tout à coup :

— Connaissez-vous le baron de Thaller ? demanda-t-il.

Et sans attendre la réponse de Marius :

— C'est un Allemand, continua-t-il, un Prussien... Son père était cocher de fiacre à Berlin, et sa mère servait dans les brasseries... A dix-huit ans, une escroquerie le força de s'expatrier, et c'est en France qu'il vint s'établir, à Paris... Admis dans les bureaux d'un agent de change, il vivait misérablement, quand il fit connaissance d'une blanchisseuse nommée Euphrasie, qui avait pour amant un grand seigneur très-riche, le marquis de Trégars, dont la faiblesse était de se faire passer pour un pauvre employé. Euphrasie et Thaller étaient faits pour s'entendre, ils s'entendirent et s'associèrent, apportant à l'association, elle sa beauté, lui son génie d'intrigue, tous deux leur corruption et leurs vices. Elle était enceinte alors. Quand elle accoucha, elle confia son enfant, une fille, à de pauvres gens de Louveciennes, avec la résolution bien arrêtée de l'y abandonner.

Et cependant c'est sur cette fille, dont ils espéraient bien n'entendre plus parler jamais, que les deux complices bâtissaient leur fortune.

C'est au nom de cette fille qu'Euphrasie arracha au marquis de Trégars des sommes considérables. Dès que Thaller et elle se virent à la tête de six cent mille francs, ils congédièrent le marquis et se marièrent. Alors déjà, Thaller avait pris le titre de baron, et menait un certain train... Mais ses premières spéculations ne furent pas heureuses; la révolution acheva de le ruiner, et il allait être exécuté à la Bourse quand il me trouva sur son chemin, moi, pauvre imbécile qui m'en allais de tous côtés, demandant comment placer avantageusement mes cent cinquante mille francs...

C'est d'une voix rauque qu'il parlait, et, de son poing crispé dans le vide, il menaçait... le baron de Thaller sans doute.

— Malheureusement, reprit-il, ce n'est que bien plus tard que j'ai su tout cela. Sur le moment, M. de Thaller m'éblouit. Ses amis, Saint-Pavin et les banquiers Jottras, le proclamaient l'homme le plus fort et le plus honnête de France... Je n'aurais cependant pas lâché mon argent sans la baronne... La première

fois que je lui fus présenté et qu'elle arrêta sur moi ses
grands yeux noirs, je me sentis remué jusqu'au fond de
l'âme... Pour la revoir, je l'invitai avec son mari et
les amis de son mari, à dîner chez moi, entre ma
femme et mes enfants... Elle vint. Son mari me fit
signer tout ce qu'il voulut, mais en me quittant elle me
serra la main...

Il en frissonnait encore, le malheureux!...

— Le lendemain, continua-t-il, je remis à Thaller
tout ce que je possédais, et, en échange, il me donna
la place de caissier du *Crédit mutuel* qu'il venait de
fonder. Il me traitait en subalterne, et ne m'admettait
pas dans son intérieur, mais j'en riais : la baronne
m'avait permis de la revoir, et presque toutes les
après-midi, je la rencontrais aux Tuileries, et j'avais
osé lui dire que je l'aimais éperdûment... Si bien
qu'un soir elle consentit à accepter, pour le surlendemain, un rendez-vous dans un appartement que j'avais
loué... La veille de ce jour, et pendant que j'étais
comme fou de joie, la veille de ce premier rendez-vous,
le baron de Thaller me demanda de l'aider, au moyen
de certaines irrégularités d'écriture, à masquer un
déficit, provenant de fausses spéculations... Comment
refuser à l'homme que je m'apprêtais, pensais-je, à
tromper ? Je fis ce qu'il voulait... Le lendemain,
M⁽ᵐᵉ⁾ de Thaller était ma maîtresse, et j'étais perdu...

Cherchait-il à se disculper ?

Obéissait-il à ce sentiment impérieux, plus fort
que la volonté, plus puissant que la raison, qui pousse
le misérable à révéler le secret qui l'obsède?...

— De ce jour, poursuivit-il, commença pour moi
le supplice de la double existence que j'ai soutenue
pendant des années. Ainsi le voulait ma maîtresse.
Dur, avare, morose avec les miens, je devais, près
d'elle, me montrer toujours souriant, et d'une prodi-
galité folle... Mais j'aurais payé de mon sang et du
sang des miens, ses baisers et ses caresses. De nouveau, M. de Thaller m'avait demandé d'altérer mes
écritures, et je l'avais fait sans hésiter. Bientôt ce fut
pour mon compte que je les altérai.

J'avais donné à ma maîtresse tout ce que je possédais, et elle était insatiable. Il lui fallait de l'argent,
quand même, toujours, à flots. Elle avait voulu un
hôtel pour nos rendez-vous, et j'en avais acheté un,
rue du Cirque... Si bien qu'entre les exigences du
mari et celles de la femme, je devenais fou. Je puisais
à ma caisse comme à une mine inépuisable, et comme
je sentais qu'un jour viendrait où tout se découvri-
rait, je portais toujours sur moi un revolver chargé,
pour me faire sauter la cervelle, quand on m'arrêterait.

Et, en effet, il tirait à demi de sa poche, et montrait à Marius un revolver.

— Si encore elle m'eût été fidèle! continuait-il, en
s'animant peu à peu. Mais que n'ai-je pas enduré!
Quand le marquis de Trégars est revenu à Paris, et
qu'il s'est agi de le dépouiller, ne s'est-elle pas donnée à lui! Elle me disait : « Es-tu bête! Je n'en veux
qu'à son argent, c'est toi que j'aime!... » Mais lui
mort, elle en a pris d'autres. Notre hôtel de la rue du
Cirque était, pour elle et pour sa fille Césarine, comme

un lieu de débauche. Et moi, misérable lâche, je
souffrais tout, tant je tremblais de la perdre, tant je
craignais d'être sevré des semblants d'amour dont elle
payait mes sacrifices inouïs!...

Et aujourd'hui, elle me trahirait, elle m'abandon-
nerait! Car tout ce qui est arrivé a été inspiré par
elle, pour me procurer une somme qui nous permît
de fuir, de vivre à l'étranger, en Amérique. C'est elle
qui m'a soufflé l'ignoble comédie que j'ai jouée, pour
endosser la responsabilité de tout. M. de Thaller a eu
des millions, pour sa part; je n'ai eu, moi, que douze
 cent mille francs.

De grands frissons le secouaient, sa face s'empour-
prait...

Il se dressa, et brandissant les lettres qu'il était allé
chercher :

— Mais tout n'est pas dit! s'écria-t-il. J'ai là des
preuves que ne me savent ni le baron ni sa femme!..
J'ai la preuve de l'indigne escroquerie dont le marquis
de Trégars a été dupe... J'ai la preuve de la comédie
jouée par M. de Thaller et par moi pour dépouiller les
actionnaires du *Crédit mutuel...*

— Qu'espérez-vous?... interrogea Marius.

Il riait d'un air stupide.

— Moi? je vais me cacher dans quelque faubourg
de Paris et écrire à Euphrasie de venir... Elle me
sait douze cent mille francs, elle viendra... Elle reviendra tant que j'aurai de l'argent, et quand je n'en
aurai plus...

Mais il s'interrompit, se rejetant en arrière, les bras

étendus comme pour écarter une terrifiante apparition...

Mlle Gilberte entrait.

— Ma fille !... bégaya le misérable, Gilberte !...

— La marquise de Trégars, prononça Marius.

Une indicible expression de terreur et d'angoisse convulsait les traits de Vincent Favoral, il comprenait que c'était la fin...

— Que voulez-vous de moi?... balbutia-t-il

— L'argent que vous avez volé, mon père, répondit la jeune fille, d'un accent inexorable, les douze cent mille francs que vous avez ici, puis les preuves que vous possédez, et enfin... vos armes.

Il tremblait de tous ses membres :

— Me prendre mon argent, fit-il, c'est me livrer... veux-tu me voir au bagne?...

— Le déshonneur en rejaillirait sur vos enfants, monsieur, dit M. de Trégars, nous ferons tout au monde, au contraire, pour vous soustraire aux recherches de la police...

— Eh bien !... alors oui... Mais demain... Il faut que j'écrive à Euphrasie, que je la voie...

— Vous avez perdu la raison, mon père, reprit Mlle Gilberte, revenez à vous... Faites ce que je vous demande...

Il se redressa de toute sa hauteur.

— Et si je ne voulais pas?

Mais ce fut le dernier éclair de sa volonté brisée.

Non sans d'horribles déchirements, non sans une lutte désolante, il céda, et l'argent, et les preuves, et ses armes, il remit tout à sa fille.

Et lorsqu'elle se retira au bras de M. de Trégars :

— Mais envoie-moi ta mère, supplia-t-il, elle me comprendra, elle ne sera pas impitoyable, elle. C'est ma femme, qu'elle vienne vite, je ne veux pas, je ne peux pas rester seul!

XIV

C'est avec une hâte convulsive que la baronne
de Thaller franchit la distance qui sépare la rue
Saint-Lazare de la rue de la Pépinière.

La soudaine intervention de M. de Trégars con-
fondait toutes ses idées. Les plus sinistres pressentiments tressaillaient en elle.

Dans la cour de son hôtel, tous ses domestiques
réunis en un groupe causaient. Ils ne daignèrent pas
se déranger quand elle passa, et même elle put surprendre des sourires et des ricanements ironiques.

Elle en reçut un coup terrible. Que se passait-il?
Que savait-on? La joie insolente des valets présage
le désastre du maître.

Dans le magnifique vestibule, un homme était assis
quand elle entra.

C'était ce même homme de mine louche que Marius
de Trégars avait aperçu dans le grand salon, en
mystérieuse conférence avec la baronne.

— Fâcheuses nouvelles, dit-il d'un air piteux.

— Quoi ?

— Cette coquine de Lucienne à l'âme chevillé dans le corps, elle n'est que blessée, elle en reviendra...

— Il s'agit bien de Lucienne !... M. de Trégars...

— Oh ! lui, c'est un fin merle. Au lieu de répondre à la provocation de notre homme, il lui a pris le billet que je lui écrivais...

Mme de Thaller eut un soubresaut.

— Alors, interrogea-t-elle, que signifie votre lettre de cette nuit, où vous me disiez de remettre deux mille francs au porteur ?

L'homme devint tout pâle...

— Vous avez reçu une lettre, balbutia-t-il, cette nuit, de moi...

— Oui, de vous, et j'ai donné l'argent...

L'homme se frappa le front.

— Je comprends tout ! s'écria-t-il.

— Dites...

— On voulait des preuves. On a imité mon écriture, et vous avez donné dans le panneau. Voilà donc pourquoi j'ai été consigné au poste, cette nuit. Et si on m'a relâché ce matin, c'était pour savoir où j'irais; je suis suivi, on me file... Nous sommes flambés, madame la baronne... Sauve qui peut !

Et il s'élança dehors...

De plus en plus troublée, Mme de Thaller gagna le premier étage...

Dans le petit salon bouton d'or, l'attendaient le baron de Thaller et sa fille... Allongée sur un fauteuil, les jambes croisées, le bout du pied à la hauteur de

l'œil, Mme Césarine suivait d'un air curieux et narquois
son père, qui blême et secoué de tressaillements
nerveux, se promenait de long en large, comme la
bête fauve dans sa loge.

Dès que la baronne parut:

— Cela va mal, lui dit son mari, très-mal... Notre
partie est diablement compromise.

— Vous croyez?

— Je n'en suis que trop sûr! Un coup si bien
monté! Mais tout est contre nous!... Devant le juge
d'instruction, Jottras s'est bien tenu, mais Saint-Pavir
a parlé. Ce misérable drôle n'était pas satisfait de la
part que je lui avais faite. Sur ses dénonciations,
Costeclar a été arrêté ce matin. Et Costeclar sait tout,
puisqu'il a été votre confident, celui de Vincent Favoral et le mien. Quand on a, comme lui, dans son
passé, deux ou trois affaires de faux, on parle toujours.
Il parlera. Peut-être a-t-il déjà parlé, puisque la
justice s'est transportée chez Lattermann, de la rue
Joquelet, avec lequel j'avais organisé la panique et la
dégringolade des actions du *Crédit mutuel*. Comment
parer ce coup!

D'un coup d'œil plus sûr que celui de son mari,
Mme de Thaller mesurait la situation.

— N'essayez pas de parer, fit-elle, ce serait inutile.

— Parce que...

— Parce que M. de Trégars a retrouvé Vincent
Favoral, parce qu'à l'heure qu'il est, ils sont ensemble, en train de se concerter...

Le baron eut un geste terrible.

— Ah ! tonnerre du ciel ! s'écria-t-il, je l'avais bien dit que cet imbécile de Favoral nous perdrait... Il vous était si facile de lui trouver l'occasion de se brûler la cervelle...

— Vous était-il si difficile d'accepter les conditions de M. de Trégars?...

— C'est vous qui n'avez pas voulu.

— Est-ce moi aussi qui tenais tant à me débarrasser de Lucienne?...

Il y avait des années que Mlle Césarine n'avait paru s'amuser autant, et à demi voix elle chantonnait l'air fameux de *La Perle de Pontoise* :

Touchant accord... Heureux ménage!...

— Mais à quoi bon récriminer, reprit Mme de Thaller, après un moment de silence : il s'agit de prendre un parti...

Désespérément le baron faisait appel à son sang-froid.

— Sans doute, reprit-il, mais lequel? De toutes façons il va falloir restituer les cinq cent mille francs de Lucienne, et peut-être deux millions de la fortune du marquis de Trégars... J'ai bien eu la prévoyance de mettre à l'abri les fonds du dernier coup de filet; mais on peut les retrouver...

— Le temps presse, monsieur...

— Eh! je le sens bien, mais que faire? Filer? On btiendrait mon extradition... Rester? Ce serait peut-être encore le plus sage. En somme, je n'ai pas fait de faux, moi! Pourquoi serais-je poursuivi? Pour escroquerie, pour manœuvres frauduleuses?... Ce serait cinq ans, au maximum. On ne meurt pas de cinq ans de prison... Si on ne met pas la main sur mes capitaux, je serai encore dix fois millionnaire, mon temps fini... Si on les découvre, eh bien! il me restera encore notre fortune personnelle, pour recommencer les affaires...

Mais la baronne pinçait les lèvres.

— De quelle fortune voulez-vous parler? fit-elle. De la mienne?

— N'est-elle pas mienne aussi? Aviez-vous le million de dot que je vous ai reconnu? N'est-ce pas de mon argent, que j'ai placé, sous votre nom, douze ou quinze cent mille francs?... Nous sommes séparés de biens, c'est autant de sauvé...

Elle hochait la tête.

— Ne comptez pas sur cet argent, prononça-t-elle. Je l'ai bien gagné, il est à moi, je le garde...

Lui la regardait, d'un air d'inconcevable stupeur, comme s'il n'eût pu lui entrer dans l'esprit qu'elle parlait sérieusement...

— Quoi! balbutia-t-il, vous ne me donneriez pas...

— Pas un sou, mon cher, pas un centime...

Les traits décomposés par une épouvantable colère, l'œil injecté de sang et l'écume à la bouche :

— Ah! misérable femme! s'écria le directeur du *Crédit mutuel,* exécrable créature; c'est à moi que tu prétends refuser ce qui est à moi?...

Mlle Césarine ne riait plus.

— Pas de bêtises!... fit-elle.

Mais la baronne ricanait d'un air de défi.

— Tu me crois donc aussi lâche que tes amants !
clamait le baron, aussi stupide que Trégars, aussi
ridicule que Favoral !... Ici même, à l'instant, tu vas
me signer un abandon en règle...

Il avançait pour la saisir, elle reculait, le sachant
peut-être capable de tout, lorsque brutalement on
frappa à la porte.

— Au nom de la loi !...

C'était un commissaire de police, avec deux man-
dats d'amener, décernés, l'un contre le baron, l'autre
contre la baronne de Thaller.

Et pendant qu'entourés d'agents, ils montaient
dans un fiacre :

— Orpheline de père, et de mère ! murmurait
Mlle Césarine. Me voilà libre. On va pouvoir rire un
peu.

A cette heure-là même, M. de Trégars et Mlle Gilberte arrivaient rue Saint-Gilles.

En apprenant que son mari était retrouvé :

— Je veux le voir ! s'écria Mme Favoral.

Et quoi qu'on pût lui dire, jetant un châle sur ses
épaules, elle partit avec Mlle Gilberte.

Lorsqu'elles pénétrèrent dans l'appartement de
Mme Zélie, dont elles avaient une clef, elles aperçu-
rent dans le salon, leur tournant le dos, Vincent Favoral, assis à une table, le haut du corps penché
en avant et semblant écrire...

Sur la pointe du pied, Mme Favoral s'approcha, et

par-dessus l'épaule de son mari, elle lut la lettre qu'il
venait de commencer :

« Euphrasie, ma bien-aimée, maîtresse éternelle-
« ment adorée, me pardonneras-tu ? L'argent que je
« gardais pour toi, ma chérie, les preuves qui von
« accabler ton mari, on m'a tout pris... lâchement.
« de force. Et c'est ma fille... »

Il en était resté là. Etonnée de son immobilité
Mme Favoral appela :

— Vincent !...

Il ne répondit pas.

Elle le poussa du doigt... Il roula à terre, il était
mort !...

Trois mois plus tard, se déroulait devant la sixièm
chambre l'affaire du *Crédit mutuel*. Le scandale fu
grand, mais la curiosité publique fut étrangemer
désappointée. Ainsi que dans presque tous ces pro
cès financiers, la justice, tout en constatant les plu
audacieuses filouteries, n'avait pas su en démêler
secret...

Elle sut du moins étendre la main sur tout ce qu'
vait espéré mettre à l'abri le baron de Thaller, lequ
fut condamné à cinq ans de prison.

M. Costeclar en fut quitte pour trois ans, et M. Jo
tras pour deux ans. M. Saint-Pavin fut acquitté...

Poursuivie pour tentative de meurtre, l'ancien
marquise de Javelle, la baronne de Thaller, fut rel
chée faute de preuves suffisantes. Mais impliqu
dans le procès de son mari, elle est aux trois quar

ruinée et vit avec sa fille, dont on annonce les débuts aux Bouffes ou aux Délassements-Comiques...

. . . .

Déjà, avant cette époque, M^ue Lucienne, complétement rétablie, avait épousé Maxence Favoral.

Des cinq cent mille francs qui lui furent restitués, elle consacra trois cent mille francs à payer des dettes de son beau-père, et avec le reste, elle décida son mari à s'expatrier.

Paris leur était devenu odieux, à l'un et à l'autre.

. . . .

C'est au château de Trégars, à trois lieues de Quimper, que Marius et M^ue Gilberte, devenue marquise de Trégars, sont allés se fixer, suivis dans leur retraite par Mme veuve Favoral et le comte de Villegré.

La plus notable partie de la fortune de son père, Marius l'a employée à désintéresser tous les créanciers personnels de l'ancien caissier du *Crédit mutuel*, tous les fournisseurs, et aussi M. Chapelain, le papa Désormeaux et les époux Desclavettes...

Il ne reste guère plus au marquis et à la marquise de Trégars qu'une vingtaine de mille livres de rentes, et s'ils les perdent jamais, ce ne sera pas à la Bourse...

Le *Crédit mutuel* fait 467 25...

FIN.

EXTRAIT DU CATALOGUE

DE LA

LIBRAIRIE E. DENTU

PALAIS-ROYAL, 17 et 19, GALERIE D'ORLÉANS.

ROMANS ET NOUVELLES

Collection grand in-18 jésus, impression de luxe

à 3 francs le volume

LIBRAIRIE DE E. DENTU, PALAIS-ROYAL

ROMANS ET NOUVELLES, A 3 FR. LE VOLUME

F. du Boys.	La Comtesse de Monte-Christo. . . .	2 —
Gontran Borys	Les Paresseux de Paris	2 —
Alix Bressant	Gabriel Pinson.	1 —
—	Une Paria.	1 —
Emile Chavette. . . .	Défunt Brichet.	1 —
—	Les Compagnons du Remouleur . .	2 —
A. de Cesena.	Les Belles pécheresses.	1 —
Du Casse.	Quatorze de dames..	1 —
Jules Claretie.	Mademoiselle Cachemire.	1 —
—	Noël Rambert.	1 —
Champfleury.	L'Avocat trouble-ménage	1 —
L. Colet.	Les Derniers marquis.	1 —
—	Les Derniers abbés.	1 —
Comtesse Dash. . . .	Une Femme libre..	1 —
—	Quand l'esprit vient aux filles. . . .	1 —
—	Les Soupers de la Régence.	1 —
Ernest Daudet	Marthe Varades..	1 —
—	Le Prince Pogoutzine.	1 —
—	Jean le Gueux.	1 —
Alfred Delvau.	Les Amours buissonnières..	1 —
—	Les Lions du jour.	1 —
Charles Deslys	Henriette, histoire d'une faute . .	1 —
—	L'Ami du Village	1 —
Alphonse Daudet. . .	Les Aventures de Tartarini.	1 —
A. Dubarry.	Le Roman d'un Baleinier.	1 —
Georges Eliot.	La Famille Tulliver.	2 —
Etienne Enault. . . .	Comment on aime.	1 —
—	Le roman d'une Altesse.	1 —
—	Le Dernier amour.	1 —
—	Histoire d'une Conscience.	1 —
—	L'Enfant trouvé.	2 —
—	L'Amour à vingt ans.	1 —
—	Mlle de Champrosay.	1 —
Mme Marie de l'Epinay.	Contes de nuit.	1 —
Expilly.	Aventures du capitaine Cayol. . . .	1 —
Oct. Féré et St-Yves.	Les Chevaliers d'aventures.	1 —
—	Un Mariage royal..	1 —
—	Les Amours du comte de Boaneval.	7 —
Paul Féval.	Aimée.	1 —
—	Le Capitaine Fantôme..	1 —

LIBRAIRIE DE E. DENTU, PALAIS-ROYAL

ROMANS ET NOUVELLES, A 3 FR. LE VOLUME

Paul Féval	Les Filles de Cabanil	1 —
—	La Cosaque	1 —
—	L'Hôtel Carnavalet	1 —
—	La Cavalière	2 —
—	La Duchesse de Nemours	1 —
—	Madame Gilblas	2 —
—	Les Belles de nuit	2 —
—	Bouche de fer	1 —
—	Les Deux Femmes du Roi	1 —
—	Le Drame de la jeunesse	1 —
—	Les Errants de nuit	1 —
—	La Fabrique de mariages	1 —
—	La Garde noire	1 —
—	Jean Diable	2 —
—	L'Arme invisible	1 —
—	L'Avaleur de sabres	1 —
—	Le cavalier Fortune	2 —
—	Le Château de velours	1 —
—	Contes bretons	1 —
—	Le Jeu de la mort	1 —
—	Maman Léo	1 —
—	Mademoiselle Saphir	1 —
—	Les Mystères de Londres	2 —
—	Les Parvenus	1 —
—	La Pécheresse	1 —
—	La Province de Paris	1 —
—	Le Quai de la Ferraille	2 —
—	Les Revenants	1 —
—	La rue de Jérusalem	2 —
—	La Tontine infernale	1 —
—	La Tache Rouge	2 —
—	Le Volontaire	1 —
—	Le Petit Bossu	2 —
E. Feydeau	Catherine d'Overmeire	2 —
—	Sylvie	1 —
Fortunio	Les Amours de Geneviève	1 —
—	Les Femmes qui aiment	1 —
—	La Lionne amoureuse	1 —
B. Gastineau	Nouveaux romans de Paris	1 —
Gavarni	Manières de voir, façons de penser.	1 —

LIBRAIRIE DE E. DENTU, PALAIS-ROYAL

ROMANS ET NOUVELLES, A 3 FR. LE VOLUME

Léon Gozlan	La Vivandière	1 —
Garibaldi	La Domination du Moine	1 —
E. et J. de Goncourt	Une Voiture de masques	1 —
Gondrecourt	Le Pays de la Peur	1 —
—	La Guerre des Amoureux	1 —
—	Le Pays de la Soif	1 —
Gonzalès	Une Princesse russe	1 —
—	La Belle novice	1 —
—	Le Chasseur d'hommes	1 —
—	Les Amours du Vert-Galant	1 —
—	Les Gardiennes du Trésor	1 —
Ch. d'Héricault	Les Amours d'un diplomate	1 —
Haucastel (D')	Nouvelles Histoires	1 —
Jean Hopfen	La Chanteuse ambulante	1 —
Ch. Joliet	Chérubin	1 —
L. Jourdan	Un Hermaphrodite	1 —
—	Les Martyrs de l'amour	1 —
V. Kœning	Tout Paris	1 —
—	Voyage autour du demi-monde	1 —
Henri de Kock	La Fille d'un de ces Messieurs	1 —
Ernest Lacan	Les petites gens	1 —
Aylic Langlé	La Toile d'araignée	1 —
G.-A. Lawrence	L'Épée et la Robe	1 —
—	Frontière et Prison	1 —
—	Honneur stérile	2 —
—	Guy Livingstone	1 —
—	Maurice Dering	1 —
H.-T. Leidens	Le Manuscrit de ma cousine	1 —
Hippolyte Lucas	La Pêche d'un mari	1 —
—	Madame de Miramion	1 —
Ch. Maquet	La Passion de mon oncle	1 —
A. Marx	Histoire d'une minute	1 —
Mané	Paris amoureux	1 —
—	Paris viveur	1 —
—	Paris mystérieux	1 —
Mary-Lafon	Coutumes de la vieille France	1 —
Michel Masson	La Gerbée, Contes de famille	1 —
A. Mazon	Le Vieux musicien	1 —
Antony Méray	Tribulations d'un joyeux monarque	1 —
Mocquard	Jessie	2 —

IBRAIRIE DE E. BERTU, PALAIS-ROYAL

ROMANS ET NOUVELLES, A 3 FR. LE VOLUME

Charles Monselet. . .	Les Frères Chantemesse.	2 —
—	Les Marges du Code	1 —
Comtesse de Mirabeau.	Les Jeunes Filles pauvres	1 —
De Montferrier. . . .	Les Ambitieux de province.	1 —
C. de Mouy.	Raymond.	1 —
Paul de Musset. . . .	La Chèvre jaune.	1 —
Isabine de Myra . . .	Voilà l'homme. . . , ...	1 —
Raoul de Navery. . .	Le Bonheur dans le Mariage	1 —
L. Noir	Aventures de Tête-de-Pioche. . . .	1 —
—	Jean le Dogue.	1 —
—	Le Roi des chemins.	1 —
Parseval-Deschênes. .	Mémoire d'un Billet de banque. . .	1 —
Victor Perceval. . . .	L'Ennemi de Madame.	1 —
C. Périer.	Une Fille du Soleil.	1 —
—	La Belle Dupérin.	1 —
Ponson du Terrail . .	Le Chambrion.	1 —
—	Les Drames de Paris.	3 —
—	Les Exploits de Rocambole, . . .	3 —
—	La Résurrection de Rocambole. . .	5 —
—	Le dernier mot de Rocambole. . . .	5 —
—	Un Crime de jeunesse.	1 —
—	Les Gandins. . . . . , . .	2 —
—	L'Héritage d'un comédien.	1 —
—	La Jeunesse du roi Henri.	8 —
—	Les Nuits de la Maison-Dorée. . .	1 —
—	Les Nuits du quartier Bréda. . . .	1 —
—	Pas de chance.	2 —
—	L'auberge de la rue des Enfants-Rouges.. . . . . , . .	2 —
—	Le Capitaine des Pénitents noirs. .	2 —
—	Les Fils de Judas.	2 —
—	Le Forgeron de la Cour-Dieu. . . .	2 —
—	Les Amours d'Aurore.	2 —
—	La Justice des Bohémiens.	2 —
—	Le Grillon du moulin.	1 —
—	Les Héros de la vie privée.	3 —
—	Maître Rossignol.	1 —
—	Mémoires d'un gendarme.	1 —
—	La Messe noire.	3 —
—	Les Misères de Londres.	4 —

LIBRAIRIE DE E. DENTU, PALAIS-ROYAL

ROMANS ET NOUVELLES, A 3 FR. LE VOLUME

Ponson du Terrail...	Le Paris mystérieux.	4 —
—	Rocambole en prison.	2 —
—	La Corde de Pendu.	2 —
—	Les Mystères des Bois	3 —
—	Le Secret du docteur Rousselle. . .	2 —
—	Mon village.	3 —
—	Les Voleurs du grand Monde. . . .	7 —
A. de Pontmartin et F. Béchard.	Les Traqueurs de Dot.	1 —
Jules Prével.	Les Stations de l'Amour	1 —
B. L. Révoil.	Bourres de fusil.	1 —
E. Richebourg. . . .	L'Homme aux lunettes noires. . .	1 —
A. Robert.	La Guerre des Gueux.	1 —
Marius Roux.	Evariste Planchu.	1 —
J. Ruffini.	Lavinia.	2 —
—	Le Docteur Antonio.	1 —
—	Lorenzo Benoni.	1 —
J. de Saint-Félix. . .	Les Chevalières du tour de France.	1 —
M. de Saint-Georges.	Jean le Matelot.	1 —
—	Le Pilon d'argent.	1 —
Albéric Second. . . .	La Jeunesse dorée.	1 —
—	Misères d'un prix de Rome.	1 —
Mme Anaïs Segalas. .	Les Magiciennes d'aujourd'hui. . .	1 —
—	La Semaine de la Marquise.	1 —
L. Serignan.	Les Crimes de province.	1 —
Ernest Serret.	Les Rancunes de femmes.	1 —
Ivan Tourgueneff. . .	Une Nichée de gentilshommes. . .	1 —
Louise Vallory. . . .	Un amour vrai.	1 —
M. de Valon.	Nouvelles et Chroniques.	1 —
Henry Vié.	La Muscadine.	1 —
De Viel-Castel. . . .	Le Testament de la danseuse. . . .	1 —
Marquis de Villemer .	Les Femmes qui s'en vont.	1 —
Pierre Zaccone. . . .	Les Drames de l'Internationale. . .	2 —
Femme de chambre. .	Mémoires écrits par elle-même. . .	1 —
A******	Les Amis de Madame.	1 —
A******	Les Amazones de Paris.	1 —
Une Femme du monde	Le Roman d'un Sportmann.	1 —

LIBRAIRIE DE E. DENTU, PALAIS-ROYAL

ROMANS ET NOUVELLES, A 3 FR. 50 C. LE VOL

Collection grand in-18 jésus à 3 fr. 50 le volume

Du Casse........	Les Suites d'une partie d'écarté..	1 —
A Gouet........	Une Caravane dans le désert....	1 —
G. Elliot.......	Adam Bède..............	2 —
—	La Dette de famille........	1 —
Emile Gaboriau....	L'Affaire Lerouge..........	1 —
—	Les Cotillons célèbres........	2 —
—	Le Crime d'Orcival.........	1 —
—	Les Esclaves de Paris........	2 —
—	Le Dossier n° 113..........	1 —
—	Les Gens de bureau........	1 —
—	Monsieur Lecoq...........	2 —
—	La Vie infernale..........	2 —
—	Le 13e Hussards..........	1 —
—	La Clique dorée..........	1 —
—	Les Comédiennes adorées......	1 —
Marc Pessonneaux..	La Pretentaine...........	1 —
J. de Saint-Félix..	Les Nuits de Rome........	1 —
Société des gens de Lettres.....	Les Plumes d'or..........	1 —
Ivan Tourgueneff..	Nouvelles Scènes de la vie russe..	1 —
Ch. Yriarte.....	Les Célébrités de la Rue.......	1 —
A***..........	Mémoire d'un proscrit.......	1 —

LIBRAIRIE DE E. DENTU, PALAIS-ROYAL

ROMANS ET NOUVELLES, A 2 FR. LE VOLUME

Collection grand in-18 jésus à 2 fr. le volume.